铁路行车安全监测设备

卢润平　王志刚　鲁　放　主编

北京交通大学出版社
·北京·

内 容 简 介

本书以铁路行车安全监测设备为主线，介绍铁路车务、机务、车辆、工务、电务、供电等专业的行车安全检测监测技术发展历程、存在的不足、前沿技术和发展方向，重点介绍各专业广泛应用的行车安全监测设备的原理、功能、制度标准、运用情况。相关内容主要依据国家铁路展开，同时尽量考虑地方铁路、合资铁路、专用铁路和铁路专用线的情况。

本书可作为铁路专业技术人员、大中专院校学生的培训教材和参考书，也可为铁路运输企业、设备生产厂家及铁路行业部门提供借鉴参考。

图书在版编目（CIP）数据

铁路行车安全监测设备 / 卢润平，王志刚，鲁放主编. — 北京：北京交通大学出版社，2023.3

ISBN 978-7-5121-4890-1

Ⅰ. ① 铁… Ⅱ. ① 卢… ② 王… ③ 鲁… Ⅲ. ① 铁路行车-行车安全-监控设备 Ⅳ. ① U298.1

中国国家版本馆 CIP 数据核字（2023）第 029839 号

铁路行车安全监测设备
TIELU XINGCHE ANQUAN JIANCE SHEBEI

责任编辑：韩素华
出版发行：北京交通大学出版社　　电话：010-51686414
地　　址：北京市海淀区高梁桥斜街 44 号　　邮编：100044
印 刷 者：北京时代华都印刷有限公司
经　　销：全国新华书店
开　　本：185 mm×260 mm　　印张：15　　字数：384 千字
版 印 次：2023 年 3 月第 1 版　　2023 年 3 月第 1 次印刷
印　　数：1～1 500 册　　定价：49.00 元

本书如有质量问题，请向北京交通大学出版社质监组反映。
投诉电话：010-51686043，51686008；传真：010-62225406；E-mail：press@bjtu.edu.cn。

前 言

铁路行车安全监测设备是保障铁路运输安全的重要技术设备，随着科学技术的进步和我国铁路的高质量发展，越来越多的铁路行车安全监测设备被运用于现场，这些设备在确保行车安全方面的作用越来越显著。近年来，铁路运输企业，特别是中国国家铁路集团有限公司大力推进行车安全检测监测体系建设，取得了显著效果。

为适应我国铁路行车安全监测设备的运用和发展需要，编者依据现行规章、技术标准及有关设备资料，结合现场实际，组织编写了本书。

本书针对铁路行车安全监测设备的特点，全面系统地梳理了各专业安全检测监测设备的原理、功能、制度标准、运用情况及存在的不足，介绍了在铁路安全领域检测监测新技术的应用和未来发展方向。全书共分 8 章，第 1 章概述了行车安全监测设备的定义、分类、管理及在国内外铁路的应用现状和发展方向，第 2～7 章分别介绍了车务、机务、车辆、工务、电务、供电专业的安全监测技术和设备，第 8 章介绍了综合检测列车。

本书由国家铁路局安全技术中心卢润平、王志刚和北京交通大学鲁放任主编，由国家铁路局安全技术中心谢思武、潘鑫、章超荣、聂天琦、蒋帅、刘津珲，中国铁路太原局集团有限公司李卫民，中国铁路北京局集团有限公司于东旭、刘亚希、王军成共同撰写。在编写过程中，参考了国内外学者公开发表的学术成果，在此表示感谢。

由于铁路行车安全监测设备种类繁多、发展迅速，不能一一列举，加之编写人员水平有限，书中不妥之处，敬请读者批评指正。

编 者

2023 年 2 月

目 录

第1章 绪　论

铁路行车安全监测设备是保障铁路运输安全的重要技术设备，应用了各种检测、监测与监控技术，通过对铁路设备设施、列车运行、外部环境等的检测、监测与监控，掌握设备运行状态，以便采取有针对性的防控和处置措施。在铁路“人防、物防、技防”三位一体安全保障体系中，应用铁路行车安全监测设备是重要的“技防”手段。随着高铁技术的快速发展和铁路信息化进程，铁路各专业部门运用科技手段，开发应用了一大批行车安全监测设备，逐步实现了安全监测系统的网络化、信息化，现阶段检测监测技术和设备正在向智能化方向发展，行车安全监测设备在保障铁路运输安全方面所发挥的作用越来越大。

1.1　铁路行车安全监测设备概述

1.1.1　铁路行车安全监测设备定义

《铁路技术管理规程》规定：“铁路行车安全监测设备是保障铁路运输安全的重要技术设备，应具备监测、记录、报警、存取功能。应实现信息共享，为运输组织、行车指挥、设备检修、救援及事故分析等提供信息。”

狭义的铁路行车安全监测设备是指对铁路运输移动设备、固定设备的运行状态进行实时监测，对设备故障及时报警，并具有数据记录和存储功能的装置。安全监测设备安装在被监控设备上或附近，一般不参与设备的直接控制。根据需要该设备可选择车载和地面两种形式。

广义的铁路行车安全监测设备除了对铁路运输移动设备、固定设备的运行状态进行实时监测外，还包括对移动设备、固定设备的检测，以及对列车运行环境的监测。随着技术的不断发展，铁路行车安全监测设备的功能越来越丰富，设备的集成度及各专业的融合度越来越高。

1.1.2　铁路行车安全监测设备分类

1. 按监测对象分类

按监测对象的不同，行车安全监测设备可分为移动设备、固定设备和自然灾害监测三大类。

（1）移动设备主要是指机车、车辆和动车组，因此，对移动设备的监测，主要是指对机车车辆的轴温、轴承故障、运行状态、装载情况等的监测，比较具有代表性的有机车车载安全防护系统（简称 6A 系统）、车辆运行安全监控系统（简称 5T 系统）、铁路货车超偏载检测监控信息系统（简称超偏载系统）及动态轨道衡检测监控信息系统（简称轨道衡系统）等。

（2）固定设备主要是指铁路线路基础设施，包括路基、轨道、桥梁、隧道，以及信号、通信、牵引供电、电力设备。线路基础设施是铁路运输中重要的组成部分，保证线路基础设施运行正常是保障铁路运输安全的前提。目前对线路基础设施进行检测监测的设备除了综合检测车、各专业检查车外，供电安全检测监测系统（简称 6C 系统）、工务安全监控监测系统（简称 8M 系统）、电务安全监控技术体系（简称 8D 系统）中均包含有设备动、静态检测监测相关内容。

（3）自然灾害监测是针对危及铁路运行安全的风、雨、雪、地震和异物侵限等自然灾害和突发事件进行实时监测，采集、汇总各类监测设备的监测信息，实现监测信息分布获取、集中管理、综合运用，全面掌握灾害动态，提供及时准确的灾害报警和预警功能，依据灾害严重程度采取相应紧急处置措施，防止或减轻因灾害引发的损失，避免因灾害引发的次生灾害损失，并为调整运行计划，下达行车管制、抢险救援、维修等工作提供数据基础依据。目前在对自然灾害的监测系统中，比较典型的有大风预警系统、雨量监测系统、冻土监测系统、道岔融雪监控系统、天气预报系统等。

2. 按监测方式分类

按监测方式不同，《铁路技术管理规程》将行车安全监测设备分为 7 类。分别是机车车辆的车载监测设备；机车车辆的地面监测设备；轨道、通信、信号、牵引供电、电力等固定设备的移动检测设备；线路、桥梁、隧道、通信、信号、牵引供电、电力等固定设备的在线自动监测设备；车站行车作业监控设备；自然灾害综合监测预警设备；列车安全防护预警系统、道口及施工防护设备。

（1）机车车辆的车载监测设备是指安装在机车、客车、货车、动车组上，对其本身运行状态和故障进行监测的安全技术设备。例如，机车、货车、客车行车安全监测诊断系统、客车轴温报警及运行安全监控系统、列车运行状态信息车载设备、机车车载安全防护系统、动车组远程监控系统、列车设备动态监测系统等车载设备。车载监测设备对机车和车辆出现的故障可通过报警提示司机，不直接对列车运行进行控制。

（2）机车车辆的地面监测设备是指安装在铁路线路两侧地面上，对机车车辆运行状态进行安全监测的技术设备。例如，车辆运行品质轨边动态监测系统、车辆轴温智能探测系统、货车故障轨边图像检测系统、车辆滚动轴承故障轨边声学诊断系统、客车运行故障图像检测系统、动车组运行故障动态图像检测系统等地面监测设备。地面监测设备应满足铁路限界规定，不得影响行车安全，便于维修养护。

（3）轨道、通信、信号、牵引供电、电力等固定设备的移动检测设备是指利用安装在移动设备上的装置对固定设施进行监测的安全技术设备。例如，综合检测车、车载式线路检查仪、轨道检查车、电务试验车、接触网检测车、钢轨探伤车、隧道检查车、隧道限界检测车等。

（4）线路、桥梁、隧道、通信、信号、牵引供电、电力等固定设备的在线自动监测设备是指安装在地面上，对固定设备进行监测的安全技术设备。例如，信号集中监测、道岔电气机械状态监测装置、轨温检测与报警系统、桥梁监测系统、路基安全、隧道运营机械通风监控系统、视频监控系统、高危路段线路障碍自动监测预警、信号微机监测、信号设备故障专家诊断、车站信号应急联锁系统、电力远动系统等自动监测设备。

（5）车站行车作业监控设备是指安装在车站对站内行车作业进行安全监控的设备。例如，货运站安全监控管理、货运计量安全检测监控、危险货物运输安全监控、铁路限界管理及超限超重货物运输、调车作业监控系统、货车装载视频监视系统、车务远程网络监控、客运站视频监控、牵引变电所远程视频监控、公安编组站站车安全监控、货场视频监控调车作业监控、货车装载安全状态监测、货车装载安全监控视频系统等设备。

（6）自然灾害综合监测预警设备是指对铁路沿线不良地质条件和线路周边环境等自然灾害进行监测的设备。高速铁路自然灾害及异物侵限监测系统对铁路沿线风、雨、雪、地震、上跨铁路的道路桥梁、隧道口的异物侵限进行实时监测，同时具备报警、预警及联动触发功能。

（7）列车安全防护预警系统、道口及施工防护设备是指列车接近铁路沿线的平交道口和施工作业位置的安全防护预警系统设备。如道口自动防护设备、施工人员对讲机定位设备等。

3. 按专业分类

按专业不同，行车安全监测设备可分为车务（客货）、机务、车辆、工务、电务、供电等专业监测设备。随着铁路信息化建设的发展，各专业行车安全监测设备的数据趋于融合、共享，一套设备往往能够满足多个专业的需求。表1-1为各专业主要行车安全监测设备。

表1-1　各专业主要行车安全监测设备

<table>
<tr><th>序号</th><th colspan="2">设备名称</th><th>专业</th></tr>
<tr><td>1</td><td>高速综合检测车</td><td>综合检测车包括轨道检测、轮轨力检测、弓网检测、信号检测、通信检测系统</td><td>综合</td></tr>
<tr><td>2</td><td colspan="2">高速铁路综合巡检车</td><td>综合</td></tr>
<tr><td>3</td><td colspan="2">超偏载检测装置</td><td>货运</td></tr>
<tr><td>4</td><td colspan="2">轨道衡</td><td>货运</td></tr>
<tr><td>5</td><td colspan="2">货车装载安全状态监测系统</td><td>货运</td></tr>
<tr><td>6</td><td rowspan="6">货运安全检测监控与管理系统</td><td>铁路货运计量安全检测监控系统</td><td>货运</td></tr>
<tr><td>7</td><td>铁路危险货物运输安全监控系统</td><td>货运</td></tr>
<tr><td>8</td><td>铁路限界管理及超限超重货物运输辅助决策系统</td><td>货运</td></tr>
<tr><td>9</td><td>铁路货车装载视频监视系统</td><td>货运</td></tr>
<tr><td>10</td><td>铁路货物押运安全监控系统</td><td>货运</td></tr>
<tr><td>11</td><td>危险货物办理站、专用线（专用铁路）货运安全设备设施</td><td>货运</td></tr>
<tr><td>12</td><td colspan="2">列车尾部安全防护装置</td><td>车务
车辆
电务</td></tr>
<tr><td>13</td><td colspan="2">列车车厢视频监控装置</td><td>车务</td></tr>
</table>

续表

<table>
<tr><th>序号</th><th colspan="2">设备名称</th><th>专业</th></tr>
<tr><td>14</td><td colspan="2">无线调车机车信号和监控系统</td><td>车务
电务</td></tr>
<tr><td>15</td><td colspan="2">车务视频监控系统</td><td>车务</td></tr>
<tr><td>16</td><td colspan="2">列车在站运行状态监测识别系统</td><td>车务</td></tr>
<tr><td>17</td><td colspan="2">防溜铁鞋监测系统</td><td>车务</td></tr>
<tr><td>18</td><td rowspan="6">机车车载安全防护系统</td><td>机车空气制动安全监测子系统</td><td>机务</td></tr>
<tr><td>19</td><td>机车防火监控子系统</td><td>机务</td></tr>
<tr><td>20</td><td>机车高压绝缘检测子系统</td><td>机务</td></tr>
<tr><td>21</td><td>机车列车供电监测子系统</td><td>机务</td></tr>
<tr><td>22</td><td>机车走行部故障监测子系统</td><td>机务</td></tr>
<tr><td>23</td><td>机车自动视频监控及记录子系统</td><td>机务</td></tr>
<tr><td>24</td><td colspan="2">机车远程监测与诊断系统</td><td>机务</td></tr>
<tr><td>25</td><td colspan="2">机车微机控制监视系统</td><td>机务</td></tr>
<tr><td>26</td><td colspan="2">机车走行部动态监视系统</td><td>机务</td></tr>
<tr><td>27</td><td colspan="2">机车车辆车轮动态检测系统（机车车轮在线检测系统）</td><td>机务</td></tr>
<tr><td>28</td><td colspan="2">机车轴承温度监测报警装置</td><td>机务</td></tr>
<tr><td>29</td><td colspan="2">机车安全信息综合监测装置</td><td>机务</td></tr>
<tr><td>30</td><td colspan="2">机车运行监测数据无线传输车载装置</td><td>机务</td></tr>
<tr><td>31</td><td colspan="2">机车整车试验动态检测装置</td><td>机务</td></tr>
<tr><td>32</td><td colspan="2">电力机车受电弓动态检测系统</td><td>机务</td></tr>
<tr><td>33</td><td colspan="2">自动过分相检测装置</td><td>机务</td></tr>
<tr><td>34</td><td colspan="2">整备场检修作业安全联锁监控</td><td>机务</td></tr>
<tr><td>35</td><td rowspan="6">机务便携式检测设备</td><td>便携式受电弓检测设备</td><td>机务</td></tr>
<tr><td>36</td><td>便携式真空主断路器检测设备</td><td>机务</td></tr>
<tr><td>37</td><td>便携式车顶绝缘检测设备</td><td>机务</td></tr>
<tr><td>38</td><td>便携式变流器检测设备</td><td>机务</td></tr>
<tr><td>39</td><td>便携式蓄电池状态检测仪</td><td>机务</td></tr>
<tr><td>40</td><td>便携式风机风量检测仪</td><td>机务</td></tr>
</table>

续表

序号	设备名称		专业
41	机务便携式检测设备	便携式牵引电机综合检测设备	机务
42		便携式制动机检测设备	机务
43		车轮轮缘踏面外形测量仪	机务
44		车轮检查器、轮缘踏面样板、轮径量具	机务
45		轮对内距尺、轮位差/盘位差测量器	机务
46	机车超声探伤仪器		机务
47	机车在役零部件无损检测仪		机务
48	车辆运行安全监控系统	红外线轴温探测系统	车辆
49		车辆运行品质轨边动态监测系统	
50		车辆滚动轴承故障轨边声学诊断系统	
51		铁道客车行车安全监测诊断系统	
52		货车故障轨边图像检测系统	
53		客车故障轨边图像检测系统	
54		动车组运行故障图像检测系统	
55	货车轮对尺寸动态检测系统		车辆
56	铁路客车车轮故障在线检测系统		车辆
57	铁路客车制动监测系统		车辆
58	客车电气安全监测系统		车辆
59	铁道客车烟火报警系统		车辆
60	发电车用烟火报警系统		车辆
61	客车在线绝缘监测装置		车辆
62	客车车载视频监控系统		车辆
63	客车集中轴温报警器		车辆
64	动车组故障诊断系统	动车组烟火报警系统	车辆
65		动车组车厢视频监控系统	车辆
66		动车组轴温报警装置	车辆
67		动车组受电弓视频监控系统	车辆
68		动车组转向架横向稳定性监测装置	车辆

续表

<table>
<tr><th>序号</th><th colspan="2">设备名称</th><th>专业</th></tr>
<tr><td>69</td><td rowspan="2">动车组故障诊断系统</td><td>动车组失稳检测装置</td><td>车辆</td></tr>
<tr><td>70</td><td>动车组车载平稳性监控装置</td><td>车辆</td></tr>
<tr><td>71</td><td colspan="2">动车组应急轴温无线监测装置</td><td>车辆</td></tr>
<tr><td>72</td><td colspan="2">动车组检修作业安全联锁监控系统</td><td>车辆</td></tr>
<tr><td>73</td><td colspan="2">客车及动车组移动式视频监控装置</td><td>车辆</td></tr>
<tr><td>74</td><td colspan="2">车辆加速度检测系统</td><td>车辆</td></tr>
<tr><td>75</td><td colspan="2">车辆检修调车安全监控装置</td><td>车辆</td></tr>
<tr><td>76</td><td colspan="2">铁道车辆轮重测定仪</td><td>车辆</td></tr>
<tr><td>77</td><td colspan="2">受电弓及车顶状态动态检测系统</td><td>车辆</td></tr>
<tr><td>78</td><td rowspan="4">动车组车轮检测系统</td><td>动车组车轮故障在线检测系统</td><td>车辆</td></tr>
<tr><td>79</td><td>移动式车轮超声波探伤设备</td><td>车辆</td></tr>
<tr><td>80</td><td>固定式车辆轮对超声波探伤设备</td><td>车辆</td></tr>
<tr><td>81</td><td>便携式车轮车轴相控阵超声波探伤设备</td><td>车辆</td></tr>
<tr><td>82</td><td rowspan="7">车辆无损检测设备</td><td>车轴探伤</td><td>车辆</td></tr>
<tr><td>83</td><td>轮对无损检测</td><td>车辆</td></tr>
<tr><td>84</td><td>焊缝无损检测</td><td>车辆</td></tr>
<tr><td>85</td><td>铸钢摇枕、侧架无损检测</td><td>车辆</td></tr>
<tr><td>86</td><td>滑动轴承无损检测</td><td>车辆</td></tr>
<tr><td>87</td><td>客车配件探伤</td><td>车辆</td></tr>
<tr><td>88</td><td>无损检测材料</td><td>车辆</td></tr>
<tr><td>89</td><td colspan="2">电务检测车</td><td>电务</td></tr>
<tr><td>90</td><td colspan="2">铁路信号集中监测系统（微机监测系统）</td><td>电务</td></tr>
<tr><td>91</td><td colspan="2">轨道电路动态检测系统</td><td>电务</td></tr>
<tr><td>92</td><td colspan="2">铁路信号区间综合监控系统</td><td>电务</td></tr>
<tr><td>93</td><td colspan="2">铁路漏泄同轴电缆监测系统</td><td>电务</td></tr>
<tr><td>94</td><td colspan="2">列车调度指挥系统/调度集中系统</td><td>电务</td></tr>
<tr><td>95</td><td colspan="2">道岔缺口（转辙机表示缺口）监测系统</td><td>电务</td></tr>
<tr><td>96</td><td colspan="2">ZPW-2000 区间轨道电路室外监测及诊断系统</td><td>电务</td></tr>
</table>

续表

序号	设备名称		专业
97	JT－C 系列机车信号车载系统设备		电务
98	机车信号远程监测装置		电务
99	列车运行监控装置及其监测设备（列车运行状态信息系统）		机务 电务
100	列控车载动态监测		车辆 电务
101	轨道车运行控制设备及其远程维护监测系统		电务 工务 供电
102	列控安全数据网网管系统		电务
103	通信设备监测系统	电源及环境监控系统	电务
104		无线电干扰监测设备	电务
105		铁路通信铁塔监测系统	电务
106		铁路光纤监测系统	电务
107	通信业务监测系统	GSM－R 网络接口监测系统	电务
108		图像质量智能诊断和分析系统	电务
109	动车组司机操控信息分析系统		电务
110	车载监测信息综合传输系统		电务
111	轨检车	轨道检测系统	工务
112	连续式轮轨力检测系统（综检车）		工务
113	轨道巡检系统（巡检车）		工务
114	线路检查仪	车载式（晃车仪）	工务
115		便携式（添乘仪）	工务
116	超声波钢轨探伤车		工务
117	钢轨超声波探伤仪		工务
118	车载探地雷达路基状态检测装置		工务
119	轨道状态确认车		工务
120	线路动态加载试验车		工务
121	桥梁安全监测系统		工务
122	铁路桥梁检查车		工务

续表

序号	设备名称		专业
123	隧道检查车		工务
124	高速铁路道岔监测系统		工务
125	无缝线路检测系统	无缝线路位移检测系统	工务
126		无缝线路轨温实时远程监测系统	工务
127		钢轨应力检测仪	工务
128	轨道板外形尺寸快速检测系统		工务
129	路基压实振动连续检测系统		工务
130	钢轨断轨监测设备		工务
131	列车接近预警地面设备		工务
132	工务便携式检测设备	列车测速仪	工务
133		铁路轨道检查仪（轨检仪）	工务
134		铁路轨距尺	工务
135		支距尺	工务
136		钢轨直度测量仪	工务
137		钢轨断面轮廓测量仪	工务
138		钢轨波磨测量仪	工务
139		基桩动测仪	工务
140	大型养路机械视频监控系统		工务
141	铁路防灾安全监控系统	高速铁路地震预警监测系统	工务
142		风速风向监测设备	工务
143		雨量监测设备	工务
144		雪深监测设备	工务
145		线路障碍自动监测报警系统	工务
146		高速铁路周界入侵报警系统	工务
147		铁路综合视频监控系统	电务
148	接触网检测车		供电
149	供电、电力远动系统		供电
150	牵引变电所辅助监控系统		供电

续表

序号	设备名称		专业
151	供电安全检测监测系统	高速弓网综合检测装置	供电
152		接触网安全巡检装置	供电
153		车载接触网运行状态检测装置	供电
154		接触网悬挂状态检测监测装置	供电
155		受电弓滑板监测装置	供电
156		接触网及供电设备地面监测装置	供电
157	故障测距装置		供电
158	接触网几何参数测量仪		供电
159	电能质量检测装置		供电
160	接触网作业车视频安全监控系统		供电
161	高速铁路接触网检修作业车检测装置		供电
162	接触网作业车轴温监测装置		供电
⋮			

1.1.3 铁路行车安全监测设备管理

1. 基本要求

为有效发挥铁路行车安全监测设备在预防事故和减少故障、保障铁路运输安全方面的作用，在《铁路技术管理规程》《铁路主要技术政策》《高速铁路基础设施运用状态检测管理办法》等规章中，对铁路行车安全监测设备的功能作用、体系建设、运用管理等提出了要求。

《铁路技术管理规程》（铁道部令2006年第29号）规定行车安全监测设备应具备监测、记录、报警、存取功能，保持其作用良好、准确可靠，并定期进行计量校准。应实现信息共享，为运输组织、行车指挥、设备检修、救援及事故分析等提供信息。2014年中国铁路总公司发布的《铁路技术管理规程》（普速铁路部分、高速铁路部分）对行车安全监测设备提出了同样的要求。

《铁路主要技术政策》（铁道部令2013年第34号）提出要大力推进铁路安全监测监控系统建设，不断提升检测、监测、监控技术水平，扩大系统应用范围。发展高速综合检测、巡检技术和机车车载安全防护技术，发展移动装备的在线检测监控技术，完善基础设施服役状态实时监测、监控技术，开展安全数据综合分析评估，提升安全风险诊治能力。研究应用风、雨、冰、雪、雷、火等重大灾害和各类地质灾害的防治、监测及应急处置技术，完善高速铁路自然灾害及异物侵限监测系统，完善艰险山区复杂地质铁路监测系统，研究开发应用铁路地震预警及减灾处置系统。强化对铁路要害、重点目标、治安复杂区段的安全防护。加强铁路沿线防护设施的建设和高速铁路沿线周边安全环境监测。积极发展应用物联网、云计算、地理信息、卫星导航、下一代互联网等现代信息技术，推进行车安全监控信息化。

《高速铁路基础设施运用状态检测管理办法》（交通运输部令2018年第19号）对高速铁路基础设施运用状态的检查、测试、监测及运用质量的安全评定做出了规定。明确了高速铁路基础设施状态检测工作的技术原则，鼓励使用新技术、新设备、新方法，要求运用成熟可靠的检测设备，推广实时在线的监测技术，提高检测质量和检测效率；明确了检测体系的建设要求，对检测机构、人员、手段及实现的检测目标提出了要求；明确了高速铁路基础设施状态检测工作相关各方职责，对铁路运输企业、铁路监管部门在检测工作中应承担的职责进行了规定；明确了高速铁路各专业的基础设备状态检测的项目及设备配置要求；明确了对检测数据进行分析与运用的要求，要求铁路运输企业建立检测数据平台，加强综合分析处理，并要求利用分析结果指导日常检查工作。

2. 计量管理

行车安全监测设备既有直接用于测量的器具、仪器，也有综合或在线检测仪器、设备，具有计量器具和技术设备的双重特征。根据国家铁路局和中国国家铁路集团有限公司（以下简称国铁集团）的有关规定，计量检测设备（含器具、仪器）必须制定相应的计量检定规程或校准规范，定期进行计量检定、校准，以保证监测设备检测数据的准确可靠。

《铁路计量管理办法》（国铁科法规〔2020〕60号）规定铁路工程建设、装备制造、运营管理等开展铁路计量活动的单位应组织对铁专量具新产品的计量性能、安全性能进行确认，铁路用计量器具必须按规定进行检定和校准（量值溯源），对于无法实施量值溯源的铁路用计量器具，可定期进行量值核查或量值比对。国家铁路局发布的《铁路专用计量器具管理目录》包括22项30种涉及安全、互联互通的重要铁路专用计量器具。

《中国铁路总公司计量管理办法》（铁总科技〔2015〕61号）规定列入《中国铁路总公司铁路专用计量器具技术审查目录》的计量器具需通过总公司计量器具新产品技术审查，并取得技术审查证书。未取得相应技术审查证书的计量器具，不得购置和使用。《中国铁路总公司铁路专用计量器具技术审查目录》包括54种（工务13种、供电2种、电务3种、运输6种、机车车辆30种）铁路专用计量器具。

3. 认证管理

铁路行车安全监测设备是保障铁路运输安全的重要技术设备，部分被纳入铁路产品认证采信目录。按照《铁路产品认证管理办法》（铁科技〔2012〕95号）规定，纳入强制性产品认证管理和列入采信目录的铁路产品，依法取得认证后，方可在铁路领域使用。

国家铁路局公布的《铁路产品认证目录》包括列车安全预警系统车载台、道口预警设备、ZPW-2000（含UM）系列设备、列车运行监控记录装置、轨道车运行控制设备、列车运行控制系统车载设备、列车运行控制系统地面设备、无线调车机车信号和监控系统设备、列车尾部安全防护装置及附属设备等行车安全监测及其相关设备，实行自愿性产品认证。

国铁集团的专用产品认证采信目录除包括《铁路产品认证目录》中的行车安全监测及其相关设备外，还将高速铁路地震预警系统、接触网作业车运用安全控制设备、供电安全检测监测系统、铁路综合视频监控系统设备、信号集中监测设备、机车车载安全防护系统、铁道客车轴温报警器纳入认证采信管理。

1.2 我国铁路行车安全监测现状

1.2.1 铁路行车安全监测发展历程

我国行车安全检测监测技术的研究和应用紧紧伴随着铁路的发展，既注重引进消化吸收国外先进技术，又立足于我国国情实际。早在中华人民共和国成立之前，一些铁路工厂即开展了磁粉探伤工作，20 世纪 50 年代开始对钢轨探伤等检测技术进行研究、探索和试用，70 年代开始尝试利用红外线设备探测车辆轴温，80 年代开始在机车上安装“三项设备”用于行车监控，90 年代开始对铁路沿线设施的监测进行探究与实践，在部分大型桥梁、隧道上建立了综合安全健康监测系统。“十五”“十一五”期间，我国铁路在加强安全基础建设，推行“规范管理、强基达标”举措的同时，采取了立足科学技术，依靠先进技术装备的有力措施，围绕防止列车冲突、防止列车脱轨、提速客车安全保障、道口安全防护、自然灾害预警、装载加固与危险品运输、事故抢险救援等重点任务，加快各种新型安全检测监测技术装备的引进、研制与运用，移动设备、固定设备和自然灾害监测快速发展，信号微机监测系统、综合检测车等行车安全监测设备对提升我国铁路运输安全技术装备的现代化水平，保障运输安全发挥了重要作用。

1999 年，我国开始深入研究构建统一的高速铁路安全监控系统，设计了京沪高速铁路安全监控系统总体方案。上海铁路局 2003 年在沪宁线上建成了全路第一个跨专业、多系统集成的安监信息系统。京沪高速铁路安全监控系统对各种自然灾害、突发事故，以及机车车辆、线路、供电和通信信号等设备状态等实施全面、实时、准确的安全监测，根据灾害故障信息的性质和级别，下达相关的控制措施。目前，京沪高铁已经构建了全天候、立体化的治安防范保障体系和防灾安全监控系统，包括综合视频监控系统、闭路电视（closed circuit television，CCTV）监控系统、机房监控系统和防灾安全监控系统四个方面。除此之外，广州局、南昌局、西安局、武汉局、青藏公司也各自进行了行车综合安全监控管理系统的试点应用，取得了初步成效，实现了多个专业监测系统的信息接入和数据的集中处理。青藏铁路安全综合监控中心系统是保障青藏铁路安全运营的一个综合集成系统，它全面集成了列车、机车、车辆、电力、信号、线路基础设施、环境等方面的动态安全信息及客运和货运的日常统计信息，并通过可视化的地理信息系统平台发布和展示，实现对青藏铁路运营相关的固定设施和移动设备的综合监控、应急事件处理过程的监控和应急救援指挥的决策支持。建成的青藏铁路运营与安全综合监控系统，实现对各类安全监控信息资源的综合、高效利用，填补了高原铁路综合监控系统建设的空白。

随着铁路行车安全监测设备的应用和发展，与之配套的制度、标准不断健全完善，原铁道部出台了一系列技术规章、技术标准规范及标准性技术文件。2013 年，铁路政企改革后，国家铁路局和国铁集团在此基础上，进一步完善了相关制度标准，其他铁路运输企业除遵守国家和铁路行业制度标准外，相关的制度标准一般比照国铁集团执行。

行车安全监测是铁路信息系统的重要组成部分，随着信息技术、数据通信传输技术、自动控制技术、人工智能技术、组合优化技术及计算机网络与处理技术等在铁路运输中的运用，我国铁路在信息化建设方面已取得了突出的成就，逐步建成多个面向应用的管理信息系统。

如铁路运输管理信息系统（transportation management information system，TMIS）、调度管理信息系统（dispatch mangement information system，DMIS）、货物运输管理系统（freight transportation management system，FTMS）、旅客运输管理系统（passenger transportation management system，PTMS）、列车调度命令系统（train operation dispatching command system，TDCS）、自动列车身份认证系统（automatic train identification system，ATIS）、车辆管理信息系统（locomotive management information system，LMIS）、通信信号管理信息系统（communication and signal management information system，CSMIS）、工务管理信息系统（permanent way management information system，PWMIS）等。同时，新一代铁路列车运行控制系统（Chinese train control system，CTCS）的开发和运用，为我国铁路智能运输系统（railway intelligent transportation system，RITS）的开发建设打下了较好的基础。近年来，随着高速铁路的快速发展和铁路信息化建设的不断完善，铁路各专业部门按自身发展需要，相继提出了本专业安全监控网络化、信息化的需求，并积极筹划本专业行车安全监控信息系统的研究与开发工作，运用科技手段建立和运用了一大批相对成熟、可靠的安全监控监测设备。如综合检测车、机务的 6A 系统、车辆的 5T 系统、工务的 8M 系统、电务的 8D 系统及供电的 6C 系统等。随着行车安全监测新的技术和设备开发应用，我国的智能铁路系统将得到进一步的推动和发展。

1.2.2 铁路行车安全监测应用情况

1. 深入开展移动装备、固定设施安全监测技术研究和应用

组织开展机车运行安全预警和智能检修应用关键技术研究，开展车轮故障预测与健康管理、安全监测等技术研究，组织推进高铁道岔故障预测与健康管理、隧道衬砌病害快速检测技术研究，深化智能牵引供电系统、接触网状态监测与故障预警技术研究，推进铁路信号系统信息安全防护等技术研究。完善工电供一体化检测监测技术体系，开展车载综合安全监测平台、一体化智能运维、故障预测及健康管理技术研究，实现对铁路移动设备运行状态全天候动态监测。深化基于 5G 的检测监测数据传输、存储及分析技术研究，深化车载实时数据库、5G 大容量数据实时车地传输技术研究。推动各专业系统安全检测监测数据的融合，深入数据挖掘和分析，进一步创新和完善安全风险研判、预警、管控的方法和手段。

2. 加强沿线安全防护工程建设，完善自然灾害防控体系

深化卫星遥感及卫星定位技术在运营期地质灾害、周边环境监测、线路勘探设计、建设期生态保护和工区监测、应急救援中的研究应用，建立风、雨、雪与地震等自然灾害及异物侵限、周界入侵智能监测预报警系统，实现关键监测预警信息实时上车交互并与列控、调度指挥系统互联，增强应对自然灾害、异常天气和外部环境危害的防控能力。大力推进高速铁路自然灾害及异物侵限监测系统的研究和建设，对高速铁路沿线风、雨、雪、地震及上跨高速铁路的道路桥梁的异物侵限进行实时监测，同时具备报警、预警及联动触发等功能，为调度指挥及维护管理提供报警、预警信息，有效防止或减少灾害对高速铁路列车运行安全的影响。为更好地发挥地震监测系统的作用，新研发了地震预警系统，包括高速铁路地震监测预警系统和车载地震紧急处置装置两部分。为有效避免铁路沿线崩塌落石灾害对运输生产的影响，研制了线路障碍自动报警系统，在北京、成都、兰州等路局的既有线进行了应用，同时在京秦高铁试点应用。为了监测高速铁路非法入侵行为，研制了铁路周界入侵报警系统试验集中平台，在物防、人防的基础上，采用技术手段对入侵行为进行监测和报警。我国高速铁路灾害监测系统的相关理论和标准随着灾害监测系统的建设不断形成和完善，目前国内对灾害监测系统的研究主要集中在按线建设的灾害监测系统，风、雨、雪及异物监测子系统监测技术，系统测试等方面。

3. 广泛开展大数据应用

（1）客运安全大数据应用。通过汇集客运车站监控数据、设备故障和事故故障信息，开展实时、全面的客运安全要素监控，以及异常情况高铁车站快速辨别和及时预警。对大客流时间段、大面积晚点等可能产生影响旅客安全的事故进行分析，并对候车室客流聚集或旅客流线变化带来的安全风险进行评估和预警。

（2）动车安全大数据应用。汇总全路动车组基础台账、安全保障人员、动车安全保障机构数据，以及动车组事故、故障、动车组运行故障图像检测系统、车辆滚动轴承故障轨边声学诊断系统、轮对尺寸动态监测系统等数据，按车组、车型、线路、季度、部件、系统等维度分析百万公里故障率，按探测设备类型、线路、车型、报警等级、日报警量等维度开展趋势分析。根据综合分析故障预测结果数据、状态监测数据、检修数据开展动车组重要部件健康度评估。

（3）工务安全大数据应用。通过汇集工务安全生产管理系统、PWMIS 系统等基础台账和病害数据，开展轨道几何中长波和短波状态及综合评价、轨道结构基础变形病害快速识别及评估、道岔区段状态综合评价、轨道几何捣固与精调区段决策及作业质量评价、轮轨型面匹配评价、晃车状态分析、基于多源数据的轨道刚度分析及评价、防灾救援设备的状态故障诊断和状态预测、工务机械车安全风险识别和故障诊断。

（4）电务安全大数据应用。通过汇总信号与通信的报警信息和事故故障信息，开展电务设备台账数据管理、设备综合监测、设备全寿命周期管理、运维综合分析、设备 PHM（prognostics health management，故障预测和健康管理）、检测/监测数据融合分析、应急调度指挥等功能模块。综合分析设备设施运用状态、整体性能及利用率，开展基于历史检测/监测数据的趋势分析。

（5）供电安全大数据应用。汇集高铁接触网检测监测数据，实现 6C 系统图像数据的智能分析，对 2C 装置接触网环境图像中接触网异物、危树、鸟窝进行自动识别，对 4C 装置接触网悬挂装置图像的零部件“松、脱、卡、磨、断”的问题进行自动识别，对 5C 装置受电弓滑板图像的滑板缺口、变形等进行智能识别。根据动态检测评价算法对各条线路进行质量评价，通过历史数据分析实现趋势预测，为线路的维修决策提供建议。建立基于 SCADA（supervisory control and data acquisition，数据采集与监视控制）监测数据的牵引供电设备安全性约束条件，开展高速牵引供电设备供电能力评价和分析。

（6）调度安全大数据应用。建立运输安全事故或突发灾害等安全隐患问题库，开展高铁列车运行安全画像、固定设备行车安全画像、移动设备行车安全画像、行车事故安全风险分析、分散自律调度集中（centralized traffic control，CTC）系统区段列车调度员作业行为分析、气候造成的安全风险分析，建立调度安全分析预测模型，分析安全隐患和行车事故发生的规律，开展多角度、多层次的隐患问题库分析。对各局、各线、各段安全状况的发展趋势做出预测和研判，并进行安全预警和提醒，提高安全事故或突发灾害的预防水平。

4. 健全管理机制

为对铁路行车安全监测设备进行有效管理，充分发挥它对运输安全的保障作用，铁路运输企业一般设专人进行管理或成立专门的管理部门，如国铁集团构建起由铁路基础设施检测中心、铁路局集团公司工电检测所、站段检测机构组成的三级管理架构，并明确了职责分工。铁路基础设施检测中心主要负责组织高速综合检测列车、专业检查车运用，实施国铁基础设施检测、新建铁路联调联试等工作，提出基础设施检测标准建议，监督、检查、评估所属企业的基础设施检测。工电检测所主要负责铁路局重要基础设施数据的管理与分析，集中管理轨道检查车、电务检查车、接触网检查车、钢轨探伤车、桥隧检查车等专业检查车，组织开展铁路局集团公司管内铁路基础设施检测数据管理分析、质量评估和趋势分析等工作，指导站段检测分析车间。站段检测机构主要负责综合巡检车、高铁接触网检测车等设备的使用和维护，按照要求完成管内基础设施的周期检测监测，并对养护维修作业质量进行抽检，实现管内基础设施状态的分析，将分析结果及维修建议及时下发并形成反馈。

1.2.3 铁路行车安全监测存在的不足

我国铁路行车安全监测设备经过多年发展已取得了长足进步，自主研发能力不断增强，部分领域达到或接近世界先进水平，成功研制应用了高速综合检测列车、综合巡检车、专业检查车和运营列车在线检测等装备，通信各子系统网管，信号集中监测，风、雨、雪等气象灾害监测和地震预警监测技术也取得了较大进步，已基本构建了高速综合检测、综合巡检、车载搭载、专业检查、固定监测和便携设备等多方位立体的检测监测体系，形成了一套行之有效的检测监测数据分析和结果应用制度、办法和措施，有效保障了行车安全。虽然各专业检测监测体系正在逐步完善，但和发达国家相比仍缺乏高效智能的监控预警措施，还不能满足我国铁路快速发展对行车安全的需要，主要表现为以下几方面。

1. 缺少统领全局的整体规划

行车安全监测设备的立项、研发、使用缺少全局性规划的指导和推动，阻碍了系统建设水平和质量的提升。至今全路尚未提出完整的铁路行车安全综合监控与预警系统的体系结构和总体技术方案，目前铁路安全监控系统的规划和建设更侧重于各专业部门安全监测设备的配置选型和安装部署，系统间缺乏互联互通，各类监测信息系统独自建设，计算机设备重复投资，缺少统一标准和规范，彼此孤立、异域异构。检测监测数据分析、深度挖掘和应用不足，跨专业信息不能共享，数据孤岛现象严重。无法实现行车安全的路网全程监控与跟踪，也无法实现监测信息跨专业、跨系统的综合判断与深层利用。

2. 设备标准化程度低，厂家众多、种类繁杂

各厂家技术标准不统一，各专业设备接口结合部问题较多，运用中部件的备用和互换存在一定难度。

3. 行车安全监测设备配套的制度标准有待完善

目前绝大多数行车安全监测设备的标准均为国铁集团的标准性技术文件，缺乏相应的行业标准，难以对整个铁路行业的行车安全监测设备进行规范。部分行车安全检测设备缺少相应的维护保养标准，行车安全监测设备维护保养不到位，影响使用效果。

4. 现有行车安全监测设备在运用、管理、维修上还存在短板

自然灾害的监测预警水平低，还未形成完善的自然灾害监测报警系统，地震预警监测装备缺少投入，异物侵限监测和风、雨、雪等气象灾害监测及视频监测技术需要进一步完善；钢轨探伤、路基隧道、地质雷达等无损检测设备智能化水平不高，需要大量人工判读，效率不高；工电供实时监测设备系统性和可靠性差、标准不规范、监测项目覆盖不全，缺乏有效的道岔、特殊结构和不良地质环境下路基、桥梁、隧道等设备的状态监测设备；缺少铁路周边环境的快速监测手段和设备。

5. 关键技术的研究储备不足

构建覆盖全路网的铁路行车安全检查监测系统是一个宏伟的目标，也是一项涉及面广、技术复杂、工程庞大、历时长久的任务，存在诸多管理难题和技术难题需要攻坚。但目前对铁路行车安全监测体系的网络通信平台、计算机设备平台、基础数据平台、信息共享平台、应用集成平台、网络安全及信息集成、专家系统、空间数据处理、数据挖掘等技术的研究滞后于系统建设的进展。

1.3 国外铁路行车安全监测概况

铁路行车安全监测设备是构建智能铁路的重要组成部分，针对铁路固定、移动设备设施的检测和监控及对灾害进行监测报警的需求，各国纷纷研制用于不同设备设施、具有不同功能的专业性和综合性检测设备。以日本、德国、法国、美国等国为代表的铁路，针对其所处的自然环境、地理条件及运营条件的不同，分别采取了各自不同的安全保障措施。

欧洲、日本等国外发达国家在铁路行车安全保障方面，广泛应用先进安全技术，多采用先进可靠的监控设备，安全监控、监测设备的网络化、信息化程度高，实现了安全监控及管理信息的及时传递和共享在单项设备层次上，安全技术装备的功能不断扩展，并趋于横向融合在系统层次上，综合安全监控系统与运行控制、调度指挥、运营管理、维修养护等方面不断融合。所有固定和移动监测数据通过地面和无线网络实时传输给调度中心集中管理，各部门调度及维修部门可同步得到共享信息。这些国家的行车安全综合监控系统应用在固定设备、移动设备和灾害报警等方面，卓有成效，尤其是日本新干线的运行以高安全性著称，其综合防灾报警系统发挥了重要作用。

目前，国外铁路正逐步推进智能铁路的建设，日本提出智能运输系统（railway intelligent transportation system，RITS），即数字网络互连的铁路 CyberRail；欧盟倡导 InteGRail，其目标是将检测、监测、控制和诊断数据与其他信息系统整合，信息智能集成，实现信息共享；英国 Network Rail 铁路公司提出智能基础设施管理理念；美国联邦铁路管理协会（Federal Railroad Administration，FRA）提出以网络为中心的铁路综合集成体系。

按照被监控监测的对象，目前国外的铁路行车安全监测设备可分为固定设备、移动设备和自然灾害三大类。表 1–2 为国外主要行车安全监测设备。

表 1–2 国外主要行车安全监测设备

被监测对象	设备名称
固定设备	超长无缝线路轨温及纵向应力监测系统；基于非轨道电路的断轨监测技术；高速轨检车；轨道部件巡视检测车；钢轨探伤车；地质雷达探测车；德国 BELFA–DB 桥梁检测车；法国 OBSERVER 铁路限界检测车；瑞典轨道弹性检测车；综合检测列车；长大桥隧综合监控系统；日本 COSMOS 系统等

续表

被监测对象	设备名称
移动设备	列车运行安全监控系统；热轴探测系统；车辆运行状态监测系统；轮对踏面轮缘检测系统；垂下品探测装置；货物列车装载状态检查系统；机车车辆远程监视系统；冲突监视单元 IMU 等
自然灾害	日本铁路综合防灾报警系统；日本地震 P 波早期监测警报系统 UREDAS；日本气象信息系统 MICOS；日本新干线 COMIRAC 系统；德国 MAS90 型防灾报警系统；法国 TGV 高速线灾害监测装置；英法海底隧道的防灾安全监控系统；法国地中海线的防灾安全监控系统等

1.3.1 固定设施监测

国外铁路重视对铁路固定设施状态、结构的监测控制，除了应用静态监控技术外，还通过应用安全综合检测列车、轨道检查车等大型安全检测装备及维修管理系统，实现了固定设施状态监控、维修、管理的三个转变（从定性和经验管理向定量化、科学化管理转变，从静态检测向动态检测、综合检测转变，从分散的单项系统向覆盖全路的综合化、网络化、智能化系统转变）。

高速综合检测列车实现对固定设施相关技术指标的综合检测，如日木的新型“黄色医生”和 East–i 综合检测列车、法国的 IRIS320 高速综合检测车等。轨检车替代人工巡道，有效提高巡视效率和准确度，如德国 OMWE 轨检车检测速度可达 300 km/h，美国的轨道视觉检测车采用图像识别技术检查扣件状态。钢轨探伤车技术不断改进，工作效率大幅度提升，如美国钢轨探伤车的探伤速度可达 80 km/h。

1.3.2 移动设备监测

移动设备监测主要是指为保证列车的安全运行，在机车车辆等移动设备上安装监测设备，对车辆的各个部件进行实时的监测和诊断，当达到一定的安全极限时自动发出报警信号或通知列车驾驶员或地面信息中心。

目前，国外铁路的移动设备监测技术在监测理论和设备等方面都发生了很大变化，研究出很多监测系统和设备。国外高速列车动车组实现了全列车的自诊断，动车和拖车装设了数据采集和诊断计算机，对列车装备运行状态进行监测，传统的远红外热轴探测系统性能大大提高，新型车上热轴监测装置摆脱了轮轨界面的束缚，可以直接连续监测车轴工作状态，实现实时监测报警，故障定位准确。

1.3.3 灾害监控与告警

国外铁路的安全防灾系统主要涉及车站与区间等重要场合的设施状态的远程监测、监控、告警系统，事故与自然灾害预测、预防及处理系统，桥、隧和关键道口的监控和报警系统等方面。高速铁路沿线的自然灾害如地震、大风、洪水、雪害等及长大桥梁的安全状况对高速列车的安全运营有极大的危险。为防止灾害发生时危及行车安全，在上述灾害地区的高速铁路沿线和长大桥、隧地段均设置了先进的监控、检测、预报设备和系统，一旦发生灾害，监测设备能预先迅速、及时将有关信息报告控制中心，以便及时采取预防措施，根据灾害程度，分别采取限速或停运的措施。

1.4 铁路行车安全监测发展方向

随着新一轮科技革命如卫星、大数据、云计算、物联网、人工智能等技术的快速发展，科技创新取得重大突破，铁路检测监测技术必将产生新的变革，行车安全监测设备将向系统化、集成化、智能化的方向发展，功能趋于不断扩展，集成的安全技术装备与其他系统不断融合，发展成集安全监控、行车指挥、运营管理等为一体的综合性系统，基于先进的通信及网络技术，未来将会实现能够实时全程监控的智能化安全监控网络。

1. 铁路计量测试关键技术

面向铁路工程建设、装备制造、运营管理等方面的计量需求，推进量子化计量技术，智能化、自动化和远程在线计量技术，检测监测系统量值溯源技术，铁路装备及基础设施计量测试技术，铁路货物运输计量测试技术的研究和应用，持续提升计量对铁路运输的技术保障能力，服务智能交通建设。

（1）开展量子化计量技术在铁路传感器件集成应用，开展高速铁路综合检测、综合巡检、运营列车在线计量技术应用，开展三维激光自动精准测量技术及其在检测监测系统中的应用。

（2）开展高速铁路基础设施综合检测监测系统量值溯源技术，高速铁路和复杂地质条件铁路灾害监测及预警设备计量技术，铁路运营安全监控系统量值溯源技术研究。

（3）推进列车关键部件健康监测技术研究及应用，开展机车车辆走行部检修综合测量设备量值保证方案及数据应用深化研究，开展铁路基础设施几何状态检测监测设备的量值保证技术研究。

（4）开展基于物联网、大数据、5G 技术的轨道衡、铁路罐车、超偏载检测装置远程检测监测技术，铁路危险货物运输在途、远程智能多模参数检测监测技术，适应高速重载的铁路货物运输装载质量、限界计量设备及其计量测试技术，铁路液体货物计量装备和装载监控计量测试技术研究。

（5）开展计量测试大数据挖掘和分析研究，建立铁路计量数据信息服务数字化应用平台。

2. 智能检测监测技术

（1）开展第二代高速综合检测列车和短编组高速综合检测列车研制，丰富检测功能，研发高精度时空同步、基于 5G 远程车–地交互和病害智能实时诊断的检测系统，进一步提高集成度、安全性和智能化水平，具备检测结果与设备管理单位的远程实时交互、在线诊断服务和安全预警等功能。

（2）深化工电供设备外观状态巡检技术研究，扩展检测项目、提高检测速度，建立缺陷样本库，利用人工智能技术提升智能巡检水平，实现机器分析为主、人工确认为辅的病害分析和诊断系统。

（3）研究搭载式检测设备和运营车辆的融合技术，突破检测设备高可靠、易维护、检测数据实时传输等技术，实现基础设施状态高频度安全监测。

（4）加快推进高铁沿线风、雨、雪、地震、滑坡和异物侵限等灾害监测技术，以及桥梁、隧道、道岔等特殊结构基础设施监测技术研究和应用，提升实时监测系统技术性能，提高安全预警准确性、时效性，最终通过检测监测设备统型、功能融合、关键技术突破、检测模式创新等手段，逐步减少人工检查工作量。

（5）基于AI平台的装备检测监测跨模态数据分析关键技术研究，构建云边融合架构的智能铁路AI平台，为高铁安全提供计算机视觉、自然语言处理、知识图谱、数据挖掘方面的人工智能服务；以装备检测监测跨模态数据分析示范工程为基础，研究事故故障样本库和模型库构建、基于小样本学习的设备零部件缺陷检测、设备故障自动分类与智能诊断等关键技术，开展图像、文本、视频等检测监测跨模态数据分析，形成人工智能与铁路业务融合的典型应用案例，为高速动车组、牵引供电等装备的运行安全提供保障。

（6）监测路外人员越界等不安全行为，利用深度学习、边缘计算等技术，对高铁沿线的综合视频系统中路基、桥梁、隧道、重点设施、站段咽喉区等场景的视频画面进行实时的异常检测、可疑人员检测，并对运动目标进行跟踪与标识，实时监测可疑人员的运动轨迹，自动检测其是否进入警告区或非安全区域，并通过传感器、智联网等技术实时传送告警信息，智能地、及时地提示越界人员的不安全行为。

（7）多种技术融合的高铁侵限监测技术，新型复合传感技防技术，开展长航时无人机、激光雷达、安防机器人等新型技防手段与双电缆传感器、光缆传感器、红外线、微波和视频监控等多种监测技术数据相互融合，综合分析侵限情况及危害程度，分析应用人工智能相关技术，从入侵目标识别跟踪，高铁环境图像增强、入侵行为分析、破坏检测等方面对视频智能识别相关理论和方法展开深入的研究。

（8）高铁灾害监测大数据分析技术，对风、雨、雪等自然灾害的预测采用基于大数据技术的数学建模方法，分析出铁路沿线发生大风、大雨等自然灾害预测模型；对于地震、滑坡、泥石流等突发性自然灾害，利用大数据技术对海量历史数据进行分析，解决传统数据无法分析的问题，得出它们发生的大致规律，实现提前预防，减少自然灾害对行车安全的影响。

（9）故障预测及健康管理技术（prognostic and health management，PHM），针对故障不导向安全的技术设备，重点考虑与高铁、客车运营安全密切相关的技术设备，在高铁线路状态、动车组走行部件、制动系统、构筑物疲劳失效侵限等可能导致高速列车重大事故方面，研究铁路安全关键系统PHM的建设和发展，在技术设备故障之前消除隐患。

3. 北斗卫星通信技术

铁路北斗卫星通信系统依托北斗卫星的高精度定位和短报文通信服务功能，将监测数据通过卫星链路传送至北斗卫星系统的地面主控站，并经由主控站传送至铁路北斗卫星通信系统的数据接收端，经过处理的数据经由铁路北斗卫星系统进入全路的数据高速网络TMIS进行传输，不受温度、气候等自然环境影响，能够在野外环境、恶劣气候条件、移动互联网络中断的情况下实时传送监测数据并及时预警，为铁路部门提供稳定、可靠、低成本的卫星通信服务，同时又充分利用了铁路现有的网络基础设施和资源，以提高效率、节约成本。

北斗卫星导航技术在高铁安全上的应用主要围绕作业人员监控与安全防护、列车安全运行与防护、基础设施监测检测、周边环境灾害监测与预警四个方面。在作业人员监控与安全防护方面开展了站场作业应用、区间作业防护等应用；在列车安全运行与防护方面开展了车载时空基准、列控系统等应用；在基础设施监测检测方面开展了桥梁形变监测、边坡位移监测、路基沉降监测、铁塔倾斜监测等应用；在周边环境灾害监测与预警方面开展了地质灾害监测、灾害预警通信等应用。

4. 5G技术

5G技术标准由国际标准组织第三代合作伙伴计划（3GPP）统一制定，具有大带宽、大连接、高可靠和低时延的技术特点。大带宽特性主要针对高清视频、大容量数据传输场景，可支持1.5 Gbps的峰值数据速率和100 Mbps的多用户体验速率，最高支持500 km/h运行速度，利用5G大带宽特性，实现调度人员能直接看到调度现场和列车环境，将列车运行前方路况和前车状况视频图像、视频分析结果等信息传送到驾驶室内，调度系统向列车发送图形化的进路预告信息，调车作业前方和尾部路况视频实时回传等，将有效提高行车等运输生产安全水平；大连接特性主要是针对物联网场景，支持每平方千米100万数量的用户连接密度，终端采用低功耗、低速率的通信技术，适合现场长时间使用，单终端的传输速率可达100 kbps，利用5G大连接特性，实时回传桥梁、隧道、路堑、长大坡道、站房等重点区域的大量传感数据，实现对铁路沿线风、雨、雪、地震等更广范围、更大密度的信息精准感知和实时传输，提升沿线基础设施、自然灾害的安全监测水平；5G高可靠、低时延特性主要针对车联网、工业控制等场景，支持低至1 ms的空中延迟，传输可靠性可达99.99%，利用5G的高可靠、低时延特性，可承载智能调车、智慧货场控车关键业务应用，满足智慧货场“车流不息、作业繁忙、不见一人”的作业需求，提高作业效率和安全水平。

5G技术在高铁安全上的应用主要体现在列车无线车次号校核、高速铁路追踪接近预警、站车客运信息交互、客站管理语音、多媒体调度通信、语音调度通信、应急语音通信、应急视频通信、养护维修语音通信等方面。

5. 物联网技术

物联网技术在铁路客运、机车车辆、工务、牵引供电、电务、工程建设、信息等专业或领域均有巨大应用潜力，主要是利用摄像头和各种传感器对铁路机车、车辆、线路、信号、供电、气象、自然灾害等监测信息进行智能采集，借助现有及新型的通信网络如铁路专用通信网、传感器网络、公众通信网、自组织网络传输数据，在应用层对收集到的信息进行二次汇总和处理，基于这些信息，可以建立各种智能系统以达到智能控制，如利用智能视频监控系统对入侵、火灾等危险信息进行实时监控，并进行智能报警。目前典型的物联网应用场景主要包括车号自动识别、无线传感技术、智能视频分析等，在高铁安全上的应用主要体现在车号自动识别、列车实时定位导航、青藏线冻土低温监测、工程安全监控、车辆运行安全监控、机车车载安全防护、高铁供电安全检测监测、自然灾害及异物侵限监测、高速综合检测车等方面。

6. 安全大数据技术

以收集、处理来源于传感网络的海量数据为主，包括传感器检测系统、视频、摄像等监控系统的感知数据，基于大数据技术实时存储并处理，后端通过智能化分析平台，分析设备状态，评估设备安全和服役状态，进行设备病害诊断、状态预测和趋势分析、故障预测等，为设备寿命和健康管理、安全监控提供数据支持。按照国铁集团大数据总体规划，依托中国铁路主数据中心构建全路共享通用的基础设施检测监测数据管理和智能化分析平台。

（1）丰富平台数据资源，组织归集检测监测数据、维修数据、病害样本数据、基础设施台账数据、环境气候数据等，形成区块链接、互联互通的数据信息传输网络，实现国铁集团、铁路局集团公司、站段三级管理架构的数据平台，破除数据壁垒，化解信息孤岛，提高数据资源共享程度，提升数据管理的信息化水平。

（2）强化数据治理，规范基础设施全生命周期检测监测数据采集、传输、存储、共享机制，统一数据接口规范和管理标准，实现重点病害整治等信息跟踪和分析结果的推送服务。

（3）规范各专业故障分级分类描述定义，开展建立各类伤损病害知识图谱库，在数据平台中融入大数据集成分析算法库和人工智能等技术手段，深度挖掘检测数据价值，提升数据运用智能化程度，实现设备故障诊断和预判预警，为基础设施设备全寿命健康管理提供数据支撑和维修决策支持。

（4）依托大数据综合应用技术辅助高铁安全治理决策，通过汇集高铁设备数据、人员数据、管理数据、外部环境数据，建立基于“平台+应用”的高铁安全大数据综合应用，研究高铁安全的模型库和算法库，促进高铁安全数据共享共用，为安全管理部门、业务部门提供安全辅助决策支持。

（5）基础设施质量状态评价，分级分类建立设备质量评价体系，充分运用高铁运营十年来积累的检测监测、大数据分析技术，加强工电供专业多源数据融合分析和深度挖掘分析技术研究，不断丰富数据分析方法、评判方法和评价指标，构建完善的高铁基础设施状态评价体系，支撑铁路设备养护维修向低成本、精细化、状态修发展。

7. 数字孪生技术

数字孪生技术是将工业产品、制造系统等复杂物理系统的结构、状态、行为、功能和性能映射到数字化的虚拟世界，通过实时传感、连接映射、精确分析和沉浸交互来刻画、预测与控制物理系统，实现复杂系统虚实融合，从而使系统全要素、全过程、全价值链达到最大限度的闭环优化。该技术能够以数字化的方式描述和映射对象、人员和流程，并以可理解和进一步处理的格式提供各种信息；除数据之外，该技术还可进行算法分析、模拟仿真等，以描述和影响所代表对象在过去、当前或未来的属性和行为。

铁路系统数字孪生技术是以实时监控、测量、诊断等系统提供的数据为基础创建的，通过对这些数据进行分析和评估，能够预测车辆及铁路基础设施的故障，实现预测性维修，从而降低维修成本，提高维修质量和效率。未来，列车调度决策将以运营数据和人工智能（artificial intelligence，AI）模拟为基础，利用数字孪生技术可以实时检测运营中出现的故障并将它整合到模型中去，从而达到故障自动处置的目标。

8. 空天车地一体化监测技术

通过引入临近空间飞艇、低空无人机、列车及地面轨旁系统互联互通的专用网络系统，有效整合网络系统中空间和地面两个部分，通过空天车地高铁系统专用网络实现各监测节点立体感知信息的可靠传输与无缝共享，结合高铁系统的状态信息融合与处理系统对多源数据的智能分析，实现对轨道交通广域线路、基础设施、在途列车状态的立体信息获取、可信传输与精准运管，从而满足未来高铁系统全息化安全保障和运营支持的需求。

第2章 车务安全监测设备

车务系统是铁路运输的直接组织部门，担负着运输安全、客货运组织等重要职责，是铁路行车组织的重要组成部分，影响行车安全的风险因素众多，如接发列车、调车作业、施工安全、防溜安全、危险品运输和货物装载加固等。为有效防范化解行车安全风险，车务系统经过多年实践创新，研制了多套行车作业安全检测监测设备，主要用于监测货运装载运输、接发列车、调车作业和站场实时情况，随着行车安全检测监测设备的成功推广，有效促进了车务系统行车安全管理的规范化、系统化和科学化，已经成为确保行车安全必备的基本设备。

2.1 车务安全检测监测发展历程

车务安全检测监测技术主要包括视频监控技术和称重计量技术。近年来，随着互联网技术和信息科学技术的迅猛发展，车务系统充分运用了芯片技术、音频采集技术、编码压缩等先进技术，不断对视频监控设备和称重计量设备进行升级改造，在保障铁路运行的安全和稳定方面起了非常重要的作用。

视频监控系统在铁路车务系统的应用比较早，早在“八五”计划期间，我国铁路行业就引入了应用于车务/机务站段、火车站场与编组站运输服务、铁路区间防灾安全等视频监控子系统，经过多年的发展，目前在整个铁路领域中得到了很大的普及。我国的铁路视频监控技术经历了三个发展阶段。第一阶段为闭路电视监控，其特点是全部通过模拟方式将摄像机的视频信号传输到监控中心，监控中心通过视频分配和合成设备将一部分视频信号在电视机等模拟显示设备上输出，并通过磁带录像设备进行录像或保存。这种方式在20世纪90年代中期的铁路建设中有较为广泛的应用，但由于技术本身存在使用范围小、信息共享性差、应用灵活性较差等局限性，目前已经基本被淘汰。第二阶段为准数字监控，在20世纪90年代中期开始出现，表现为以数字硬盘录像替代原来的长时延模拟录像机，将原来的磁带存储模式转变成数字存储录像，并集合了录像机、画面分割器等功能。这种方式初步进入数字监控，由于系统既具有模拟监控的技术成熟、图像画质较清晰的特点，又具有部分第三阶段全数字监控的信息交互能力强、灵活性好的特点，所以在铁路上曾得到广泛应用，至今仍在铁路部分领域如局界站安全监控系统及小型站点监控中使用。第三阶段为全数字监控，视频从前端图像采集设备输出时即为数字信号，以网络为传输媒介，基于国际通用的 TCP/IP 协议，采用流媒体技术实现视频在网上的多路复用传输，并通过控制设备实现对整个监控系统的指挥、调度、存储、授权控制等功能。目前这种方式是我国铁路视频监控系统的主要建设模式，并且根据行业特点及应用需求，在此阶段基础上延伸出综合视频监控系统概念。

铁路货运计量检测工作是铁路货运生产组织工作的重要组成部分，是保障铁路货运安全的重要一环。当前，货运改革创新步伐加速前进，轨道衡和超偏载作为铁路货运计量检测设备的重要组成部分也取得了较大发展。轨道衡的发展过程也是根据时代的需求而不断进行优化改进的。新中国成立前，旧中国工业落后，轨道衡数量极少且大部分安装在铁路车站。1949年，新中国成立时轨道衡总数不足40台，而且全部都是英、美、德、意、比、苏等国制造。我国轨道衡的发展，大体上经历了四个发展阶段。第一个发展阶段（20世纪50年代初—60年代末）是从静态机械杠杆式轨道衡的诞生到大量发展的阶段。我国以20世纪50年代起就开始生产第一台100 t静态机械杠杆式轨道衡，其准确度一般可达到0.1%，但由于需要脱钩不联挂称重，劳动量大，称量时间长，所以一般用户采用了不摘钩联挂静态称重，这样使用大大降低了准确度。第二个发展阶段（20世纪70年代初—80年代中）是从静态机械杠杆式轨道衡发展到动态机械杠杆式轨道衡和机电结合式轨道衡出现的阶段。动态自动轨道衡是机电结合型的列车动态称重设备，是由数字自动显示物体质量的光栅秤。该设备具有性能稳定、计量速度快、读数直观、使用方便、便于自动化等优点。随着科学技术的发展，机电结合秤相继应运而生，它是在原机械杠杆式轨道衡的基础上，通过测力传感器、电子测量装置测出物体的质量值。这类秤除具有计量速度快、自动或手动打印记录等功能外，同时在停电时，仍可用机械杠杆进行计量。第三个发展阶段（20世纪80—90年代）是从机械轨道衡发展到动态电子轨道衡阶段。动态电子轨道衡是一种可以自动按预定程序对铁路车辆进行动态称量，将所承受的重量正确地传递给称重传感器，按一定比例关系转换成相应的电信号，通过测量显示仪表或计算机反映出质量数值，并能自动显示和打印称量结果的计量设备。它能在列车行使过程中不摘钩，连续称出每节车辆的质量。称重速度快，效率高，动态称量精度一般均优于0.5%，每称一节车皮需要的时间最多不超过17 s，而静态机械轨道衡的称重速度最快的也需要2～3 min，两者相差近10倍。因此，近年来电子轨道衡的应用，特别是动态电子轨道衡，由原来结构件秤台优化改进为铸件结构秤台有了较大的发展。第四个发展阶段（进入21世纪以来）是电子轨道衡标准化、系列化、网络化发展阶段。高新技术的发展，加快了电子轨道衡的秤台优化结构技术进步。

2.2 车务安全检测监测概述

2.2.1 车务安全检测监测分类

铁路车务安全检测监测系统按照检测监测对象可分为货运计量安全检测设备和车务作业监控设备。

货运计量安全检测设备是对货车、集装箱进行科学计量及安全检测监控，确保行车安全的重要设施，包括计量衡器和安全检测监控设施两大类。计量衡器是指汽车衡、吊钩秤、轨道衡等衡器类设备，主要应用于整车或零担货物实际装载量的测量；安全检测监控设施是指超偏载检测装置、超限检测装置、轮（轴）重测定仪、安全门、货车装载状态监控装置等非衡器类安全检测、监控设施，主要用于检测货车装载的超载、纵向超偏、横向超偏、超限界、危险品及状态参数等。

车务作业监控设备是对车务工作人员接发列车、调车和客货作业等车站行车组织工作进行安全监控的设备，包括列尾装置、车务远程网络监控、客运站视频监控系统、列车在站运行状态监测、调车作业监控系统等。按照检测监测技术类别可以分为称重计量、视频摄像监控、在线监测等。表 2–1 为车务安全检测监测设备分类。

表 2–1　车务安全检测监测设备分类

<table>
<tr><th>监测对象</th><th colspan="2">设备名称</th><th>应用技术</th></tr>
<tr><td rowspan="5">车务</td><td colspan="2">列尾装置</td><td>计算机编码、无线遥控、语音合成、计算机处理技术</td></tr>
<tr><td colspan="2">调车作业监控系统</td><td>在线监测</td></tr>
<tr><td colspan="2">车务远程网络监控</td><td>现代通信技术与计算机处理技术</td></tr>
<tr><td colspan="2">列车在站运行状态监测</td><td>现代通信技术与计算机处理技术</td></tr>
<tr><td colspan="2">客运站视频监控系统</td><td>视频摄像、现代通信技术与视音频编解码技术</td></tr>
<tr><td rowspan="9">货运</td><td colspan="2">铁路货车超偏载检测装置</td><td>称重技术</td></tr>
<tr><td colspan="2">动态轨道衡监测监控信息系统</td><td>称重技术</td></tr>
<tr><td colspan="2">货车装载安全状态监测</td><td>视频摄像</td></tr>
<tr><td rowspan="6">铁路货运安全检测监控与管理系统（铁路货运站安全监控与管理系统和铁路货检站安全监控与管理系统）</td><td>货运计量安全检测监控</td><td>称重技术、计算机网络技术及信息处理与集成技术</td></tr>
<tr><td>危险货物运输安全监控系统</td><td>视频摄像、计算机网络技术及信息处理与集成技术</td></tr>
<tr><td>铁路限界管理及超限超重货物运输</td><td>视频摄像、计算机网络技术及信息处理与集成技术</td></tr>
<tr><td>货车装载视频监视系统</td><td>视频摄像、计算机网络技术及信息处理与集成技术</td></tr>
<tr><td>铁路货物押运安全监控系统</td><td>信息处理技术和射频识别技术</td></tr>
<tr><td>散堆装货物运输抑尘智能控制及作业质量监控系统</td><td>自动控制技术和信息处理技术</td></tr>
</table>

2.2.2　检测监测规定

为确保铁路货运计量安全检测设备运用稳定性、检测准确性，充分发挥设备把关作用，铁路货运系统采取了一系列措施提升管理水平。一是铁道部、铁路局集团公司货运部门分级制定了《铁路货运 安全检测监控与管理系统总体技术规范》（铁运〔2013〕56 号）及《铁路货运 计量安全检测设备运用管理规则》（铁总运〔2016〕272 号）等管理规则和实施细则，对设备配置、检定、检修等从制度源头上进行了规范；二是通过货运计量安全检测监控系统对超偏载检测装置和轨道衡误报警情况进行盯控、展示和分析，实时掌握设备运用状态情况，通过技术手段进行监控；三是铁道部货运部门对各铁路局集团公司纳入三级联网考核的超偏载检测装置和轨道衡，每月组织运用情况排名，建立考核评价机制，督促提升检测效果。

2.3 车务安全检测监测设备及技术

2.3.1 轨道衡

1. 轨道衡简介

轨道衡是安装在铁路线路上对通过列车装载货物进行计量的大型衡器，广泛用于化工、矿山、冶金、电力、港口、铁路等行业。分为自动轨道衡（也称为动态轨道衡）和静态轨道衡（包括数字指示轨道衡和非自行指示轨道衡）。轨道衡属于计量衡器，主要安装在铁路货运站，计量和控制装车站货车装载质量。

动态轨道衡是用于称量行驶中铁路货车载重的轨道衡。动态轨道衡的称量方式有轴称重、转向架称重和整车称重 3 种方式。现在动态轨道衡基本上以电子式为主，电子式动态轨道衡由承重台、称重传感器、称重显示控制器等组成。承重台是支承货物列车的平台；称重传感器将质量信号转变成便于测试的电信号；称重显示控制器的核心是微处理器，并包括信号放大、滤波、A/D 转换、显示、串行通信等模块，可将称重值存储并显示。

动态轨道衡检测监控信息系统主要利用安装在装车站、货检站和编组站的动态轨道衡检测仪，检测通过车辆的各车轮对轨道的压力值，通过对检测数据的后续分析和处理，计算出车辆的自重、标重、总重、车号、盈亏（装货物质量的多或少）等情况。值班员根据检测和计算的结果对报警车辆实行扣车、警告、放行等相应处理，保障货物列车的安全运行。该系统主要监测车辆的行驶速度、运行方向、通过探测点时间、车辆自重、标重、总重等参数。动态轨道衡如图 2-1 所示。

图 2-1 动态轨道衡

2. 制度标准

《自动轨道衡》（GB/T 11885—2015）；

《静态电子轨道衡》（GB/T 15561—2008）。

3. 运用情况

轨道衡被纳入《中华人民共和国依法管理的计量器具目录（型式批准部分）》（质检总局公告 2005 年第 145 号），在取得计量器具型式批准证书后方可在国家铁路领域使用。

随着技术进步，许多新型的动态轨道衡研制成功。如某些便携式动态轨道衡不需要复杂的承重台，而是采用一种简单的安装装置，将称重传感器固定在两根轨道之间，当列车通过时，车轮的轮沿碾过传感器，从而取得质量信号。这种新型动态轨道衡安装方便，不需要复杂的施工，也不需要将轨道断轨。动态轨道衡检测监控信息系统主要服务于货运部门（如铁道部运输局货运处、路局货运处、车站商检的管理人员和操作人员等），设备主要由北京路通铁路新技术开发公司、武汉立得空间信息技术发展有限公司、北京华横新技术开发公司、北京东方瑞威科技发展股份有限公司等公司提供，其配套的软件由铁道科学研究院电子计算技术研究所研发。

2.3.2　铁路货车超偏载检测装置

1. 铁路货车超偏载检测装置简介

铁路货车超偏载检测装置是铁路部门用于检测行驶中铁路货车装载状态的一种计量器具，广泛应用于铁路各货运中心货场及编组站，属于货运计量安全检测设备，是科技保障运输安全的重要手段。主要包括承载结构、称重传感器、数据采集和处理系统等。它可以对行进中的货物列车在不停车、不摘钩的状态下，实现连续动态称量，进而判断铁路货车是否发生超载、偏载、偏重，是货运计量安全检测系统的重要装备部分。铁路货车超偏载检测装置如图 2–2 所示。

图 2–2　铁路货车超偏载检测装置

铁路货车超偏载检测监控信息系统利用安装在编组站进站口的超偏载仪，检测通过车辆各车轮对轨道的压力和剪力数据值，通过对检测数据进行分析和处理，得出车辆货物装载超载、偏载、偏重等情况。值班人员根据超偏载系统检测信息对通过的报警车辆（超载、偏裁、偏重）做出相应的处理（扣车、通知、放行），保障货物列车的安全运行。该系统主要监测车辆的行驶速度、运行方向、通过探测点时间、车种车型、发站、到站、品名、自重、标重、总重、允许增重、超载、偏载、偏重等参数。

2. 制度标准

《关于做好超偏载检测装置运用管理工作的通知》（铁运电〔2005〕121 号）；

《货车运行状态地面安全监测系统（TPDS）超偏载监控报警管理办法》（铁运〔2006〕352 号）；

《铁路货车超偏载检测装置》（TB/T 3096—2004）；

《铁路集装箱超偏载检测装置》（Q/CR 791—2020）；
《100 km/h 以下速度段铁道货车超偏载检测装置技术条件》（TJ/KH 032—2019）；
《铁道货车超偏载检测装置专用轨枕技术条件》（TJ/KH 033—2019）；
《铁道货车超偏载检测装置》（JJG 129—2004）；
《超偏载计量车检定规程》（JJG 208—2017）；
《标准超偏载检测装置检定规程》（JJG 209—2017）；
《铁道货车超偏载检测装置期间检查规范》（JJF 606—2011）。

3. 运用情况

货车超偏载检测系统主要服务于货运部门，重点服务于车站商检室，超偏载检测装置的日常运用和维护人员应经过专门培训，考试合格，持证上岗。

为提高货运装载量及超偏载检测装置的运用效率，国铁集团货运部每个月对各铁路局集团公司超偏载检测装置综合运用情况进行考核排名。《关于公布货运计量安全检测监控系统和货检安全监控与管理系统运用考核指标的通知》（运营货管电〔2017〕489 号）规定了货运计量安全检测监控系统的最新运用考核指标。其中，对超偏载检测装置运用管理考核办法进行了较大修改，将过去的 8 项指标精简为 6 项，分别为联网率、自检率、与确报信息匹配率、误报率、误差率和严重超偏载报警车核实处理率，同时，对超偏载检测装置计轴判辆情况进行单项考核排名。

2.3.3 货车装载安全状态监测系统

1. 货车装载安全状态监测系统简介

货车装载安全状态监测系统（俗称安全门）是近年研制成功的多功能货运装载安全检测设备，一般安装在编组站，在运输途中监测车辆装载状态，包括超偏载和超限及车辆车门开闭状态等。系统采用激光扫描技术检测货物装载尺寸，主要监测车辆的行驶速度、运行方向、通过探测点时间、超限幅值、超载、左右偏、前后偏、总重、超重、车门开闭状态等参数，并和超偏载检测装置结合在一起构成货物装载状态安全监测系统。具有车辆的超限检测、货车装载超限检测、货车超偏载状态检测、车门开闭状态检测、车辆装载情况视频监控和自动硬盘录像、数据整合，集成了车号识别信息、远程访问，提供检测信息的远程浏览、查询及统计、商检日常作业管理等主要功能。货车装载安全状态监测系统如图 2–3 所示。

图 2–3　货车装载安全状态监测系统

2. 运用情况

该系统的监测设备主要由北京路通铁路新技术开发公司、天津光电通信技术有限公司、武汉立得空间信息技术发展有限公司、北京华横新技术开发公司、北京东方瑞威科技发展股份有限公司和成都货安计量技术中心有限公司提供，其配套的软件系统主要由铁道科学研究院电子计算技术研究所研发。该系统主要服务于铁路货运部门，自 2003 年以来，先后在上海局、兰州局、北京局等路局投入使用，运行效果良好。

2.3.4 铁路货运安全检测监控与管理系统

1. 铁路货运安全检测监控与管理系统简介

铁路货运安全检测监控与管理系统（简称货安系统）是在整合既有货运安全检测监控设备设施、信息等资源的基础上，以确保货运安全为目标，建设统一的货运安全检测监控与管理平台，对铁路货物运输过程进行全方位、全覆盖的综合检测监控与管理。

货安系统由国铁集团级、铁路局（含专业运输公司，下同）级、直属站（段）级货运安全检测监控与管理平台和实现检测监控与管理的 11 个专业系统组成。在车站层面，以实现装卸车源头控制的“铁路货运站安全监控与管理系统”和实现运输途中控制的“铁路货检站安全监控与管理系统”为基础，按照车站办理限制和业务需求选择实施，集成铁路货运计量安全检测监控系统、铁路危险货物运输安全监控系统、铁路集装箱运输管理信息系统、铁路货车篷布管理信息系统、铁路限界管理及超限超重货物运输辅助决策系统、铁路货车装载视频监控系统、保价及货运事故处理系统、铁路货物押运安全监控系统、铁路散堆装货物运输抑尘智能控制及作业质量监控系统、铁路货运资源管理信息系统、铁路货运规章文电信息管理系统等相关专业系统在国铁集团、铁路局、直属站（段）三个层面，对货安专业系统进行有机整合，实现货物运输源头控制、途中监测和到达复核全过程安全监督与控制。货运安全检测监控与管理系统组成如图 2-4 所示。

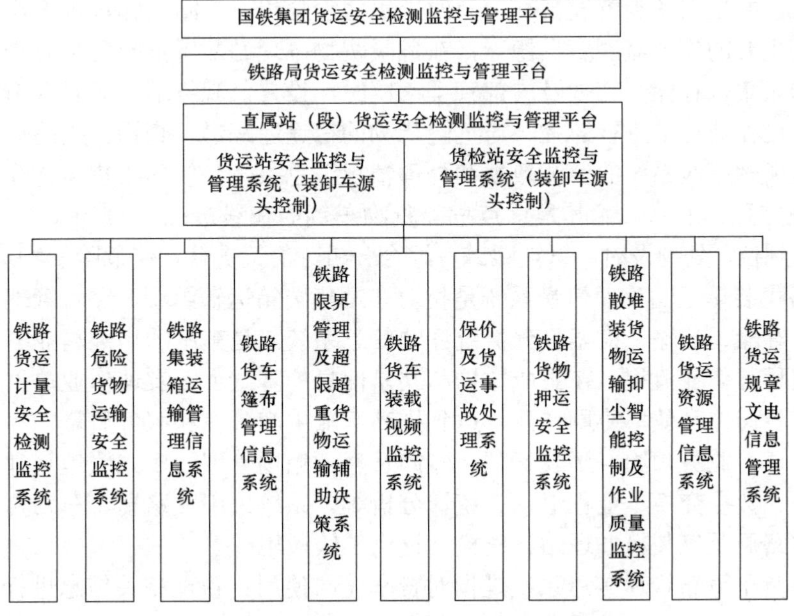

图 2-4 货运安全检测监控与管理系统

（1）铁路货运计量安全检测监控系统是以在货运站和编组站装备的货运计量和安全检测设备为基础，采用先进的计算机网络技术及信息处理与集成技术，构建铁路货运安全监测信息传输网络，实现轨道衡、超偏载等计量和安全检测信息的自动收集和集中管理。计量和安全检测设备包括计量衡器和安全检测监控设施两大类。计量衡器是指汽车衡、吊钩秤、轨道衡等衡器类设备；安全检测监控设施是指超偏载检测装置、超限检测装置、轮（轴）重测定仪、安全门、货车装载状态监控装置等非衡器类安全检测、监控设施。铁路货运计量安全检测监控系统主要功能包括：检测数据自动采集、检测数据集中管理、超偏载报警评判、装车站检测监控、超偏载途中检测监控、货车装载质量全程追踪、基于地理信息系统（geographic information system，GIS）的集中监控预警、自动短信告警、超偏载人工核实管理、检测信息综合展示、重点货物监控、计量安全设备监控管理、设备检定与核查管理、设备及系统运用考核、超偏载问题分析、装载质量分析、静载重统计分析、卸空车质量管理、业务培训、统计报表、用户管理、系统维护等。铁路货运计量安全检测监控系统由车站级、车务段（直属站）级、铁路局级和国铁集团级 4 级系统构成。车站级系统主要负责收集和管理各检测站点的过车检测数据，并与铁路运输管理信息系统的确报信息进行集成与匹配，实现货物装载状态的实时监控和报警管理。车务段（直属站）级、铁路局级和铁路总公司级系统主要收集并管理辖区内货车的货物装载状态检测信息，及时掌握货车超偏载和超限等报警信息，通过跟踪货物装载状态的变化，实现对超偏载和超限货车的重点跟踪监控，并提供信息查询、自动生成各类统计报表等服务。

（2）铁路危险货物运输安全监控系统是以全路危险货物办理站、货检站为基础，采用先进的计算机网络技术及信息处理与集成技术，对危险货物装车、货检、货调、卸车、交付作业的全过程进行安全监控。主要功能包括：受理审核、签认卡控、在途追踪、事故救援、决策支持和统计分析、危险货物试运管理、危险货物押运管理、运输包装管理、电子台账、基础数据维护及数据发布等。通过国铁集团、铁路局、站段 3 级管理，对在途运输危险货物进行全过程监控，并根据各类突发情况，及时处置危险隐患，保障运输过程安全可控。车站监测点是该系统主要的安全监测数据源点，在危险货物办理站配置危险货物办理监控微机，负责相关数据的采集、存储、交换及内部管理；同时，设置监视终端，对受理审核、作业过程签认控制等关键作业环节进行监控，对危险货物的在途追踪进行查询。铁路局和国铁集团监控点负责收集所辖下级系统的监测数据和处理情况汇总报告，使各级货运管理部门全面掌握危险货物运输监控、追踪（尤其是重点危险货物车辆的在线追踪）、查询、管理、分析等功能，达到监管到位、处理及时、重点跟踪、综合分析、决策支持，使危险货物运输有序可控。

（3）铁路集装箱运输管理信息系统是指对车站集装箱运输组织、经营管理相关信息进行采集、加工、存储、传输、检索、分析统计的信息系统，是车站的集装箱业务处理平台。通过优化办理过程与作业流程，在集成数据和共享信息的基础上，实现作业单据电子化、信息传输自动化和各岗位高效率协同作业，达到提高运输生产效率和服务质量的目的。主要功能包括：受理承运、业务预约、到发管理、装卸管理、箱场管理、多式联运管理、设备管理、查询统计管理、数据交换、全程追踪、统计分析等。系统采用铁路局、车站两级部署模式，为铁路局、铁路局及集装箱办理站、货检站提供三级应用。

（4）铁路货车篷布管理信息系统是指对货车篷布使用、管理相关信息进行采集、存储、传输、检索、统计分析的信息系统。货车篷布实行号码制管理。主要功能包括：篷布发送、到达及途中站管理、篷布分界口交接、篷布站内管理、查询统计及预警、篷布动态追踪、货车篷布报告、系统维护等。系统在国铁集团集中部署，为国铁集团、铁路局及车站提供三级应用。

（5）铁路限界管理及超限超重货物运输辅助决策系统采用先进的计算机网络技术及信息处理与集成技术，动态管理全路超限超重货物运输线路建筑限界资料，确保数据准确、无误。综合考虑货物特点和铁路路网情况（单复线、电气化、桥隧限界、线路繁忙程度等），对超限超重货物装载方案、运输径路、运行条件进行对比分析，通过科学比选，为超限超重货物运输提供决策支持，保证运输安全，提高运输效率。主要功能包括：① 建立全路限界资料数据库，根据限界变化情况，两级数据库自动更新，并提供全路限界数据查询共享服务，实现对超限货物运输的辅助决策；② 支持通过丈量、摄影、摄像、自动限界检测车等方法采集的数据录入；③ 可以生成任意区间、区段、隧道、桥梁、线路、车站股道、单个设备等的最小建筑限界；④ 可以实现限界数据的发布、查询、变更申请、变更审批的管理；⑤ 对比区间综合最小限界，自动判别是否超限。该系统在国铁集团、铁路局、直属站（段）、车站进行部署，接入三级管理平台，实现国铁集团、铁路局、直属站（段）三级管理，国铁集团、铁路局、直属站（段）、车站四级应用。

（6）铁路货车装载视频监控系统以（高清）货车装载视频设备、车号识别设备等为基础，采用先进的计算机网络技术及信息处理与集成技术，实现货物装载状态高清视频、图像信息的自动收集、检测监控和集中管理，为各级货运管理部门和作业部门提供清晰、直观的货车装载信息。主要功能以车辆为单位、按车号进行图像采集，通过检测数据与现车或确报进行匹配，按车号、发站、到站、品名、押运人等进行复示、实时监控、视频回放、图像抓拍、报警管理、过车信息查询、统计分析等。系统由光纤通道、设备门架、货车装载视频设备（高清摄像机）、车号识别设备及联网应用系统组成。铁路货车装载视频监视系统有面阵高清和线阵高清 2 种方式，面阵高清适用于交接作业点、货场等需要连续场景记录的场合，线阵高清则适用于货检站等对运动列车进行记录。与面阵高清相比，线阵高清可以提供更高分辨率的细部图像，满足远程对货车装载加固状态、篷布、门窗盖阀的观察需求。

（7）保价及货运事故处理系统主要针对铁路货运事故处理业务的特点，利用信息化技术，从保价业务管理，货运事故的文档编辑、建卷、调查、定责、理赔及统计分析，进一步规范铁路保价及货运事故处理作业行为，切实提高铁路保价及货运事故处理的工作质量。主要功能包括：保价货物运输分析；货物保价费率管理和铁路委托代办货物保价运输管理；货运事故文档管理；货运事故调查处理；无法交付货物和无标记事故货物处理；货运事故统计分析等。该系统由国铁集团、铁路局、直属站（段）、车站四级联网应用系统组成。

（8）铁路货物押运安全监控系统以保证铁路货物押运安全、杜绝押运责任事故为目标，采用信息处理技术和射频识别技术，对货物押运各环节信息进行有效采集和管理，实现押运人押运情况从装车站、途中货检站、到站的全程监控管理，保障货物押运安全。主要功能包括：押运人管理、押运人卡务管理、押运人资质审核、装车押运信息维护、装车押运签认、在途押运签认、押运人全程监控管理、押运违章处理、押运交付管理、押运安全质量综合分析、押运人上岗培训管理、押运辅助设备管理等。该系统由国铁集团、铁路局、车站三级联网应用系统组成，包括押运人 IC 卡，押运人信息识别设备及途中监控设备等。

（9）铁路散堆装货物运输抑尘智能控制及作业质量监控系统采用自动控制技术和信息

处理技术，通过国铁集团、铁路局、抑尘站（点）三级联网，为各级货运及抑尘管理部门提供抑尘作业质量信息，实现对抑尘作业质量过程实时监控与评估。主要功能包括：按车号喷洒量的自动计量、设备状态自检和故障报警、抑尘作业质量监控、作业视频远程监控、视频回放、统计分析等。该系统由国铁集团、铁路局、抑尘站（点）三级联网应用系统组成，包括抑尘喷洒设备、流量计、测速装置、车号识别设备、抑尘产品射频标签识别设备、光幕检测设备、PLC 控制设备、抑尘剂浓度检测器、抑尘喷洒质量视频监控设备等。

（10）铁路货运资源管理信息系统和铁路货运规章文电信息管理系统是铁路货运安全检测监控与管理系统的辅助子系统，为各级货运管理部门提供货运资源配置与管理的决策支持服务和资源数据共享。

2. 制度标准

《货运安全监控技术发展规划和监控设备运用管理制度》（运营货管函〔2014〕462 号）；

《铁路货运计量安全检测监控系统应用软件升级工作方案》（铁运函〔2012〕940 号）；

《铁路危险货物罐车罐体安全检测管理暂行办法》（铁运〔2009〕129 号）；

《铁路货车装载视频监视系统运用管理暂行办法》（铁运〔2007〕161 号）；

《铁路车号自动识别系统 AEI 设备管理检修运行规程》（铁运〔2009〕19 号）；

《铁路货运计量安全检测设备运用管理规则》（TG/HY 113—2016）；

《铁路综合视频监控系统技术规范》（Q/CR 575—2017）；

《铁路货运安全检测监控与管理系统总体技术规范》（TJ/KH 011—2013）；

《铁路危险货物办理站、专用线（专用铁路）货运安全设备设施暂行技术条件》（TJ/KH 003—2010）。

3. 运用情况

传统货运站货场管理方式主要依靠人工检查和盯控，对货运站重点货物、重点车辆、主要货运作业岗位、安全关键部位不能全过程、全方位监控，容易出现管理漏洞。车站轨道衡、现车、运统等数据信息资源无法实现共享，铁路运输安全水平和生产效率较低。铁路货运安全检测监控与管理系统的设计研发，有效实现了分散作业的集中监控和集中管理，为铁路货运安全提供了有效技术科技保障。

近年来，纳入货运计量安全检测监控系统检测的铁路货车辆次逐年增长，截至 2020 年底，全路已实现 384 台超偏载检测装置和 746 台轨道衡三级联网应用，共检测货车 2.49 亿辆次，平均每天检测 68 万辆次，货车安全检测监控范围不断扩展。通过货运安全检测设备和监控系统的深入推广，货车核实超载率逐年下降。

在危险货物运输安全监控系统的建设和应用方面，各铁路运输企业充分利用信息化技术，结合各单位运输环境，取得了大量的成功经验，进一步规范强化了铁路货物运输安全管理工作，有效提高了危险货物运输安全水平。

2.3.5 列车车厢视频监控装置

1. 列车车厢视频监控装置简介

列车车厢视频监控装置指安装座固定于车辆端墙、吊挂电视侧盖板等部位，视频监控装置主体以便捷拆装方式固定于安装座上，采用车辆供电，单机存储方式的视频监控装置。采用视频存储、视频传输、视频编解码技术。主要对列车车厢内公共区域进行监控，全面提升公共安全保障能力，为处理旅客伤害、纠纷、投诉等提供真实可靠的视频证据，同时兼顾对列车工作人员作业情况的监督，为相关管理部门提供视频分析资料。在每辆车厢客室（仓室）两端各配置 1 套移动视频监控装置，实现对整辆车厢重点区域的监控。设备之间相互独立，不组网，移动视频监控装置配置储存卡，视频数据可通过地面设备转储实现资源共享。装置由视频采集存储单元、防护罩、安装座、电缆和连接器组成。

2. 制度标准

《铁路客车车载视频监控系统暂行技术条件》（TJ/CL 543—2018）；

《铁路客车及动车组移动式视频监控装置暂行技术条件》（TJ/CL 565—2020）。

3. 运用情况

列车车厢视频监控装置的日常使用归属为客运部门，检修维护由车辆部门负责。

2.3.6 列车尾部安全防护装置

1. 列车尾部安全防护装置简介

列车尾部安全防护装置（简称列尾装置），起初是用于货物列车取消守车后，在尾部无人值守情况下为提高铁路运输的安全性而研制的专用运输安全装置，设备应用计算机编码、无线遥控、语音合成、计算机处理技术，为保证列车运行安全而设计生产的安全防护设备，也是重要的铁路行车设备，根据用途分为货车列尾和客车列尾。

列尾设备的主要功能包括：列车尾部风压查询；列车尾部风压异常报警；列车尾部排风制动；列尾主机电池电量不足报警；列车尾部标识；黑匣子记录功能。

列尾装置在技术性能上要求能实时监测列车尾部风管风压，并将风压信息不停地反馈到机车司机控制盒，实现欠压报警，提示司机采取紧急制动等应急措施，可以有效预防列车在运行中折角塞门关闭、风管折断、风管漏风或列车分离等事故发生。通过列尾装置，机车乘务员能够及时准确地掌握列车尾部风压，当列车尾部风管因非正常泄漏低于规定限值时，该设备可以自动报警。当车辆折角塞门被意外关闭时，机车乘务员可操纵列车尾部装置进行尾部排风辅助制动，以防止列车溜逸事故的发生。该设备还可兼作列车昼夜尾部标志（白天用红白相间斜彩条标识，夜间用红色发光管闪光标识），除对列车起防护作用之外，还用以表示列车完整、标示列车尾部的位置等。使用时，机车乘务员操作司机控制盒功能键，首尾以无线数据传输方式传递信令（编码信息），其信令通过机车列调电台（或列尾专用机车电台）发送出去，列尾主机接收到司机控制盒发送的信令后，其响应信息再以同样的方式返回司机控制盒，司机通过司机控制盒合成的语音或显示的信息来了解列车尾部风压及列尾主机的工作状态等情况。

货车列尾装置主要由列车机车部分和列车尾部部分构成。列车机车部分指列尾装置司机控制盒和列尾机车台，列尾控制盒的附属设备包括列尾装置输号器、列尾装置司机控制检测仪、列尾装置司机控制盒数据转存仪、列尾装置车载电台；列车尾部部分指列尾装置尾部主机（简称列尾主机），列尾主机的附属设备包括列尾主机检测台、机车号确认仪、列尾主机电池、列尾主机电池充电器、简易场强计、屏蔽室、列车尾部安全防护装置数据处理系统等。货车列尾根据信号的不同分为模拟列尾（FFSK）、数字列尾（CSBK）、可控列尾（GSM－R）和双模列尾（GSM－R+400M）。货车列尾装置如图 2－5 所示，ZTF2002－6 型列尾主机及列尾中继器如图 2－6 所示。

图 2-5　货车列尾装置

图 2-6　ZTF2002-6 型列尾主机及列尾中继器

客车列尾装置由旅客列车尾部安全防护装置（简称 KLW）和列车防护报警设备（简称 LBJ）两部分组成。KLW 主机安装在列车尾部客车内，由主机及风管、电源插座、车顶天线、馈线等附属装置组成，具有列车尾部风压检测和数据传输、辅助排风制动、风压自动提示和供电电压欠压自动提示、状态信息和风压数据存储及列车防护报警功能。LBJ 安装在机车驾驶室内，由司机负责操作，具有列车尾部风压查询、风压自动提示、辅助排风制动和列车防护报警等功能。客车列尾装置如图 2-7 所示，KLW 及 LBJ 如图 2-8 所示。

图 2-7　客车列尾装置

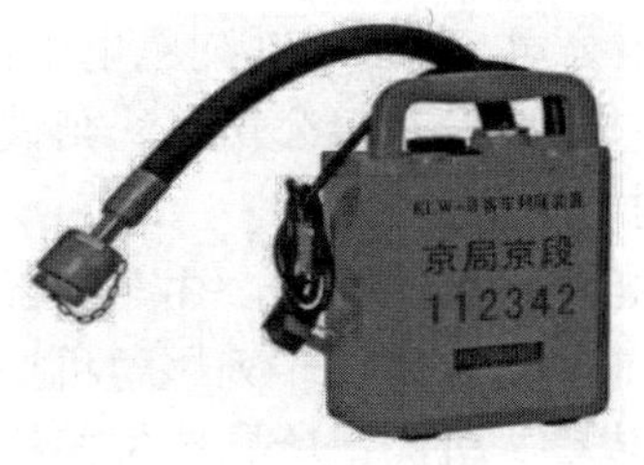

图2－8 KLW及LBJ

2. 制度标准

《货物列车尾部安全防护装置补充技术要求》（铁运〔2012〕283号）；

《旅客列车尾部安全防护装置运用维修管理办法》（铁总运〔2014〕268号）；

《货物列车尾部安全防护装置管理、使用及维修办法》（TG/CW 217—2012）；

《旅客列车开通使用列车尾部安全防护装置行车组织办法》（TG/CW 215—2014）；

《列车尾部安全防护装置及附属设备》（TB/T 2973—2006）；

《列车尾部安全防护装置 第2部分：旅客列车尾部安全防护装置》（TB/T 2973.2—2019）；

《可控货物列车尾部安全防护装置及附属设备》（TB/T 3489—2017）；

《数字货物列车尾部安全防护装置及附属设备暂行技术条件》（TJ/CW 004—2014）；

《双模货物列车尾部安全防护设备暂行技术条件——列尾主机》（TJ/CW 005—2015）；

《双模货物列车尾部安全防护设备暂行技术条件——列尾机车台》（TJ/DW 180—2015）；

《双模货物列车尾部安全防护系统暂行技术规范》（TJ/DW 179—2015）；

《列车防护报警和客车列尾系统技术条件（V1.0）》（TJ/DW 012—2009）；

《新型列控系统列车完整性检查列尾设备暂行技术条件》（TJ/DW 236—2020）；

《列车尾部安全防护装置及附属设备 列尾电池组及列尾电池组充电器——铁路专用产品质量监督抽查检验实施细则》（GTCC－125—2020）；

《列车尾部安全防护装置——铁路专用产品质量监督抽查检验实施细则》（GTCC－089—2018）；

《机车综合无线通信设备LBJ单元——铁路专用产品质量监督抽查检验实施细则》（GTCC－019—2019）。

3. 运用情况

列尾装置是适应货物列车取消守车后，保证列车运行安全而设计生产的行车安全防护设备，铁路技术管理规程明确规定列车尾部需挂列尾装置。列尾装置由车务人员将列尾主机安装加锁在待发列车尾部最后一辆车上，由机务人员确认使用。列尾装置在列车上的大量运用，节省了大量的人力，提高了运输生产效率，在保证列车行车安全中发挥了十分重要的作用，是确保铁路运输安全的重要行车设备，被誉为“铁路行车安全的保护神”。随着电子、通信技术的迅速发展，为适应铁路跨越式发展的需要，实现减员增效的目的，铁路局及科研院所在货车列尾的思路上得到启示，研究开发了客车列尾装置，自2014年10月15日起，全路普速旅客列车正式开通使用旅客列车尾部安全防护装置。

列车尾部安全防护装置及附属设备（含列尾电池组及充电器）、列车安全防护报警系统车载台（LBJ）、列尾机车电台被纳入铁路产品认证目录，国铁集团认证采信的列尾主机生产厂家有通号通信信息集团上海有限公司、陕西国铁科学技术研究发展有限公司、北京世纪东方智汇科技股份有限公司、北京市交大路通科技有限公司、北京中铁列尾电子设备有限公司、天津七一二移动通信有限公司、北京锦鸿希电信息技术股份有限公司、沈阳铁道科学技术研究所有限公司和中国铁路成都局集团有限公司科学技术研究所等。

货车列尾装置按照机车交路固定配属，由机车担当局负责配置，由车务部门负责管理，旅客列车尾部安全防护装置（KLW）由车辆部门负责管理，其中，列尾司机控制盒、机车车载设备和相关附属设备由电务部门负责管理，列尾装置主机涂记所属单位的标识和编号。列尾装置实行定期检查和状态检测维修相结合的维修办法，列尾装置的配属单位根据检修工作要求，配备必要的人员、设施、设备，采取日常维修和定期维修相结合的方式。

2.3.7 调车无线调车机车信号和监控系统

1. 调车无线调车机车信号和监控系统简介

调车无线调车机车信号和监控系统（shunting train protection，STP）是一种保证车站调车作业安全的重要行车安全设备，具备站场调车作业的自动监控和记录功能。它将先进的车列控制技术、卫星定位技术、信息处理技术等应用到调车作业中，改善了以往调车作业存在的信息不透明、完全依靠人员保证安全的现状。STP 由地面设备和车载设备组成。地面设备包括主机、无线通信设备、电务维护终端、车务终端等；车载设备主要包括车载主机、车载无线通信设备等。STP 地面主机是从计算机联锁系统或 TDCS/CTC 系统接收站场联锁设备状态数据，完成对调车进路的信号显示、道岔开通位置、轨道电路区段信息、调车作业通知单、机车工作状态等信息的采集、处理，向调车机车传送无线调车机车信号等控制指令。STP 车载设备通过应答定位器接收模块接口，接收地面点式应答定位器信息，并以无线通信方式与地面主机实施数据交换，向 LKJ 发送调车机车信号和监控信息，从而实现站内机车进行的调车作业与地面信号开放联控、车列运行速度监控、调车信号、调车进路及作业单实时显示等功能。STP 设备构成示意图如图 2-9 所示。

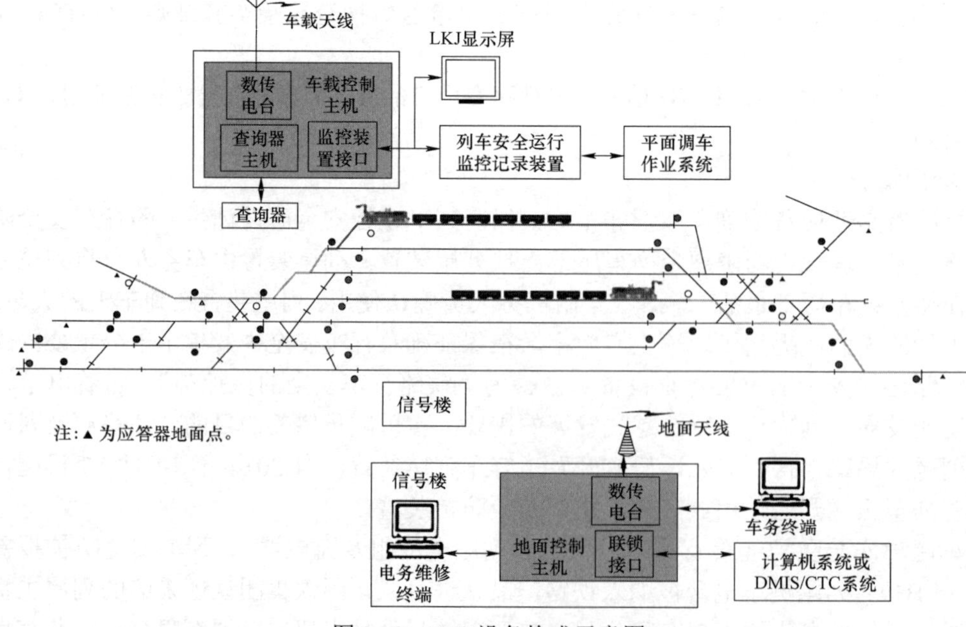

图 2-9　STP 设备构成示意图

2. 制度标准

《无线调车机车信号和监控系统（STP）运用维护管理办法》（TG/XH 215—2015）；

《无线调车机车信号和监控系统技术条件》（TB/T 3505—2018）；

《无线调车机车信号和监控系统暂行技术规范》（TJ/DW 035—2014）；

《无线调车机车信号和监控系统与铁路列车调度指挥系统接口暂行规范》（TJ/DW 166—2014）；

《无线调车机车信号和监控系统与车站计算机联锁系统接口暂行规范》（TJ/DW 167—2014）。

3. 运用情况

近年来，调车无线调车机车信号和监控系统在全路已广泛应用，填补了车站调车作业监控和调车机车信号显示的空白，对保障站内调车作业安全发挥了重要作用。随着调车作业人员对系统各项功能的熟练运用，调车作业监控系统在调车作业中的安全保障作用更加显现，已成为站内调车作业不可或缺的设备。

无线调车机车信号和监控系统设备被纳入铁路产品认证目录，国铁集团认证采信的软硬件和系统集成厂家有铁科华铁经纬（天津）信息技术有限公司、北京铁路信号有限公司、河南辉煌科技股份有限公司、深圳市中科数码技术有限公司、天津铁路信号有限责任公司、上海铁路通信有限公司、上海铁大电信科技股份有限公司、卡斯柯信号有限公司、北京全路通信信号研究设计院集团有限公司。

根据《无线调车机车信号和监控系统（STP）运用维护管理办法》规定，车务、机务部门负责 STP 运用管理，正式启用的 ST 设备不得擅自关机，在 STP 控制区域调车作业时，机务乘务员按规定开机、设定 STP 车载设备，在运用中，机车乘务员若发现故障，应立即停车并向调车区长（车站值班员）报告，并按照无 STP 设备的作业办法办理后续调车作业。电务部门负责 STP 维护管理，实行维修、中修和大修，大修周期为 10 年，车载设备参照 LKJ 修程修制，实行Ⅰ、Ⅱ、Ⅲ级修程，日常检测与 LKJ 同步进行。

2.3.8 车务视频监控系统

1. 车务视频监控系统简介

车务视频监控系统是车务系统行车作业监控设备的重要组成部分，由车站、车务段（站）两级构成，采用现代通信技术与视音频编解码技术，实现车务系统多个车站的远程图像监视、图像回放功能，同时可与其他视频监视系统互联互通，满足资源共享，也可根据需要实现远程视频会议、办公信息传送等功能。该系统由控制中心设备和车站采集设备两级组成，采集设备负责视、音频信息的采集、编码、储存和传输。控制中心设备负责图像声音的处理、显示、回放和储存。

2. 制度标准

《铁路客运站车音频视频管理办法》（铁运〔2012〕172 号）；

《铁路旅客车站客运信息系统设计规范》（TB/T 10007—2016）；

《铁路车务视频监控系统技术条件》（Q/CR 464—2014）。

3. 运用情况

车务远程视频监控系统基本覆盖了所有沿线车站。主要对运转室及站台助理值班员工作岗位进行监控，部分客运车站及货运车站在候车室、站台和站场也设有监控点。

2.4 车务安全检测监测存在的不足

1. 缺少统一的计量及安全检测监测设备的研制、开发、配备规划

尽管全国铁路车务系统装备了大量计量、安全检测监测设备，但仍不能满足运输现场计量和安全检测监测的迫切需要，许多安全检测验证手段尚不完备，亟待开发完备高效的检测监测设备。设备的研制、开发、配备的主动权主要掌握在开发商、生产商的手中，设备市场的技术走向受开发商经济利益的驱动，产品质量水平良莠不齐，开发商之间进行无序竞争。设备使用单位较少主动提出装备技术水平和配备数量的需求，设备投入在一定程度上存在随意性和盲目性。

2. 行业技术标准还不完备

用以指导生产的有关计量、安全检测设备的铁道行业技术标准还不完备。一部分设备没有相应的行业标准，如超偏载检测装置、轮重测定仪、限界测定仪、危险品检测仪、货车装载状态电视监控系统等还缺乏完备的能够对生产实践具有指导作用的行业标准。有些标准陈旧落后，已经不适应技术的发展，有的设备还仅仅是依据不规范的“技术条件”来生产。这些技术标准方面的问题，导致检测手段与实际需要之间、检测需要与生产水平之间、检测技术普及与检测设备管理之间存在差距。

3. 建设工作不达标

由于投资限制等原因，铁路货检安全监控与管理系统存在不按标准建设或降低建设标准等问题，制约铁路货检安全监控与管理系统发展。

（1）硬件建设不达标，超偏载检测装置、轨道衡、超限检测装置、高清视频监控装置等未实现全覆盖或不达标，以及手持机和无线网络建设滞后等，都造成货检站在组织货检作业时无法实现机检代替人工检查，无法有效提升货检作业质量和效率。

（2）检测信息网络化基础薄弱，各系统存在信息孤岛现象，信息共享不充分，导致铁路货检安全监控与管理系统作为货检站各类货运信息的汇聚处理中心的定位不突出。

4. 保障管理机制不适应

在日常养护维修机制方面，铁路货检安全监控与管理系统构成复杂，各子系统及其配套安全检测监控设备种类繁多，专业性强，不同厂家设备无法通用，各子系统管理分界不够清晰，给日常检修维护、故障定责带来很大麻烦，加上落实维护资金困难、缺少专业检修维护队伍等因素，难以形成运转流畅的维修保障机制，造成检修响应不及时，无法保证系统始终处于良好运用状态。在运用管理保障机制方面，由于配套措施跟不上、认识上存在差异、系统故障多等各种因素交织，各站系统运用管理质量不均衡。

5. 系统功能有待优化升级

目前，由于各站设备设施、管理方式、劳动组织等情况不同，铁路货检安全监控与管理系统仅仅能够满足基本的货检现场作业要求，在个性化、友好度、管控手段方面存在值得优化改进的地方。

（1）随着劳动组织改革，普遍实行车号员与货检员并岗作业，而系统仅考虑货检作业需要，未能满足车号作业要求，造成作业方式无法实现彻底变革，制约了系统发挥更大作用。

（2）货检站与站间安全信息仍然无法实时共享，人工拍发电报方式还无法取消。

（3）押运人管理系统尚未建立，铁路危险货物运输管理系统信息无法共享等，造成重复劳动，制约了货检作业质量和效率。

2.5　新技术应用及发展趋势

1. 量子计量技术

量子计量技术是基于微观粒子量子态的精密测量，完成被测物理量的变换和信息输出，在测量精度、灵敏度和稳定性等方面与传统计量技术相比有明显优势。量子计量具有精度高、溯源性好、易实现芯片化等特点。随着量子计量技术应用的不断发展，直接嵌入到装备中的“芯片化”量子传感器已经显现了基本雏形，具有体积小、精度高、免标定等特点的量子传感器，可大幅提升整体装备性能。量子化计量技术在铁路产品制造精密测量和传感器件集成应用等方面具有广阔前景，量子化计量技术在货运计量领域的应用，将大幅提升货运计量安全检测精度和效率。

2. 货物运输超限状态监测新技术

使用增强现实和 3D 扫描技术开发超限检测扫描设备可有效避免检查盲区的出现，并可实现货物状态的可视化；利用机器学习自动进行货物偏移量预测与偏移量达限预警，可实现装载状态预报；在途监测方面可以借鉴土木工程领域使用的位移监测传感器，结合触发式报警原理，开发基于阔大货物本身相对车辆偏移量监测与报警的自动化监测信息系统，同时还可以利用 GIS、卫星定位和通信系统实现与地面调度台的实时信息传输。

3. 智慧货检

基于物联网、大数据、5G 技术的轨道衡、铁路罐车、超偏载检测装置远程检测监测技术，铁路危险货物运输在途、远程智能多模参数检测监测技术，高速重载铁路货物运输装载质量、限界计量设备及其计量测试技术，铁路货物运输装载源头的装载质量计量设备及其计量测试技术，铁路液体货物计量装备和装载监控计量测试技术，将人工智能引入货检领域，从智能监测与感知系统、泛在互联车站网络系统、多方式融合高精度定位系统、车站运营场景数字孪生系统等方面对智能化基础平台进行设计，由智能环线装车、智能翻卸、智能列尾管理、智能防溜等车站模块，与阶段计划智能编制、智能接发车、智能调车等常规模块共同构成车站智能业务系统，实现了货检作业由“人工时代”向“智能时代”的飞跃。

4. 智慧车站

智慧车站是铁路智能化的重要组成部分，是在原有的数字化、智能化车站的基础上，充分利用人工智能、大数据、云计算、AIOT、数字孪生等新一代技术，面向乘客提供全方位体验、面向维保提供智能运维数据支撑、面向站务提供全景管控、面向管理提供决策支持，实现更安全的运营、更智慧的服务、更高效的管理目标。

（1）在全息感知、智能分析、全景管控、精准便捷、主动进化等方面开展智慧系统建设工作，如利用先进的目标检测、识别、跟踪技术统计人群的数量和密度等特征指标，监测公共场所中人群的安全，实现客流信息可视化。

（2）依托北斗导航定位系统、机具状态检测传感技术，对列车进行高精准地理定位、路径规划、故障自动检测，进而计算出准点率、线路满载率，2D 面板实时播放列车准点率信息，准确指导车站各部门人员做好接车准备和引导旅客乘车等准备工作。

（3）基于人工智能的安全应急处理技术，面对列车晚点、乘客大面积滞留等情况，或者火灾事故的发生，结合车站的运行情况快速调配可用资源，对现场情况进行监控。

（4）运用物联网技术，对车站所有区域进行实时监测，融合建筑设备监控及能源管理系统，对接设备预警信息、设备信息及设备功能，进而对设备实现全寿命周期信息化管理。

第 3 章

机务安全监测设备

铁路机务系统主要负责铁路机车的运用、综合整备、整体检修，担当旅客列车、货运列车、行包列车或专运任务的动力牵引任务。为保障机车的运行安全，铁路机务系统通过多年的理论实践与技术创新，研发了多种机车安全监控系统，针对机车运行过程中危及安全的重要事件、重点部件和部位进行自动监控、显示、报警并记录，提高机车防范安全事故能力。行车安全监测检测设备是机车安全监控系统的核心，用于监测检测机车车辆的运行状态和设备质量，监测检测的重点主要是行车安全和设备安全。其中机车车载安全监测检测设备安装在机车上，对运行过程中的机车运行状态实施实时监控，如机车车载安全防护系统、列车运行监控装置等，以此提高机务人员对机车运行状态的掌握并提高操作的稳定性；机车设备安全监测检测是指定期检测机车设备，包括机车整车试验动态检测、电力机车受电弓动态检测、机车超声探伤等，对设备的状态情况及时进行检测，进而能够对存有安全隐患的设备进行及时更换或优化改造，保障机车设备的正常运行。

目前，我国机车上主要安装的行车安全监测检测设备主要有列车运行监控记录装置及其监测管理系统、机车关键部件视频监视及火灾报警系统、走行部监测装置、车顶绝缘监测装置、受电弓动态监测系统、机车车载微机装置、机车车载安全防护系统、中国机车远程监测与诊断系统等。本章重点对机务系统管理的机车车载安全防护系统、中国机车远程监测与诊断系统进行阐述，同时对机车设备安全监测检测系统和便携式检测仪器等一并介绍，由电务部门管理的列车运行监控记录装置及其监测管理系统在后续章节中介绍。

3.1　机车安全监测检测发展历程

世界各国在保证机车整体运行可靠性与稳定性上投入了大量研究，研发了多种安全可行的监测检测技术。在国际上，先进国家的机车一般都配备了随车安全监控系统，对一些主要部件自动监控和显示、记录，并通过卫星或 GPRS/GSM－R 车地无线通信，进行远程监控和诊断。SIEMENS 公司早在 1983 年就推出了以 16 位微处理器为中心的通用型机车微机监测控制系统，可完成对机车主电路的斩波控制，交直流传动机车的整流、逆变控制，交流传动时的变频控制及机车故障监控、列车自动控制，乘客信息服务等多种功能。2001 年，美国 GM－EMD 公司为重载机车开发了 IntelliTrain 机车故障遥测监控系统。该系统可对每台机车实施全寿命周期服务，大大提高了机车使用效率，降低了成本。2003 年，IntelliTrain 系统在机车上安装使用，无论机车在何处出现故障，传感装置可自动检测并通过无线通信系统将故障情况、机车车号等信息直接发送到服务中心。服务中心通知就近的维修工程师携带备件去现场更换并检测性能。在消除故障后，IntelliTrain 系统发出信息告之服务中心。经过多年使用证明，该系统可发现机车 80%的潜在运行故障，比预期的修理期可提早发现故障 7～21 天，延长了机车使用周期。所有故障的 50%是在乘务人员从未报告过的情况下发现的，机车的总故障率下降了 70%。此外，ABB 公司的 MlcAs 系统、德国 Krauss－Maffer 公司的 K－MICRo 系统及由此发展起来的 KD－DlREKT 微机控制系统等，都得到广泛应用。

在我国，随着国产电力机车投入使用，铁路机车安全监测检测技术研究也在不断深入，机车机械系统和电气系统的状态监测、信号与信息系统的自身诊断都得到了长足的发展。同时，在铁路机车车辆运行故障监测诊断技术的帮助下，可以及时有效地发现各类故障隐患问题，如大型构件断裂的识别、轴承踏面联合监测及铁路机车车辆局部超声监测等。上述传统的铁路机车车辆运行故障监测诊断技术产品的出现，对提高我国铁路机车车辆运行质量方面有积极作用。20 世纪 90 年代中后期至今，列车运行监控记录装置一直是行车安全设备的主流类型，是保证列车安全运行的重要辅助装置，是电子技术、计算机技术和现代通信技术成功运用于铁路行车安全领域的典范。我国的机车车载监控、检测装置种类很多，除了传统铁路机车车辆运行故障监测诊断技术系列产品外，近年来随着研究的不断深入，许多新型系列产品也应运而生，6A 系统等一系列故障监测和诊断体系的建立已经初具成效，极大地提升了我国铁路机车车辆行驶的安全性与可靠性。

3.2 机车安全监测检测概述

3.2.1 机车车载安全监测检测

机车车载安全监测检测主要是对机车运行状态，包括机车高压绝缘、防火、视频、列车供电、制动系统、走行部等涉及安全的重要事项、重点部件和部位进行实时检测、监视、报警。表 3－1 为机车车载安全监测检测情况。

表 3－1 机车车载安全监测检测情况

设备名称		主要功能
机车车载安全防护系统	机车空气制动安全监测子系统	检测机后折角塞门意外关闭；检测停放制动意外施加
	机车防火监控子系统	火灾报警；火情可视；灭火
	机车高压绝缘检测子系统	升弓前对车顶设备绝缘状态进行检测确认；绝缘检测数据记录
	机车列车供电监测子系统	接地诊断；供电统计；列供柜数据及故障记录
	机车走行部故障监测子系统	检测轴承、齿轮、踏面状态及机车横向、纵向动态数据；综合在线诊断及分级故障报警；动态数据记录
	机车自动视频监控及记录子系统	监视司机室、机械间等处，并记录视频图像；实现与防火监控的联动

续表

设备名称	主要功能
中国机车远程监测与诊断系统	采集、处理和传输 TCMS、6A 系统、LKJ 系统等车载设备运行记录信息及故障信息，提供机车定位、实时状态数据监测、实时故障报警、远程诊断
列车运行监控系统	监督、控制机车运行安全、全程记录机车运行数据
机车微机控制监视系统	实现机车特性控制、逻辑控制、故障监视和自我诊断，并将信息传送到司机操纵台上的微机显示屏，直观地反映机车实时状态

3.2.2 机车设备安全监测检测

机车设备安全检测主要是检测机车机械部件磨耗、变形或损坏情况，进而使机车在良好状态下稳定可靠地运行，延长使用期限。表 3–2 为机车设备安全监测检测情况。

表 3–2 机车设备安全监测检测情况

设备名称	主要功能
机车轴承温度监测报警装置	在机车运行中自动监测各轴承的温度变化，当温度达到设定报警值或超过设定温升时，能及时报警
机车走行部车载监测装置	主要用于监测轴承、齿轮状态和车轮踏面状态
机车车轮在线检测系统	对机车车轮轮箍和整体车轮辐板进行多方向、多角度的超声波探伤
电力机车受电弓动态检测系统	可对电力机车受电弓的滑板磨耗、升弓压力、中心线偏移等参数进行动态检测
自动过分相检测装置	检测自动过分相装置、地面信号及外部配件的运行状态
机车整车试验动态检测装置	机车整车试验动态检测相关功能
机车便携式检测设备	对机车受电弓、车顶绝缘、变流器、真空主断路器、蓄电池、风机、牵引电机、制动机等设备运行状态进行检测

3.3 机务安全监测检测设备及技术

3.3.1 机车车载安全防护系统

1. 机车车载安全防护系统简介

机车车载安全防护系统简称 6A 系统，是针对机车的制动系统、防火、高压绝缘、列车供电、走行部、视频等安全关键环节、重点部件和部位，采用实时检测、监控、报警并可实现网络传输、统一固态存储和智能人机界面，整体研究设计而形成平台化的安全防护系统。

6A 系统是我国首个具备 6 大类监测功能的机车车载安全设备，监测内容覆盖了机车 90% 以上的主要故障，已经在国内电力机车、内燃机车、调车机等车型实现工程化应用，解决了机车运用中最突出的安全问题，对保障铁路机车的运行安全具有重要意义，有效提升我国机车安全防护系统整体水平。6A 系统总体结构如图 3-1 所示。

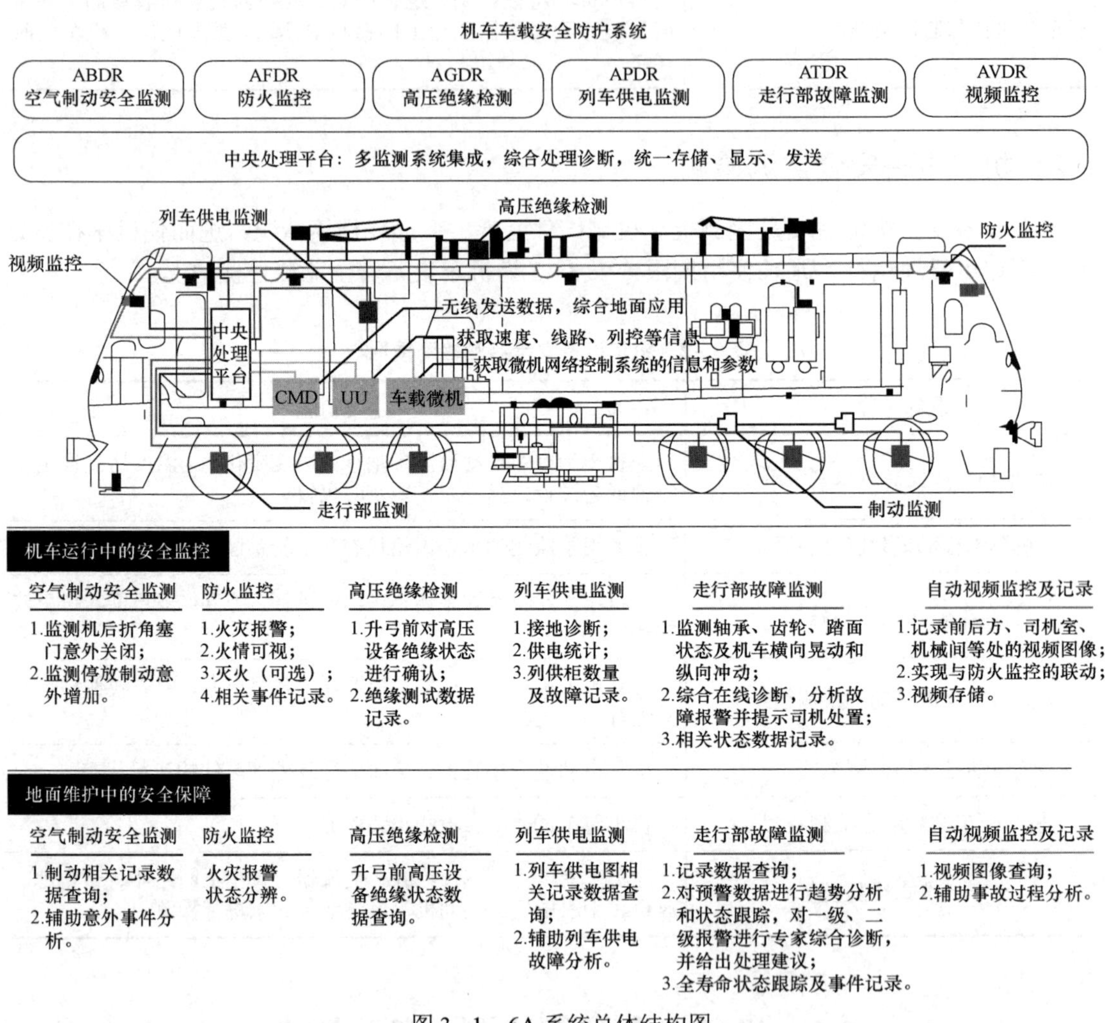

图 3-1　6A 系统总体结构图

6A 系统所有监控子系统均由中央处理平台进行管理，数据统一存储、显示和下载。中央处理平台的处理单元、存储单元采用双机冗余设计。外部设备通过接口卡，将不同的总线类型转换为以太网接入本系统。各子系统遵照统一的 6A 系统通信协议与中央处理平台通信，6A 系统总体结构拓朴图如图 3-2 所示。

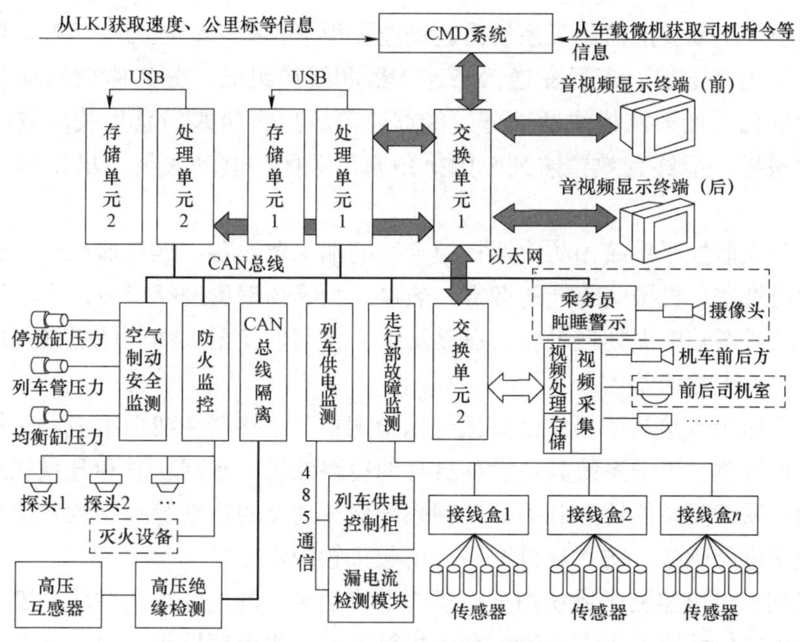

图3-2 6A系统总体结构拓朴图

6A系统由中央处理平台和6个子系统构成，包括中央处理平台（ceutral processing platform，CPP）、机车空气制动安全监测子系统（air brake safety monitoring and data record system，ABDR）、机车防火监控子系统（fire alarm and data record system，AFDR）、机车高压绝缘检测子系统（anti-ground detection system for resistance of high voltage equipment，AGDR）、机车列车供电监测子系统（appliances train power diagnosis and record system，APDR）、机车走行部故障监测子系统（advanced truck defect diagnosis and record system，ATDR）、机车自动视频监控及记录子系统（automatic video display and record system，AVDR）。

（1）中央处理平台是6A系统的必备与核心信息承载体，具备综合处理报警、安全信息存储、人机交互界面、平台统一供电、实时网络传输、双处理器冗余工作、监测子系统可扩展等功能。6A系统中央处理平台如图3-3所示。

图3-3 6A系统中央处理平台

（2）机车空气制动安全监测子系统由制动监测板卡、列车管压力变送器、停放缸压力变送器、均衡缸压力变送器、流量变送器、连接器和线缆组成，分为停放制动非正常施加监测模块和折角塞门关闭监测模块两部分，能够监测机后折角塞门意外关闭或停放制动意外施加，并及时报警，能够有效预防列车因折角塞门关闭、制动失灵、机车带闸引起的行车事故。

（3）机车防火监控子系统由防火监控板卡、前端探测设备、连接器和线缆组成，通过布置火灾探头对司机室、机械间等处的烟雾、热量、光等物理量进行感应，当超过限值时发出报警信息，并及时通知中央处理平台，在显示屏上自动切换至火情区域的视频图像，预防机车电气、油汽起火事故的发生。

（4）机车高压绝缘检测子系统由高压绝缘检测箱、连接器和线缆组成，对机车高压部件的绝缘状态进行检测。该子系统具备设备自身的短路保护，有网压时和升弓状态下自动锁闭检测功能及通过系统配备的钥匙开关，控制系统检测功能的启动等一系列功能。升弓前对机车高压绝缘状态进行确认，防止盲目升弓而引起接触网烧损。

（5）机车列车供电监测子系统由列车供电监测板卡、漏电流检测模块、连接器和线缆组成，通过列车供电柜获取电压、电流、客车集控信号、供电钥匙等信息，通过中央处理平台获取机车号、牵引客车车次、辅机工作状态等详细信息，通过漏电流检测模块获得漏电流信息，然后将信息综合形成完善的列车供电系统运行状态信息，为机车列供柜的运行、检修提供参考依据。该子系统只记录不报警。

（6）机车走行部故障监测子系统由主机模块（走行部监测板卡）、数据前置处理器、复合传感器、数字温度传感器及连接线组成，通过传感器采集轴承温度、振动冲击数据，齿轮、踏面振动冲击数据，机车车轴转速数据，以及车体和构架的振动数据，将其传输至走行部监测板卡，对数据进行诊断分析，并通过监测车轮踏面的振动冲击诊断剥离、擦伤、不圆度，确保机车走行部安全。

（7）机车自动视频监控及记录子系统由摄像头、拾音器（可选）、音视频采集板卡 1（AV1）、音视频采集板卡 2（AV2）、音视频处理板卡（AV3）、音视频存储硬盘、连接器和电缆组成，实时采集司机室、机械间及路况等相关监控部位的视频图像，通过响应中央处理平台的命令，向平台发送报警事件相关的视频图片。与机车防火监控子系统联动，自动切换至火情区域的视频图像。通过记录司机操作、运行路况、机械间图像等，辅助事故分析。

2. 制度标准

《机车车载安全监测检测设备运用维护管理规则》（TG/JW 310—2015）；

《机车车载安全防护系统（6A 系统）总体暂行技术条件》（TJ/JW 001—2018）；

《机车车载安全防护系统（6A 系统）中央处理平台暂行技术条件》（TJ/JW 001A—2018）；

《机车车载安全防护系统（6A 系统）机车空气制动安全监测子系统暂行技术条件》（TJ/JW 001B—2018）；

《机车车载安全防护系统（6A 系统）机车防火监控子系统暂行技术条件》（TJ/JW 001C—2018）；

《机车车载安全防护系统（6A 系统）机车高压绝缘检测子系统暂行技术条件》（TJ/JW 001D—2018）；

《机车车载安全防护系统（6A 系统）机车列车供电监测子系统暂行技术条件》（TJ/JW 001E—2018）；

《机车车载安全防护系统（6A 系统）机车走行部故障监测子系统暂行技术条件》（TJ/JW 001F—2018）；

《机车车载安全防护系统（6A 系统）机车自动视频监控及记录子系统暂行技术条件》（TJ/JW 001G—2018）；

《机车车载安全防护系统（6A）内燃机车安装暂行技术规范》（TJ/JW 062—2015）；

《机车车载安全防护系统（6A）电力机车安装暂行技术规范》（TJ/JW 061—2015）；

《机车车载安全监测检测设备数据机务段应用软硬件配置暂行技术规范》（TJ/JW 108—2017）。

3. 系统数据应用

（1）6A 系统中的数据可以通过中央处理平台提供给音视频显示终端进行显示，如果存在故障现象，音视频显示终端将根据 6A 系统中的警告和提示数据进行报警或提示。6A 系统明确的报警数据可指导司机采取相应处理措施来保障机车的运用安全，如火灾报警、超温报警，司机得到报警的同时可按相应处理办法处理。其他事件类型报警或提示处理也可由乘务员根据实际情况采取相应动作，保障机车运行安全。

（2）可以用于机车运行状态的定量评估与分析。6A 系统将各子系统的数据作为过程数据并进行监测、记录和存储，通过地面专家系统软件，可对过程数据进行选择和分析，不仅能够利用存储的过程数据对事件进行具体分析，还能够对部件或系统的趋势进行预测。

（3）可以用于机车维修及不同机车参数对运用状态的定量评估。通过 6A 系统数据的采集、特征数据演变过程评估的方法，分析不同维护与管理策略的定量效果，为机车部门管理机车的状态提供数据支持，也可以比较不同机车参数对运用性能的影响，为机车生产部门产品升级提供定量支持。例如，机车转向架可作为具备特定功能的机械系统看待，系统可通过不同层面的参数来描述，并视不同的研究目的，可用不同领域的参数描述。对于转向架状态监测领域，可以通过对振动及温度的监测、数据建模及趋势分析，了解不同机车结构、参数配置对轴承、齿轮等关键部件的影响，不同运用线路对机车走行部部件的影响。并可通过数据的积累和分析，对机车走行部关键部件的发展趋势进行预测和判断，进而确定合适的维护检修周期，实现对机车维修的定量评估。通过 6A 系统的监测诊断与机车运行状态的统计评估，可将机车的管理运用及维护作为一种评价指标，以利于反馈各针对性的薄弱环节，实现系统性定量的机车运用维护与管控。

（4）对于机车设计制造厂而言，可以通过 6A 系统的数据积累与分析，评估对结构和参数的配置、关键部件的材料性能、制造工艺、安装工艺等对运用的安全性、经济性及使用寿命产生的影响。这些数据可以作为机车设计的数据支撑，对于提高机车产品的安全性、可靠性和可用性，提升我国机车领域的自主创新能力具有重要意义。6A 系统数据架构图如

图 3–4 所示。

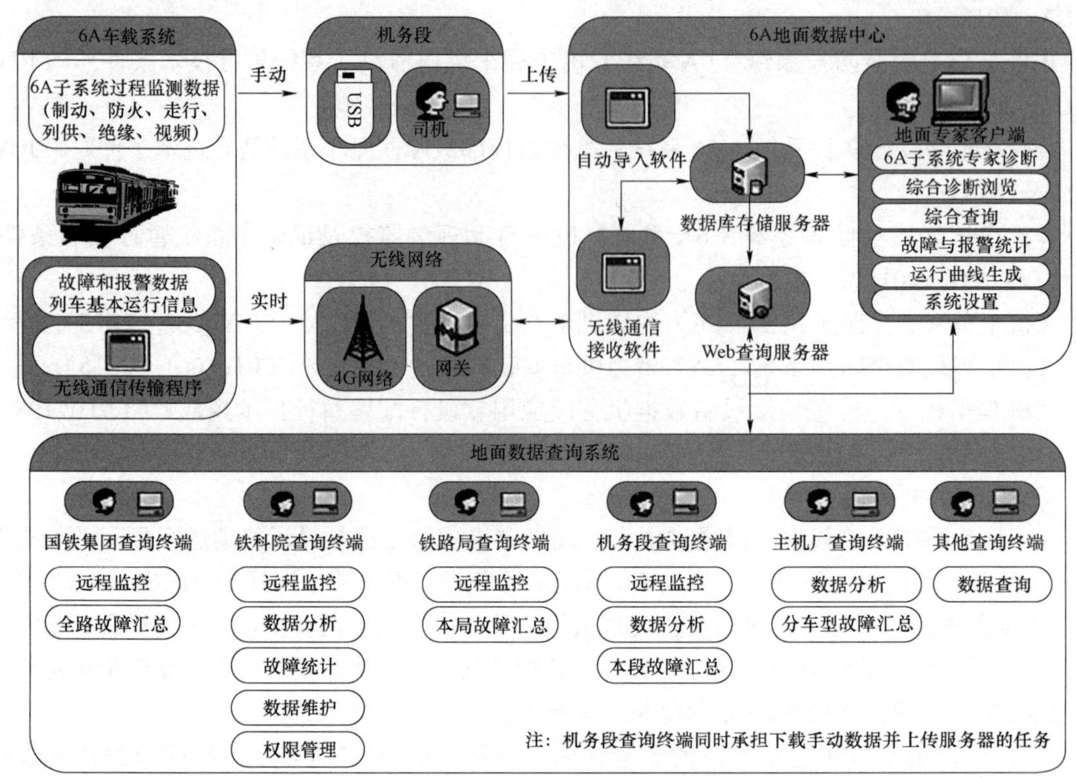

图 3–4　6A 系统数据架构图

4. 系统运用情况

6A 系统产品研制完成后，迅速实施了产业化推广，广泛安装于电力机、内燃机、调车机等多种车型，覆盖 18 个铁路局的主要客货干线，已成为铁路和谐型机车的标准配置。

随着 6A 系统全面装车，以及在机务段逐步开始运用，在技术、安全、运用、管理工作等方面开始发挥作用，为机务段事故分析提供了大量翔实的现场数据，提高了事故分析的效率，保证事故分析处理的准确性和正确性。

（1）产品认证采信情况。国铁集团将 6A 系统纳入认证采信目录进行管理，获得 6A 系统认证并在有效期内的企业共有 20 余家，表 3–3 为部分 6A 系统认证企业。

表 3–3　部分 6A 系统认证企业

序号	企业	认证单元	规格型号
1	郑州畅想高科股份有限公司	机车自动视频监控及记录子系统——乘务员状态预警提醒模块	TZTYJ–01 型
	郑州畅想高科股份有限公司	机车自动视频监控及记录子系统	TCSP（A）–I 型
2	北京中铁科新材料技术有限公司	机车走行部故障监测子系统	TKM1200

续表

序号	企业	认证单元	规格型号
3	成都威奥畅通科技有限公司	机车空气制动安全监测子系统——折角塞门关闭监测模块（含供风流量监测功能）	CHT－LGT1
	成都威奥畅通科技有限公司	机车高压绝缘检测子系统	CHT－HJC0；CHT－HJC1
4	安徽盛世高科轨道装备有限公司	机车自动视频监控及记录子系统	JCAV－NK－101
	安徽盛世高科轨道装备有限公司	机车防火监控子系统	JCAF－NK－101
5	北京唐智科技发展有限公司	机车走行部故障监测子系统	JK11430B
6	株洲广兴科技股份有限公司	机车自动视频监控及记录子系统	JAFX－6A
	株洲广兴科技股份有限公司	机车自动视频监控及记录子系统——乘务员状态预警提醒模块	JAFX－DS
7	上海巨石铁道科技发展有限公司	机车自动视频监控及记录子系统	SHJS－6A－AV－1.0－1.0
8	西安西隆电气有限责任公司	机车高压绝缘检测子系统	XL8－21A－12；XL8－21A－11；XL8－21A－22；XL8－21A－21
9	北京德通利达机车科技发展有限公司	机车高压绝缘检测子系统	THLA6B－12；THLA6A－11；THLA6C－11；THLA6A－12；THLA6C－12；THLA6D－12；THLA6D－11；THLA6B－11
10	山西智济电子科技有限公司	机车自动视频监控及记录子系统——乘务员状态预警提醒模块	DM62AREV02
11	成都运达科技股份有限公司	机车自动视频监控及记录子系统	Ydvs－01 型
	成都运达科技股份有限公司	机车防火监控子系统	Ydvs－02 型
	成都运达科技股份有限公司	机车自动视频监控及记录子系统——乘务员状态预警提醒模块	Ydvs－03 型
	成都运达科技股份有限公司	机车走行部故障监测子系统	YZD－2 型
12	天津航联迪克科技有限公司	机车防火监控子系统	AFDR－HL100

续表

序号	企业	认证单元	规格型号
13	北京纵横机电科技有限公司	机车空气制动安全监测子系统——停放制动非正常施加监测模块（含供风流量监测功能）	TK－6A－AB－1
	北京纵横机电科技有限公司	中央处理平台	TK－6A－CPP－1
14	武汉征原电气有限公司	列车供电监测子系统	ZYDMS1 型
15	大同柏盛电子电气有限公司	机车高压绝缘检测子系统	TJDJ－6A；TJDJ－6A－1
16	株洲中车时代电气股份有限公司	机车自动视频监控及记录子系统	TPJ12
	株洲中车时代电气股份有限公司	列车供电监测子系统	TAX3；tNetrol－AP1
17	郑州思富特科技有限公司	机车空气制动安全监测子系统——折角塞门关闭监测模块（含供风流量监测功能）	ZJ－III型
18	西安开天铁路电气股份有限公司	机车高压绝缘检测子系统	Q6AG－1 单锁；Q6AG－1 双锁
	西安开天铁路电气股份有限公司	机车防火监控子系统	Q6AF－1 型
19	长沙鸿汉电子有限公司	机车高压绝缘检测子系统	HJC12－A2；HJC12－B2
20	济南若临视讯技术有限公司	机车自动视频监控及记录子系统——乘务员状态预警提醒模块	JN－RLDS00 型
	济南若临视讯技术有限公司	机车防火监控子系统	JN－RL1000 型
	济南若临视讯技术有限公司	机车自动视频监控及记录子系统	RL－2052YH 型
21	北京蓝天多维科技有限公司	机车自动视频监控及记录子系统	LAV 型
	北京蓝天多维科技有限公司	机车防火监控子系统	LAF 型
	北京锐豪天宇科技有限公司	机车防火监控子系统	JBQ－BZ－6901J

续表

序号	企业	认证单元	规格型号
22	舍弗勒贸易（上海）有限公司	机车走行部故障监测子系统	CMS－RAIL－RCMS－02
⋮			

（2）6A 系统的日常维护。6A 系统监测诊断的机车故障内容较多，是机车的重要安全监测设备，因此在机车出库、运行、回库的各个环节，都需要对 6A 系统的状态进行确认。在机车出库环节，确认 6A 系统主机和显示屏已经上电，检查主机 LED 屏和 LED 指示灯，LED 屏无错误提示，所有板卡电源灯亮起，工作指示灯闪烁，自检指示灯熄灭。检查 6A 系统显示屏，无故障和报警出现，触摸屏和键盘功能可用，通过显示屏查看监控数据和视频图像界面，确保数据和视频等内容都能在显示屏上正常显示。在机车运行环节，6A 系统正常情况下为不干扰司机的行车操作，主界面只显示时间。当 6A 系统监测到报警时，显示屏主界面出现报警信息并发出语音提示。司机在正常行车操作的同时，能够通过语音提示，及时了解 6A 监测子系统的状态，出现报警后，应根据运用规程和机车故障处理规定，做出相应处理。在机车回库环节，观察 6A 系统显示屏，若存在 6A 系统的自检故障信息，需进行记录，并进行处理，观察视频摄像头和防火探头，若有污物应及时清理，观察主机底部风扇，若出现故障应及时更换。为进一步分析该次机车运行的详细状态，需采用授权的 USB 存储设备，插入 CPU1 板卡的 USB 接口，下载过程数据，并交付给地面专家系统的操作人员进行数据分析。

（3）6A 系统的定期检验。6A 系统板卡类部件主要为电子设备，在定期检验中以工作状态为检验依据，根据 6A 系统产品所配备的指示灯检验表，测试板卡的工作状态。传感器类部件根据监测的需要，安装于机车的不同部位，防护要求也有差别，因此需要对传感器类部件的固定、防水、防尘做定期检查，同时针对防火探头、视频摄像头等需要对清洁度进行检查。机械连接类部件检查包括连接器和线缆检查。连接器须固定牢固、外观无损坏，线缆须整洁、外观无破损。完成上述检查后，为保证 6A 系统的整体功能，还应做功能测试，功能测试项目具体包括绝缘检测测试、防火报警测试、视频联动测试、漏电检测测试、制动报警测试、走行部报警测试、数据下载测试。

3.3.2 中国机车远程监测与诊断系统

1. 中国机车远程监测与诊断系统简介

中国机车远程监测与诊断（Chinese locomotive remote monitoring and diagnosis，CMD）系统是机务信息系统的核心子系统，是机务车载数据及安全信息的集成、车地无线传输平台，采集、处理和传输 TCMS、6A 系统、LKJ 系统等车载设备运行记录信息及故障信息，提供机车定位、实时状态数据监测、实时故障报警、远程诊断、视频点播、机车车载电子履历管理、专家支持系统、信息共享和功能接口等功能。

CMD 系统总体设计思路是采用车载信息采集技术、通信技术和计算机技术，将机车实时状态数据、故障信息等机车数据处理整合后，通过无线传输技术传到地面，通过防火墙后进入铁路内网进行分析处理，地面系统利用计算机技术对机车运用、检修等信息进行综合应用。CMD 系统结构图如图 3-5 所示。

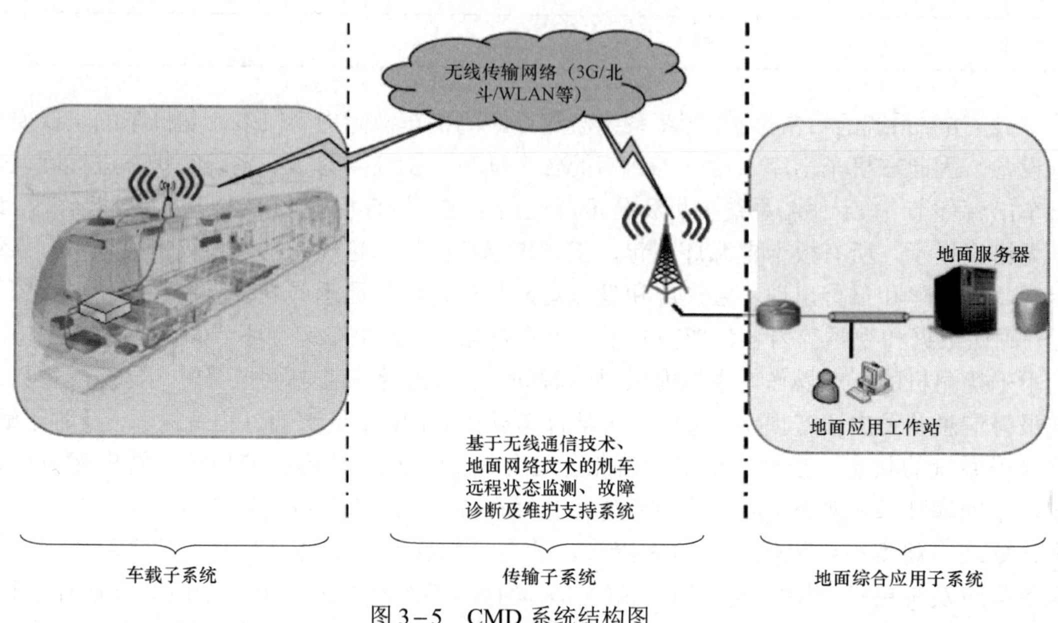

图 3-5　CMD 系统结构图

（1）CMD 系统主要功能。支持机车运用精细化指挥和管理，CMD 系统能够实现对全路机车运行轨迹的实时监控和记录，具有准确、真实、实时和自动化采集的特点，不受人为因素干扰，为运输调度指挥、机车运用管理和机车运用考核工作提供有力支持；构建安全风险实时防控体系，CMD 系统利用机车实时数据，实现对机车故障、非正常停车、司机错操、轴温异常、机车火灾等情况实时报警，使各级机务部门能够实时掌握线上运行异常情况，及时指导机车乘务员进行处置，防止事故发生或降低事故损失；建立机车质量客观评价体系，CMD 系统为每台机车建立质量信息库并对机车质量进行跟踪分析，能够对新造、检修机车质量进行评价考核；通过对全路机车质量信息大数据的挖掘分析，可以为机车技术改进、修程修制改革等提供决策支持；实现全路机车资产的有效管理，基于 CMD 系统数据的客观性，可以真实地反映各铁路局机车资产的利用率，为总公司合理采购、配置机车动力提供决策支持；建立专家智能分析与诊断系统，通过对机车状态、故障及安全信息的大数据分析，为机车状态修提供技术支持，为未来的智慧铁路运输提供数字化支撑。

（2）CMD 系统架构。CMD 系统主要由车载子系统、数据传输子系统和地面综合应用子系统组成。

CMD 车载子系统承担对机车车载信息数据、地面控制命令等数据的采集、处理、记录、传输与转储，对机车统一授时，提供精确的机车定位信息，存储机车电子履历等功能，是连接机车与地面的车载信息处理平台。CMD 车载子系统框架如图 3-6 所示。

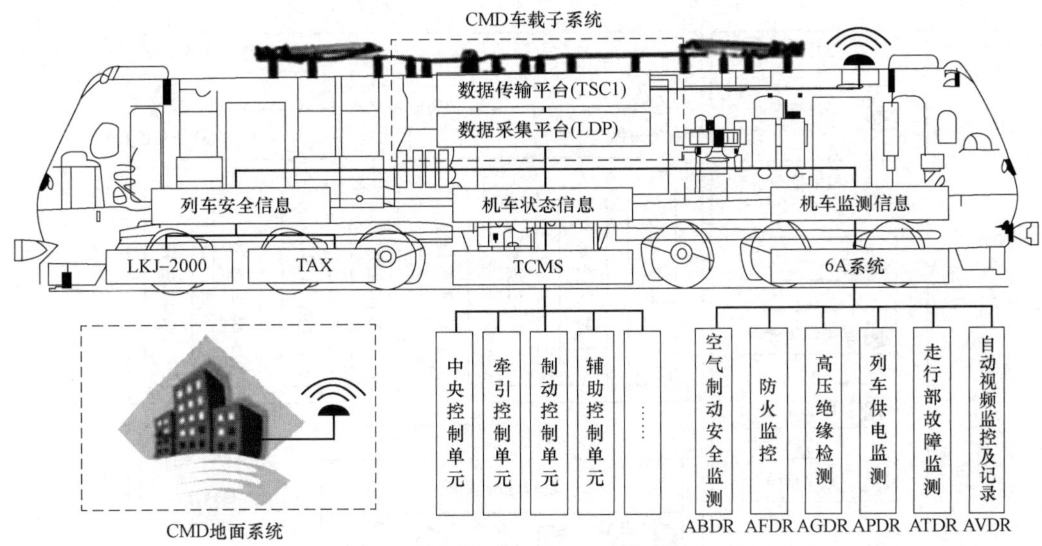

图3－6 CMD车载子系统框架

CMD数据传输子系统由无线网络和有线网络两部分组成。无线网络主要依托GSM－R、GPRS、3G/4G、WLAN、北斗卫星导航系统完成车地数据传输，有线网络利用已有的铁路综合IT网络，主要完成国铁集团、铁路局、机务段及检修段三级网络的数据传输。CMD数据传输子系统框架如图3－7所示。

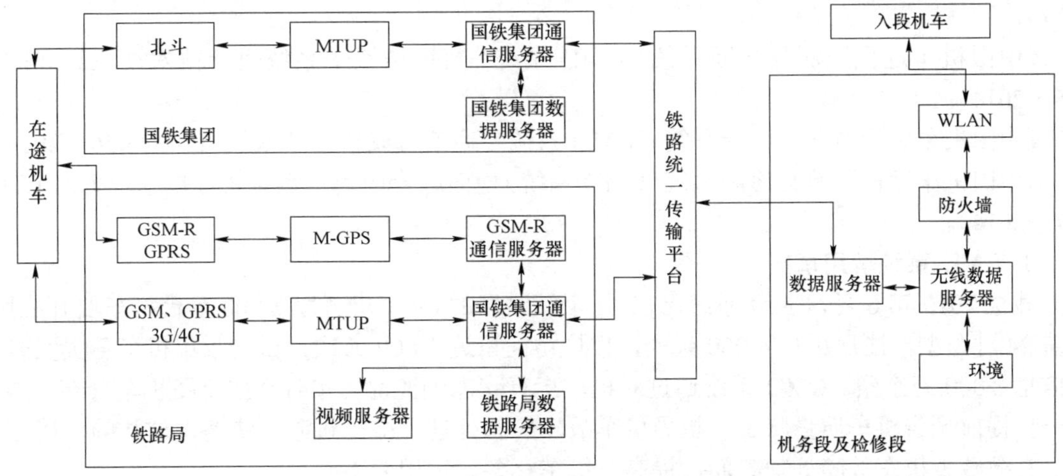

图3－7 CMD数据传输子系统框架

CMD地面综合应用子系统是实现机车动静态信息采集、传输、地面诊断分析的车地一体化平台，由数据处理中心、综合服务平台和运行维护管理三部分组成，在CMD系统运行过程中，后台数据解析与存储是系统的核心环节，实现对机车状态信息、机车安全信息和机车监测信息的实时检测、分析、存储，提供机车运行状态、司机操作信息的查询功能，提供故障的诊断分析、统计功能，为机车的状态修提供技术支持。CMD地面综合应用子系统框架如图3－8所示。

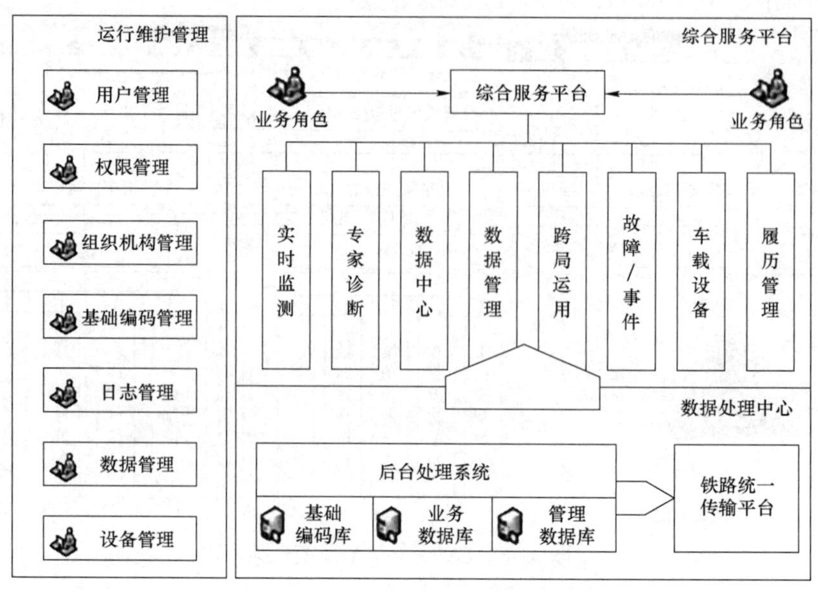

图 3-8　CMD 地面综合应用子系统框架

2. 制度标准

《中国机车远程监测与诊断系统（CMD 系统）总体暂行技术规范》（TJ/JW 023—2014）；

《中国机车远程监测与诊断系统（CMD 系统）车载子系统暂行技术规范》（TJ/JW 024—2017）；

《中国机车远程监测与诊断系统（CMD 系统）数据传输子系统暂行技术规范》（TJ/JW 025—2014）；

《中国机车远程监测与诊断系统（CMD 系统）通信协议暂行技术》（TJ/JW 026—2014）；

《中国机车远程监测与诊断系统（CMD 系统）地面综合应用子系统暂行技术规范》（TJ/JW 027—2014）。

3. CMD 系统运用情况

截至 2019 年 6 月，CMD 系统已在 18 个铁路局的 69 个机务段 8 000 余台机车展开应用，覆盖 24 种车型，注册用户 4 000 余人，日均访问量近 2 000 人次，日均收集机车各类实时监测信息 8 000 万余条。CMD 系统通过对机车运行状态的监测，实时掌握全路机车分布，能够进一步提前预告机车质量状态，指导机车故障应急处理，减少机破，快速定位故障，确定修程，有效减少机车故障处理时间，提高了机车整备、运用效率。

3.3.3　机车微机控制监视系统

1. 机车微机控制监视系统简介

机车微机控制监视系统又称列车控制和管理系统（train control and management system，TCMS）。TCMS 简单来讲就是一台“计算机”，由一个主机和两个显示器构成。主机连接着司机控制器等“下达命令”的设备和主变流器等“接收命令”的设备，TCMS 会根据接收到的信号进行判断、分析和计算，然后发出相应的指令对机车主要设备进行控制。两个显示器分别安装在机车两端的司机室里，用来显示机车的运行状态和故障信息等，当机车发生某些故障时，司机也可在触摸屏上进行相关的隔离操作。另外，TCMS还具有完整的故障保护和一定程度的故障自处理的功能。概括来说，TCMS根据司机指令完成对主变流器及异步电动机的实时控制、辅助变流器的实时控制、牵引/制动特性控制、传动系统的时序逻辑控制，显示机车运行状态，具备完整的故障保护、故障记忆及显示功能，并具有一定程度上的故障自排除、自动切换和故障处理指导功能。

TCMS在硬件上主要由电源模块、逻辑运算控制部分、数字量输入/输出部分、模拟量信号采集部分、通信部分等组成。主控制单元采用32位CPU，并在配置上采取冗余、双机热备措施，以提高系统的可靠性。TCMS机箱外形结构如图3-9所示。

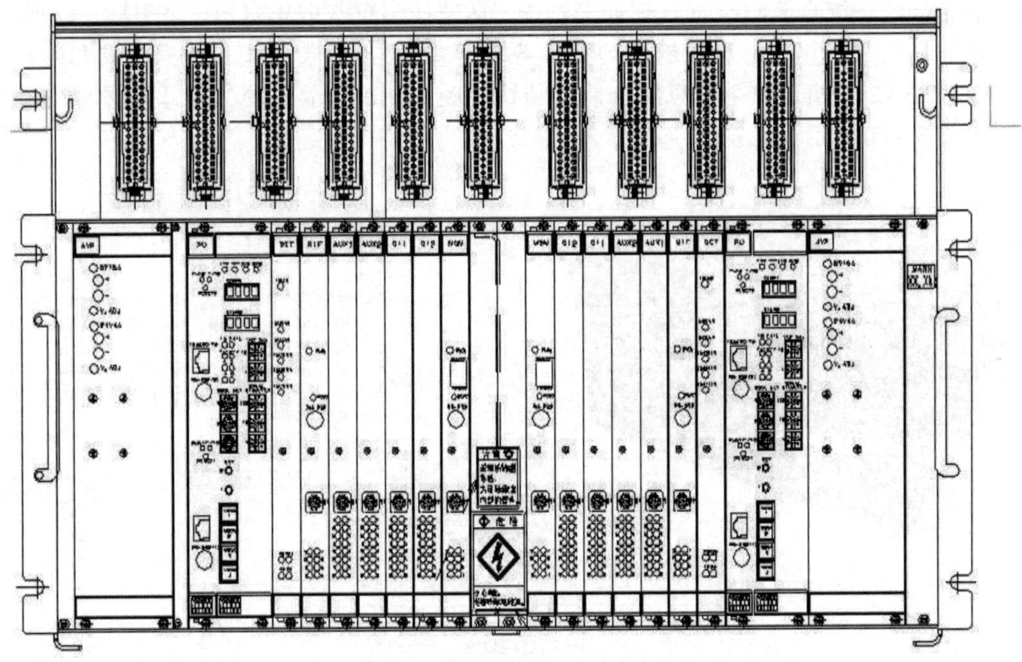

图3-9 TCMS机箱外形结构图

2. 运用情况

国产交直传动电力机车的微机控制监视系统从1987年开始研究，在参考及消化引进国外先进技术的基础上，于20世纪90年代初研制成功并接受了运用考核，1991年底装于SS_4型机车试运行，1993年底通过部级技术审查，1997年开始批量生产，并推广到各型新研制的交直传动电力机车上。我国“和谐”型交流传动机车的微机控制监视系统更加先进和完善，功能更加强大。

3.3.4 机车安全信息综合监测装置

1. 机车安全信息综合监测装置简介

机车安全信息综合监测装置是一种集各种与机车运行有关的检测设备和数据传输设备于一体的综合性信息监测装置。它通过实时获取列车运行监控装置采集的时间、公里标、速度、车次等重要列车运行信息，再综合装置中各功能单元检测的信息，以统一的时间、公里标作为基准坐标进行记录；为全路车号自动识别系统、TMIS 及 DMIS 提供了极为重要的数据源，为机车安全信息的综合监测提供了数据共享的工作平台。另外，通过装置中的信息传输单元（如 DMIS 单元、TMIS 单元等），可以将列车运行的信息实时传送给有关地面设备，以便实现对机车的动态跟踪管理，提高对机车的周转率和利用率。该装置适合已经安装有 LKJ-93 型或 LKJ-2000 型列车运行监控记录装置的各种类型的电力机车、内燃机车和动车组，能为机车上众多监测装置提供统一的时间、公里标、速度、车号和车次等列车运行信息。该装置既解决了所有检测信息以统一时间、公里标作为基准坐标记录的问题，又解决了数据的转储、分析管理和车地信息传输问题，同时也节约了资源和便于对设备的统一维护。

机车安全信息综合监测装置具有通信功能（从监控装置获取年月日、公里标、运行速度、机车号等信息，并将这些信息传送到装置内各功能单元）、记录功能、数据转储和数据分析处理功能。TAX2 型机车安全信息综合监测装置如图 3-10 所示，TAX07 型监测装置系统结构框图如图 3-11 所示。

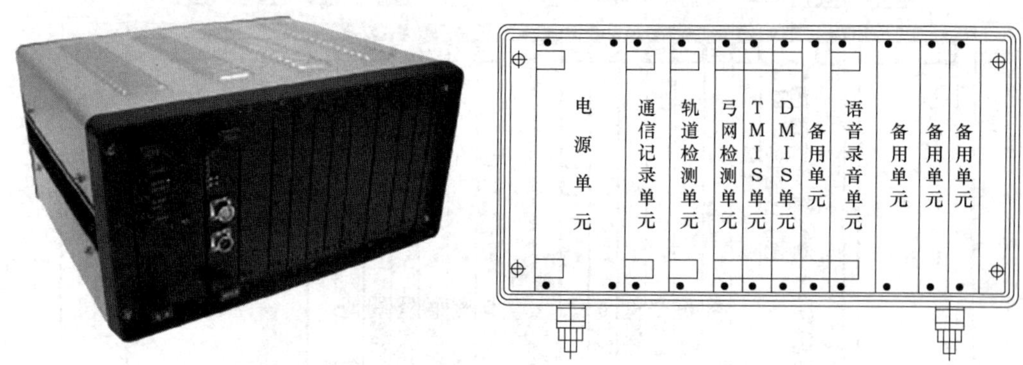

图 3-10　TAX2 型机车安全信息综合监测装置

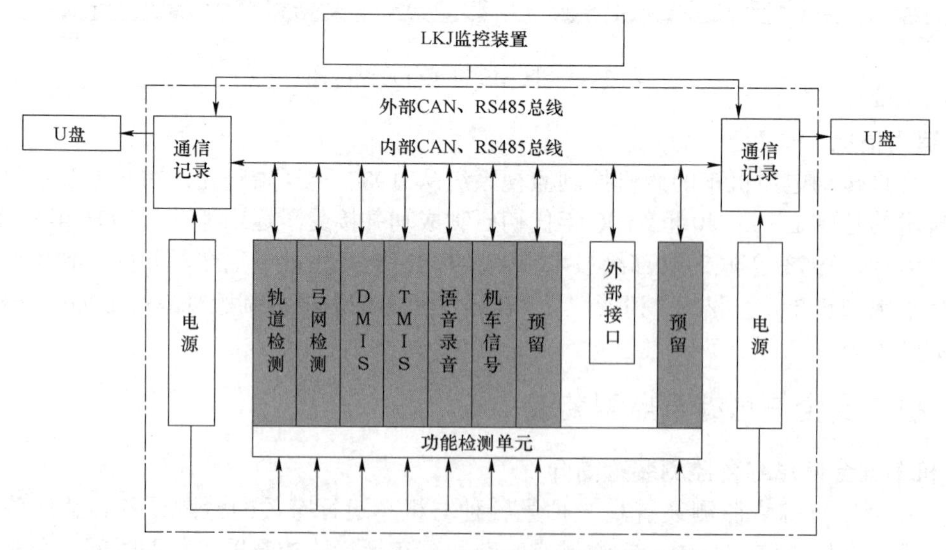

图 3-11　TAX07 型监测装置系统结构框图

（1）轨道检测单元。用于机车运行时动态检测轨道的技术状况。其基本原理是通过安装在机车上的振动传感器检测机车运行时的横向和垂向加速度值，在对其进行分析处理后得出机车在运行轨道上的晃动等级，从而判定相关地点的轨道状况。本单元还将横向超限和垂向超限的时间、地点、加速度值等数据实时反馈给通信记录单元进行记录，以便地面进一步分析和及时对轨道设备进行维护。

（2）弓网检测单元。用于电力机车运行时动态检测弓网的技术状况。该单元对由拉出值和硬点冲击超限检测传感器检测到的拉出值超限、硬点冲击超限等信号进行处理，能及时检测到电力机车在运行线路上的弓网状态，并将确定的拉曲值和硬点冲击超限点的时间、线路公里标、速度等信息实时反馈给通信记录单元进行记录，以便地面进一步分析和及时对弓网设备进行维护。

（3）DMIS 单元。它是 DMIS 工程无线车次号校核系统的车次等信息的传输源。它的主要功能是将从监控装置获取的列车运行的时间、公里标、车次、信号机编号和速度等信息经调制后，通过机车电台传输到车站地面电台，再传送给 DMIS，完成对机车的调度管理。

（4）TMIS 单元。又称机车标签写入单元，它的主要功能是从监控装置获取车次、车号、本/补、客/货、时间、公里标等列车运行信息，实时传送给车号识别系统中的机车标签设备，再由车号自动识别系统的地面识别设备和管理设备传送给 TMIS，完成 TMIS 对机车的动态跟踪管理。

（5）语音录音单元。它是无线列调语音录音装置的车载设备。该单元将机车乘务员通过列车无线电调度电话进行的收、发语音信号，按数字形式压缩，并以从监控装置获取的时间、公里标作为基准座标进行存储记录，再通过地面语音回放器来转储及还原回放语音信号，以加强对“车机联控”的规范化管理。

2. 运用情况

1998 年，铁道部统一部署安装 TAX2 型机车安全信息综合监测装置，2000 年，TAX2 型装置作为车号识别系统的重要车载设备之一，开始在全路批量装车，并作为全路新造机车出厂必装的重要安全装备之一。随着列车提速对行车安全提出更高要求和机车信息化应用技术的迅速发展，作为 TAX2 装置的升级产品 TAX07 型机车安全信息综合监测装置应运而生。

3.3.5 机车轴承温度监测报警装置

1. 机车轴承温度监测报警装置简介

机车轴承温度监测报警装置由主机、副机、通信线路（主副机通信线、温度传感器信号总线）、温度传感器、IC 卡数据转存等 5 部分组成。装置在机车运行中自动监测各轴承的温度变化，当温度达到设定报警值或超过设定温升时，能及时报警。当温度传感器的安装位置有明显热源时，应在上述设定值的基础上进行修正，具体修正值由机车制造工厂确认，并报有关部门备案。

2. 制度标准

《机车轴承温度监测报警装置技术条件》（TB/T 3057—2002）。

3. 运用情况

机车轴承温度监测报警装置监测机车走行部状态，是保障列车安全运行的一种重要手段。随着铁路列车的提速，对轴报装置的可靠性提出了更高的要求。机车轴承温度监测报警装置普遍采用单总线数字温度传感器，也就是将控制线、地址线、数据线合为1条总线，而这1条总线可以安装多个数字温度传感器。与传统的模拟温度传感器相比，这种连接方法可大大简化测温线路，提高测温线路的可靠性，降低轴报装置测温线路故障率。

3.3.6 机车走行部车载监测装置

1. 机车走行部车载监测装置简介

机车走行部车载监测装置是对机车走行部的轴箱轴承、牵引电机轴承、抱轴轴承（空心轴轴承）、传动齿轮及轮对踏面等进行动态监测的机车安全保障装置。在机车运行过程中该装置对检测到的温度、故障信息进行分析处理，现场报警并向机车乘务员报告，并且自动记录运行过程中的检测数据，停车后通过CF卡或U盘转储到地面工作平台上进行地面分析，根据所采集的丰富信息，相关人员对轴承、齿轮和轮对踏面等走行部部件作出科学的维修决策。

JK00430型机车走行部车载监测装置是专门为保证铁路机车安全运行而研制的在线车载动态监测预警装置。该装置在保留对轴承温度监测功能的基础上集成了先进的共振解调技术，不但能够对轴承的温度进行监测，而且能够利用共振解调技术对走行部轴承、齿轮等关键部件的工作面和轮对踏面进行全面监测诊断，并对故障进行早期预警和精确定位，从而为铁路机车车辆的安全运行提供了坚实的技术保障，是传统轴温报警的替代产品。JK00430型机车走行部车载监测装置包括监测装置主机和副机、TAX2走行部检测卡、复合传感器、温度传感器、光电速度传感器、接线盒、总线等。JK00430型机车走行部车载监测装置如图3-12所示。

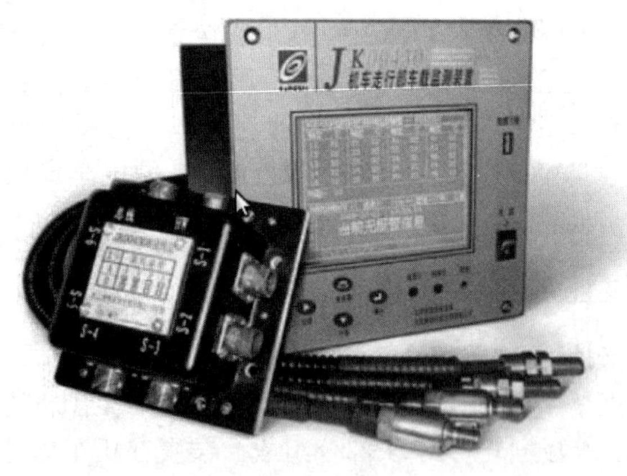

图3-12 JK00430型机车走行部车载监测装置

2. 制度标准

《机车走行部车载监测装置检修规定》（TG/JW 225—2016）；

《机车走行部动态监视系统暂行技术条件》（TJ/JW 085—2015）。

3. 运用情况

JK00430型机车走行部车载监测装置由北京铁路局与北京唐智科技发展有限公司联合研

制，2004 年 8 月通过铁道部技术评审，随后通过铁道部机车重要件定点生产供货验收单位审核，获准列为全路六大干线安全标准线建设的重点装备，并在全路 18 个路局各机务段的客运机车和 DF8B 型货运机车加装。JK11430 型机车走行部车载监测装置是 JK00430 型机车走行部车载监测装置的升级产品，自 2011 年在全国推广运用以来，发挥了良好的安全防护作用。车载监测装置须结合机车各级修程同步检修，主要部件实行寿命管理，故障部件实行换件修。

3.3.7 机车车辆车轮动态检测系统

1. 机车车辆车轮动态检测系统简介

机车车辆车轮动态检测系统也称机车车轮在线检测系统，利用超声波检测技术和计算机技术相结合，应用多台超声控制器并行处理技术，采用耦合自适应探头阵列布置、采样时序期望控制及多探头冗余探测等技术，实现了对机车车轮轮箍和整体车轮辐板进行多方向、多角度的超声波探伤，既能检测出轮箍的径向裂纹，又能有效检出轴向裂纹，尤其是整体车轮内部危害性钢裂缺陷，同时增加的小角度纵波探头可以探测整体车轮踏面下辐板部位，能够检查出 HXDI 型重载机车车轮制动盘下受力集中、日常检查中无法检查的安装螺孔处产生的疲劳裂纹。该系统由分析控制中心、信息采集单元、采样控制单元、超声探头阵列单元、车轮尺寸检测系统、车号识别系统及专用检测线路等组成。分析控制中心主要由 1 台工业控制计算机和显示器组成。信息采集单元由 1 台机柜、3 台超声控制器、1 台综合控制器及指示灯显示装置和车号识别装置等组成，位于专用轨道的一侧，多台超声控制器并行工作，实现实时超声波发射和车轮的缺陷回波采集功能。超声探头阵列单元由 84 个双晶探头、2 组 84 个广角探头、42 个小角度探头组成，对车轮发射纵波、横波超声波声束。

2. 制度标准

《铁道车轮和轮箍超声波检验》（TB/T 2995—2000）；

《机车车辆车轮动态检测系统》（Q/CR 314—2014）；

《机车车轮在线检测系统暂行技术条件》（TJ/JW 110—2018）。

3. 运用情况

机车车辆车轮动态检测系统适应铁路机车车轮超声波探伤技术发展的需求，实现了不同磨损程度车轮的自适应耦合、探伤的可重复性及对缺陷多角度、多次探测，缺陷检出率高，定位准确，提高了可靠性。

3.3.8 电力机车受电弓动态检测系统

1. 电力机车受电弓动态检测系统简介

电力机车受电弓动态检测系统可对电力机车受电弓的滑板磨耗、升弓压力、中心线偏移等参数进行动态检测，从而为机务工作提供了精准而全面的检测数据，对提高受电弓维修效率、保证机车质量有极大帮助。该检测系统的核心技术原理是“图像测量法”和“传感器检测法”，与人工检测方式相比精度和效率都有大幅提高。该检测系统分为磨耗及中心线检测单元和接触压力检测单元。其中，磨耗及中心线检测单元采用“图像测量法”对受电弓的滑板磨耗及中心线偏移情况进行测量，压力检测单元采用“传感器测量法”对受电弓的工作位接触压力进行检测。电力机车受电弓动态检测系统如图 3-13 所示。

图 3－13　电力机车受电弓动态检测系统

2. 制度标准

《受电弓动态检测系统》（Q/CR 317—2021）；

《电气化铁路弓网动态检测系统评定方法》（Q/CR 627—2017）。

3. 运用情况

电力机车受电弓动态检测系统可布置于机务段入库线，全程采用动态检测方式，不停车、不停电便可实现全自动的高精度检测。

3.3.9　电力机车自动过分相检测装置

1. 电力机车自动过分相检测系统简介

电力机车自动过分相检测系统是保证电力机车自动过分相的功能正常可靠，保证电力机车安全自动通过分相点的有效手段。电力机车自动过分相检测系统包括 3 个部分的检测，① 检测车载的自动过分相装置是否正常可靠；② 检测电力机车运行区段内各分相点的 4 个地面信号是否丢失或被破坏，并可被车载的自动过分相装置正常准确的接收；③ 检测车载的自动过分相装置的外部配件、自动过分相装置与机车的连线及它们之间的配合是否正常。

2. 制度标准

《列车过分相系统车载控制自动过分相装置》（TB/T 3197—2018）；

《自动过分相检测装置暂行技术条件》（TJ/JW 078—2015）。

3. 运用情况

为确保行车安全，原铁道部于 2005 年在 6 大干线的所有电力机车上加装了自动过分相检测装置。电力机车自动过分相检测装置为用好管好自动过分相装置提供了配套的检测手段，对及时发现自动过分相装置的隐患和缺陷具有重要作用。

3.3.10　机车整车试验动态检测装置

1. 机车整车试验动态检测装置简介

按照我国现行机车检修规程的规定，机务段和机车检修基地的修竣机车必须经过正线试运行方可投入使用。这是机车验收的依据，也是机车安全运行的保证。机车整车试验动态检测装置为室内机车试验设备，其基本原理是用轨道轮将机车轮对支撑起来，机车通过试验装置的车钩固定在每个轨道轮的输出轴上，再通过传动系统（包括万向轴、齿轮箱、联轴器等）联结测功发电机，形成对应于机车每个轮对的单元动力测功机组。机车试验装置如图 3－14 所示，单元传动测功装置如图 3－15 所示。

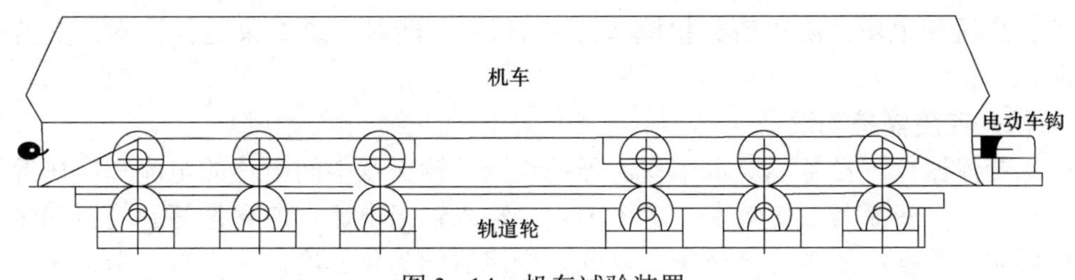

图 3－14　机车试验装置

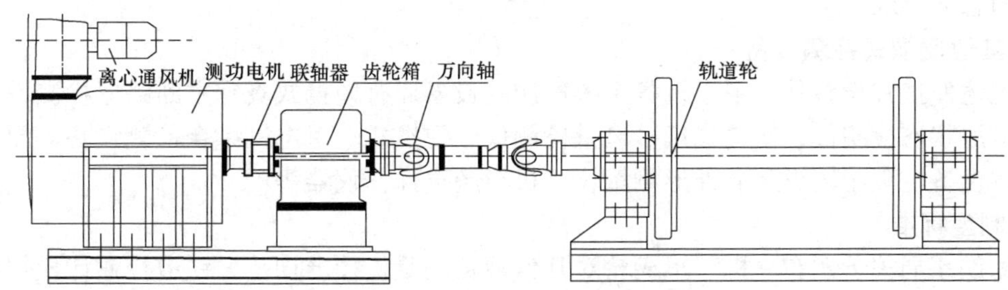

图 3－15　单元传动测功装置

当机车在试验装置上进行试验时，机车轮对在轨道轮对上滚动，模拟机车在线路上运行。改变测功发电机的励磁电流，相当于调节机车的速度和牵引力。在机车试验过程中，将机车轮对的动能通过单元动力测功机组转变为测功发电机的电能，电能可以反馈利用或在电阻中消耗。

2. 制度标准

《机车整车试验动态检测装置技术条件》（Q/CR 316—2014）。

3. 运用情况

目前，我国铁路运能和运量的矛盾突出，列车运行的最短间隔仅为 5 min，按规定要求进行机车正线试运行非常困难。而且大中修后的机车正线试运行又是一种风险行为，一旦机车在正线上发生故障，造成的经济损失和社会影响将十分严重。机车整车试验动态检测装置的投入使用有效解决了以上问题。

3.3.11　机车便携式检测设备

1. 便携式受电弓检测设备

受电弓静态特性测试是检查受电弓性能参数的一项关键测试项目，静态压力特性的优劣直接反映机车运行中的弓网关系，目前机务检修系统主要采用便携式受电弓检测设备对受电弓静态特性进行测试，该设备主要由测试平台、主机、应用软件三部分组成，具备测量受电弓的最大升弓高度、受电弓升弓压力和降弓压力，绘制升降弓时力与高度的静态特性曲线，测量升降弓时间等功能。

2. 便携式车顶绝缘检测设备

便携式车顶绝缘检测设备能检测加在车顶高压母线上的电压和对地泄漏电流值，自动判断车顶高压侧的绝缘状态并分成四个等级（绝缘良好、绝缘下降、绝缘不好、系统接地）进行显示，当系统检测到绝缘不好、系统接地故障时进行提示。能记录检测结果（包括时间、车型车号、高压侧电压、漏电流、检测人工号等），并能对记录结果进行检索，支持多条件过滤查询。

3. 便携式变流器检测设备

便携式变流器检测设备能对机车变流器的输入、输出及中间电路的电流和电压等进行实时在线检测，分析变流器工作效率、功率因素、输入输出电流谐波含量等。能自动生成电子档案，积累测试数据，形成趋势报表，以分析变流器的劣化程度，可设置车型、车号、变流器编号、工号、姓名等参数，自动记录测试日期，通过 USB 接口读取、转储数据，满足机务信息化的总体要求。

4. 其他便携式检测设备

除上述便携式设备外，用于机务系统检测的设备还有便携式真空主断路器检测设备、便携式蓄电池状态检测仪、便携式风机风量检测仪、便携式牵引电机综合检测设备、便携式制动机检测设备、车轮轮缘踏面外形测量仪、机车超声探伤仪器等。

5. 制度标准

国家铁路局关于发布《机车车辆轮对几何参数测量机校准规范》铁道行业计量规程规范的公告（国铁科法〔2018〕48 号）；

《车轮轮缘踏面外形测量仪》（Q/CR 641—2018）；

《便携式受电弓检测设备暂行技术条件》（TJ/JW 051—2014）；

《便携式真空主断路器检测设备暂行技术条件》（TJ/JW 052—2014）；

《便携式车顶绝缘检测设备暂行技术条件》（TJ/JW 053—2014）；

《便携式变流器检测设备暂行技术条件》（TJ/JW 076—2015）；

《便携式蓄电池状态检测仪暂行技术条件》（TJ/JW 077—2015）；

《便携式风机风量检测仪暂行技术条件》（TJ/JW 079—2015）；

《便携式牵引电机综合检测设备暂行技术条件》（TJ/JW 080—2015）；

《便携式制动机检测设备暂行技术条件》（TJ/JW 081—2015）；

《机车超声探伤仪器和探头性能测试暂行试验方法》（TJ/JW 101—2016）。

3.4 机务安全监测检测设备存在的不足

我国铁路机务系统投入了大量监测检测设备、行车监控装置及相关的信息管理系统，经过多年的运用实践，有效地提高了作业效率、管理精度，节约了生产成本，积累了大量数据，但也存在一些不足。一方面，机务安全监测检测设备的稳定性有待进一步提升，在运用中产品质量问题影响正常使用，如 LKJ–2000 型监控记录装置主机产生死机、烧板的故障，液晶显示屏出现“黑屏”现象。另一方面，机务安全监测检测设备的软件由于缺乏统一的数据治理体系和高效的大数据分析应用，铁路机务专业仍面临数据采集手段落后、系统应用不充分、数据管理不规范等问题。

1. 数据采集手段落后

由于部分信息管理系统缺乏有效的维护和升级，一线作业环节数据采集手段仍较落后，缺乏专业的数据采集和治理手段，数据的时效性、真实性、精确度不高。

2. 系统应用不充分

机务专业各类信息系统普遍存在重复建设、缺乏维护、使用率低的问题，导致数据标准化程度不高、数据管控力度薄弱、运维人员劳动作业强度大、数据质量不高。

3. 数据管理不规范

由于各个数据管理系统应用范围有限、管理碎片化、业务场景单一，缺乏统一有效的数据管理，导致数据采集的时间成本上升，数据分析的准确性有待提高，各层级间的数据共享难以保证，数据的安全管理有待完善。

4. 数据挖掘不深入

机务专业的数据应用目前仍然停留在录入、存储、查询、统计等基础阶段，关联分析、文本分析、图像识别等大数据分析技术运用尚浅，数据中所蕴含的深层价值尚未得到充分的挖掘和利用，尚未形成数据应用与业务管理间的良性闭环。

5. 数据融合共享难度大

机务专业的数据存储和分析多以本部门存储、本系统管理、本领域分析为主，“信息孤岛”现象突出，“数据壁垒”问题严重，数据资源协调共享、汇集融合、综合利用和跨专业分析难度较大，较难发挥出海量数据的潜在价值。

3.5 新技术应用及发展趋势

1. 信息化网络技术

安全监控装置信息化网络技术的应用，远程诊断技术、无线通信网络化技术的开发和发展，5G 技术在铁路行业的应用，使现代机车车载安全监测装置可以利用各种有线和无线网络，如各种现场总线及工业以太网、无线网络、5G 网络，以增强机车与地面的通信能力，提高监测诊断的实时性和有效性，提高数据收集和管理的效率。

2. 数据融合技术

安全监测装置向综合化及集成化方向发展，对于简单部件，如果采用单一监控诊断系统可以获得有效的结果，但是对于复杂的系统，则难以得到有效的结果，因此安全车载监测诊断装置的功能将进一步扩展，通过多传感器信息融合技术，构架集成化、小型化及格式统一的数据库系统，以获得准确的结果，如机车转向架驱动装置的故障诊断问题，应利用多种监控信号及先进的数据融合技术进行综合诊断，才会取得有效的诊断结论。

3. 智能化技术

安全监测装置智能化技术的应用和发展，蓬勃发展的各种控制算法如自适应控制、遗传算法、模糊逻辑控制、人工神经网络等和精密传感技术、AI 智能技术、数据挖掘技术及新的诊断和模式识别方法的出现，均可在机车安全故障监控系统中应用，以提高系统的自动化水平，进一步提高监控诊断的可靠性和准确性。

4. PHM 应用技术

故障预测与健康管理技术借助各种智能推理算法（如物理模型、神经网络、数据融合、模糊逻辑、专家系统等）评估系统自身的健康状态。汇集机车（动车组）静态履历、运用维修信息、监测检测等多元异构数据，实现数据统一储存和管理，实现运用检修状态实时监控、故障预警预测、层次化的健康评估，为提升机车（动车组）安全可靠性、提高装备使用效率、降低维修成本提供全面的数据支持。

5. 数字孪生技术

利用机车车辆的数字孪生可以预测机车车辆在不同情况下的运行状况，并进行趋势分析和维护场景模拟，分析和模拟的结果有助于优化机车车辆维修流程，提高维修质量。

第4章

车辆安全监测设备

近年来，随着铁路运输网络、科技、服务的不断发展与优化，铁路运输方式已经成为我国最重要的交通运输方式之一，但客车速度的不断提高，重载货车开行数量的增多及高速动车组的投入运营，也对车辆运行安全保障体系提出了更高要求。为适应铁路改革发展的步伐，不断提高运输效率，确保车辆运行安全，铁路相关单位经过多年来的研发与实践，利用光学、声学、力学和图像等技术手段成功研发了多套车辆运行安全检测监测设备，对运行车辆故障进行全方位监测，有效保障了铁路车辆的运行安全。

铁路车辆按用途分为货车、客车和特种用途车（如试验车、发电车、轨道检测车、检衡车等），其中铁路客车按照速度等级分为普速铁路列车（以下简称客车）和高速动车组列车。截止到2021年底，全国铁路机车拥有量为2.17万台。其中，内燃机车0.78万台，电力机车1.39万台。全国铁路客车拥有量为7.8万辆，其中，动车组4 153标准组、33 221辆。全国铁路货车拥有量为96.6万辆。随着铁路车辆装备数量的逐年增长，应用于各类车种的检测监测设备也应运而生，主要监测车辆的载重、轨道冲击、部件状态和轴承温度等安全信息。早期主要针对货车运行安全的5T系统得到了很好的发展和应用，THDS已经用于对动、客车进行预报，TPDS已经被引入客车车辆段应用，应用于客车运行安全的监测设备在TCDS的基础上，又研发了TVDS和客车集中轴温报警系统等设备，此外还针对动车组运行安全研发了TEDS、动车组车轮故障在线检测系统和动车组故障诊断系统等。

按照《铁路技术管理规程》对行车安全监测设备的分类，涉及车辆的安全监测设备主要有车载监测设备和地面监测设备。车载监测设备是指安装在车辆上，对其本身运行状态和故障进行检测监测的安全技术设备，例如，货车行车安全监测诊断系统、客车轴温报警及运行安全监控系统、动车组故障诊断系统等车载监测设备。地面监测设备是指安装在铁路线路两侧地面上，对车辆进行安全检测监测的技术设备，例如，车辆运行品质轨边动态监测系统、车辆轴温智能探测系统、货车故障轨边图像检测系统、车辆滚动轴承故障轨边声学诊断系统、客车运行故障图像检测系统等地面监测设备。本章主要针对5T系统进行重点阐述，并对其他车辆系统行车安全监测设备一并介绍。

4.1　车辆安全检测监测发展历程

4.1.1　国外铁路车辆监测技术发展

20 世纪 80 年代，美国、澳大利亚、日本等国家，研究通过声学诊断来检测运行中车辆的轴承早期故障，一开始使用单个声学传感器采集轴承信号，再使用计算机进行数据分析和处理，最终判断轴承状态。经过试验，他们发现采集的信号过短，判断的准确性不高，于是在 90 年代改用多个传感器声学阵列，并且计算机软件和硬件方面也有了突破性的进展。美国研发了铁道车辆动力学检测设备，采用在钢轨上粘贴应变片组成应变杯的测量方式，采集弯道上运行车辆的轮轨垂直力、横向力和车轮冲击角，以此检测列车转向架的运行情况，识别问题转向架，以预防列车脱轨，在北美的一些铁路得到了应用。同时美国还研制出利用激光技术辅以图像处理技术，实现对运行中的车辆进行图像采集，这套系统对及时发现故障和尺寸超限轮对及为轮对加工量提供了数据，降低了列车出轨的风险率。

目前，国外铁路的车载设备监测技术在监测理论和设备等方面都发生了很大变化，美国和德国都在着手研究列车状态的实时监测与信息传输系统，日本在铁道车辆上应用监控装置监视车辆状态，该装置成为新型车辆的标准设备。国外高速列车动车组实现了全列车的自诊断，动车和拖车安装了数据采集和诊断计算机，对列车装备运行状态进行监测，传统的远红外热轴探测系统性能大大提高，新型车上热轴监测装置摆脱了轮轨界面的束缚，可以直接连续监测车轴工作状态，实现实时监测报警，故障定位准确。发展至今，国外铁路车载安全设备监测技术已经比较成熟，发展方向逐渐转向车地无线通信及地对车远程监控，逐步实现车载安全监控体系与地面安全监控体系的有机结合。

4.1.2　中国铁路车辆监测技术发展

自 20 世纪 80 年代起，我国即开始了红外线轴温探测系统的研究，初步尝试利用地面监测设备对车辆进行安全监测，经过 20 多年的发展，THDS 已趋于成熟，在防止车辆热轴、切轴方面起到了关键性的作用。我国货车轴承目前全部采用滚动轴承，红外线轴温探测系统只适用于轴承发热的故障轴承，1997 年通过引进美国等国家的先进声学诊断技术，研制了车辆滚动轴承故障轨边声学诊断系统即 TADS，对早期故障轴承进行识别判断，起到了很好的作用。在 2000 年，武昌南车辆段研制出了一种在线图像监测系统，即 TFDS 的原型机。货车运行状态地面安全检测系统即 TPDS 于 2001 年 12 月通过产品鉴定，2003 年在京沪线由单点的检测实现了多点联网，利用该系统提供的信息，保障了京沪线行车安全并积累了丰富的经验，为后期 5T 系统建设和信息整合奠定了基础。为进一步保障铁路运输安全，适应国际安全形势发展，提高运输效率，2003 年原铁道部在借鉴国外成熟经验和全面深入调查研究的基础上，针对当前车辆部门列检工作中的突出问题和主要矛盾，通过自主创新和引进消化相结合，提出了建设车辆运行安全监控系统的蓝图，2003 年底在大秦线将 1 套 TADS、2 套 TPDS、2 套 TFDS 和既有的 THDS 进行联网运用试验，2004 年上半年，为确保旅客列车的绝对安全，决定建设客车运行安全监控系统即 TCDS，首次将 5T 系统正式命名为地对车安全监控系统。经过长期创新发展，我国逐步建成以货车为主要监测对象，兼顾客车、动车组的车辆运行安全监控系统，目前铁路运行安全监控体系已实现六大干线全部建成、主要干线基本覆盖，在全路车辆运行安全保障中发挥着不可替代的作用。

在车载安全监控技术领域，2004 年，国产新造 25T 型客车安装了中国铁道科学院四方车辆研究所完全自主研制的车载安全监控系统，在我国客车车辆上首次实现了对轴温、供电、车门、车下电源、火灾、空调、防滑器、基础制动系统和转向架、车辆动力学的全面监测，重点对客车热轴事故、火灾事故、供电故障及制动系统和走行部故障进行监控，标志着我国客车安全监测技术从单一功能、单一结构的部件研制和应用阶段发展到多功能、网络化、信息开放式的安全监测体系的研制和应用阶段。

2020 年，为解决红外线轴温探测系统 THDS 运行质量、测温精度的动态诊断问题，国铁集团组织研制了红外线检测车，以定期巡检的运用模式，对运行沿线设置的 THDS 设备进行实时技术指标检测、设备运行状态评判。近年来，随着我国综合检测列车的不断进步，国铁集团又开展了车辆运行安全监测设备综合检测车的研发，其检测功能包括 THDS、TADS、TFDS、TVDS、TCDS 设备和铁路车号自动识别系统状态和监测精度的监测。车辆运行安全监测设备综合检测车的研发使每年的动态联检工作能够全面检测车辆运行安全监测设备，不断提升车辆运行安全维护管理水平，保障铁路运输安全。

4.2 车辆安全检测监测概述

4.2.1 车辆安全检测监测技术

铁路车辆安全检测监测系统按照装配位置可以分为车载监测设备和地面监测设备，其中地面监测设备的检测监测方式主要通过力学监测、声学监测、高速摄像检测、红外探测等技术方法对铁路车辆进行检测和监测。表 4-1 为车辆安全检测监测设备情况。

表 4-1 车辆安全检测监测设备情况

<table>
<tr><th colspan="2">设备名称</th><th>检测监测对象</th><th>检测监测方式</th></tr>
<tr><td rowspan="7">车辆运行安全监控系统</td><td>红外线轴温探测系统</td><td>货车、客车、动车组</td><td>红外探测</td></tr>
<tr><td>车辆运行品质轨边动态监测系统</td><td>货车、客车、动车组</td><td>力学监测</td></tr>
<tr><td>车辆滚动轴承故障轨边声学诊断系统</td><td>货车、客车、动车组</td><td>声学监测</td></tr>
<tr><td>货车故障轨边图像检测系统</td><td>货车</td><td>高速摄像检测</td></tr>
<tr><td>客车故障轨边图像检测系统</td><td>客车</td><td>高速摄像检测</td></tr>
<tr><td>客车运行安全监控系统</td><td>客车</td><td>车载设备</td></tr>
<tr><td>动车组运行故障动态图像检测系统</td><td>动车组</td><td>高速摄像检测</td></tr>
<tr><td rowspan="2">客车车轮故障在线检测系统</td><td>外形几何尺寸单元</td><td>客车</td><td>图像技术</td></tr>
<tr><td>深层次探伤单元</td><td>客车</td><td>超声波技术</td></tr>
</table>

续表

设备名称		检测监测对象	检测监测方式
动车组车轮检测系统	LY 轮对故障动态检测系统	动车组	超声波、图像技术
	LU 移动式轮辋轮辐探伤系统	动车组	超声波技术
	LA 固定式轮辋轮辐探伤系统	动车组	超声波技术
	LX 便携式相控阵轮辋探伤仪	动车组	超声波技术
动车组故障诊断系统	动车组烟火报警系统	动车组	车载设备
	动车组轴温报警系统	动车组	车载设备
	动车组列控设备动态监测系统	动车组	车载设备
	动车组车厢视频监控系统	动车组	高速摄像检测
	动车组受电弓视频监控系统	动车组	高速摄像检测
	动车组失稳检测装置	动车组	车载设备
	动车组车载平衡性监测装置	动车组	车载设备
列车车轴检测系统	磁粉检测系统	货车、客车、动车组	磁技术
	渗透检测系统		荧光技术
	涡流检测系统		磁技术
	超声波无损检测系统		超声波技术
其他	动车组应急轴温无线监测装置	动车组	传感器技术
	受电弓及车顶状态动态检测系统	动车组	图像技术
	轮对尺寸动态监测系统	货车、客车	图像技术

4.2.2 车辆安全检测监测内容

1. 货车

货车安全检测监测以地面检测监测为主，其中车辆运行安全监控系统中的 THDS、TADS、TFDS、TPDS 应用得最为广泛，利用安装在轨道边的红外探头、压力传感器、声学传感器、高速摄像头等设备对其他及运行状态等情况进行监测。表 4-2 为货车安全检测监测情况。

表 4-2 货车安全检测监测情况

检测监测部位	检测监测内容	检测监测设备
轮轴	热轴轴温	红外线轴温探测系统
	车辆滚动轴承滚子、外圈、内圈等	车辆滚动轴承故障轨边声学诊断系统
	车轮直径、轮缘厚度、垂直磨损等	货车轮对尺寸动态监测系统
其他关键部件	检测车辆制动梁、转向架、交叉杆底部、车钩缓冲等部位	货车故障轨边图像检测系统
运行状态	列尾风压、电压等	货车列尾系统
	车辆运行状态、车轮踏面情况、超偏载检测等	车辆运行品质轨边动态监测系统
	检测货车超载、偏载、偏重等	铁路货车超偏载检测装置
	装载状态、超限等情况	货车装载状态监视系统

2. 客车

客车车载检测监测系统以客车安全运行监控系统 TCDS 为主，应用车载网络和数据采集技术对客车运行过程中的供电、电源设备、空调、轴温、防滑器、制动系统等影响行车安全的因素进行实时监测和报警。客车地面检测监测系统多为 5T 系统的扩展，采用高速摄像检测、图像技术、声学监测、红外探测等对车辆轮轴及其他可视部件进行检测。表 4-3 为客车安全检测监测情况。

表 4-3 客车安全检测监测情况

检测监测部位	检测监测内容	检测监测设备
其他可视部件	车底底部、两侧和顶部可视部件	客车故障轨边图像检测系统
轮轴	轮缘缺损、轮辋轴向及径向裂纹情况	车轮在线自动探伤单元
	车轮不圆度及踏面擦伤情况	踏面图像检测单元
	车轮踏面的损耗情况、轮缘厚度、QR 值、轮径、内距	车轮外形尺寸检测单元
	热轴轴温	红外线轴温探测系统
	车辆滚动轴承滚子、外圈、内圈等	车辆滚动轴承故障轨边声学诊断系统
运行状态	对列车供电、空调、车门、火灾、轴温、制动系统、转向架等关键部件进行实时监控	客车运行安全监控系统
	列尾风压、电压等	客车列尾装置
	烟雾情况	客车烟火报警系统

续表

检测监测部位	检测监测内容	检测监测设备
运行状态	车厢公共区域监视	铁路客车车载视频监控系统
	车辆运行状态、车轮踏面情况、超偏载检测等	车辆运行品质轨边动态监测系统
	过压、欠压、短路等情况	绝缘监测装置

3. 动车组

动车组车载检测监测设备主要监测动车组性能、功能及主要部件的运用状态，并进行故障诊断，显示故障发生的部位和功能，实现动车组运行跟踪监控及故障报警。动车组地面监测设备是在动车组进出站、动车所进出库等咽喉地段安装地面监测系统来综合识别途经动车组的图像、声音和温度等。表 4–4 为动车组安全检测监测情况。

表 4–4　动车组安全检测监测情况

检测监测部位	检测监测内容	检测监测设备
下部可视部件	动车组制动、传动、牵引装置，轮轴、车钩装置，底部电务车载设备、群底板、转向架、轴箱等可见部件的外观	动车组运行故障动态图像检测系统
轮轴	轮缘缺损、轮辋轴向及径向裂纹情况	车轮在线自动探伤单元
	车轮不圆度及踏面擦伤情况	踏面图像检测单元
	车轮踏面的损耗情况、轮缘厚度、QR 值、轮径、内距	车轮外形尺寸检测单元
	热轴轴温	动车组应急轴温无线监测装置
		动车组轴温报警装置
		红外线轴温探测系统
	车辆滚动轴承滚子、外圈、内圈等	车辆滚动轴承故障轨边声学诊断系统
受电弓	受电弓及其附近高压设备的工作状态	动车组受电弓视频监控系统
运行状态	对 ATP、应答器、轨道电路、司机操作等内容进行实时监测和分析	动车组列控设备动态监测系统
	车厢公共区域监视	动车组车厢视频监控系统
	烟雾情况	动车组烟火报警系统
	车辆运行状态、车轮踏面情况、超偏载检测等	车辆运行品质轨边动态监测系统
	转向架发生水平方向异常振动情况	动车组失稳检测装置
	车体的横向、垂向、纵向振动加速度	动车组车载平衡性监测装置

4.3　车辆安全检测监测设备及技术

4.3.1　车辆运行安全监控系统

1. 车辆运行安全监控系统简介

车辆运行安全监控系统（简称 5T 系统）即地对车安全监控系统，采用了智能化、信息化、网络化技术，实现地面固定设备对客货车辆运行安全的动态检测和远程预警，提高铁路车辆运行安全防范能力。5T 系统由红外线轴温探测系统（trace hotbox detection system，THDS）、车辆运行品质轨边动态监测系统（truck performance detection system，TPDS）、车辆滚动轴承故障轨边声学诊断系统（trackside acoustic detection system，TADS）、货车故障轨边图像检测系统（trucking fault dynamic image detection system，TFDS）/客车故障轨旁图像检测系统（train coach machine vision detection system，TVDS）/动车组运行故障图像检测系统（trouble of moving EMU detection system，TEDS）、客车运行安全监控系统（train coach running diagnosis system，TCDS）5 个监测子系统和 5T 信息综合应用子系统组成。5T 系统功能结构如图 4-1 所示。

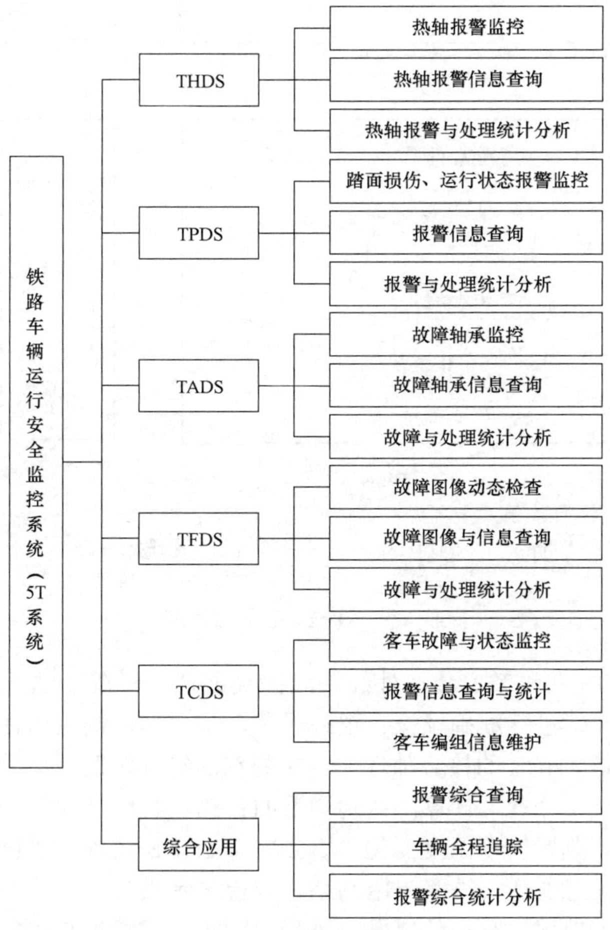

图 4-1　5T 系统功能结构图

5T 系统采用国铁集团和铁路局二级部署架构，总公司级应用为总公司车辆管理部门提供综合查询、统计分析和决策支持等服务，铁路局级应用为铁路局车辆管理部门和列检作业人员分别提供查询分析和报警监控等服务。5T 系统由硬件设备和应用软件两部分构成，硬件设备由探测站设备、铁路局服务器、总公司服务器三级组成，探测站设备采集货车状态信息，逐级上传至铁路局、总公司服务器，铁路局服务器主要存储该局范围内探测设备的监测信息，总公司服务器存储全路的监测信息。总公司级应用软件将车辆的检修信息、报警汇总信息由总公司服务器同步到铁路局服务器，实现基于多点监测信息的联网综合报警评判。5T 系统既有架构如图 4-2 所示。

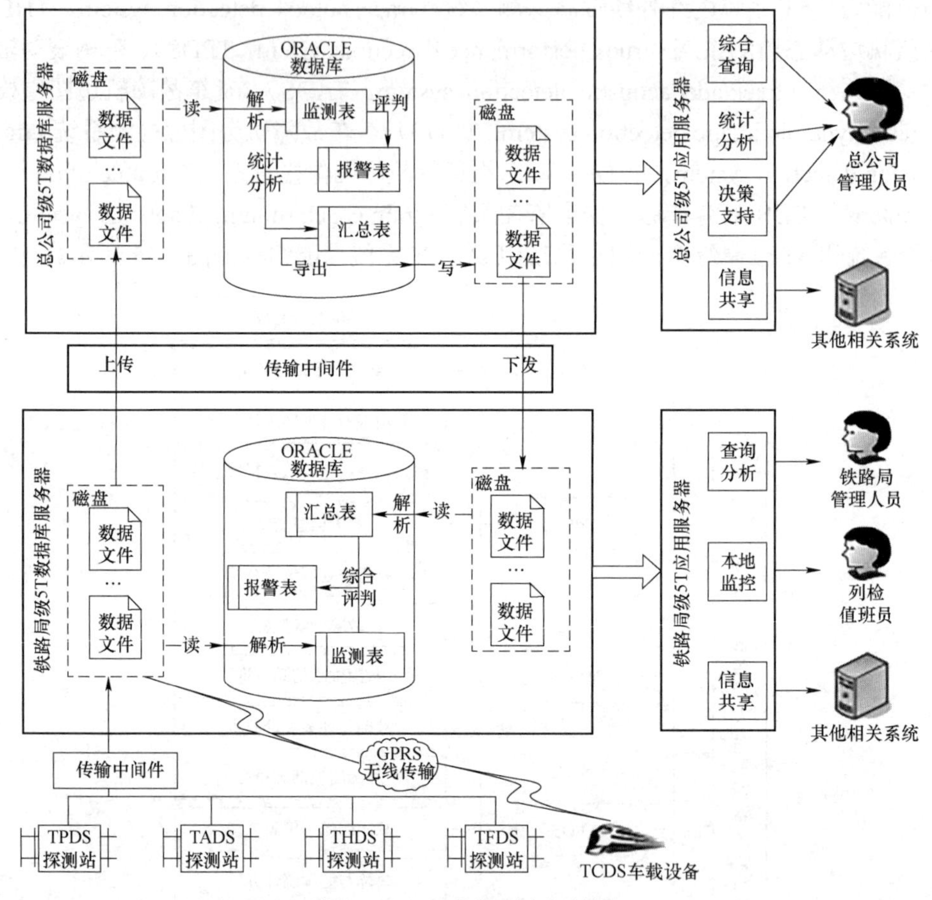

图 4-2　5T 系统既有架构图

（1）THDS。THDS 在轨旁安装红外线轴温探头装置，对车辆轴承温度进行实时检测，对发生热轴的车次、车辆进行准确预报、跟踪报警，防止因车辆热切轴造成事故。红外线探头即红外线传感器，是 THDS 的核心部件，将探测到的红外辐射转化为电信号，通过其他系统对该电信号进行采集、处理、计算，达到测温的目的，利用软件将轴承温度数据与正常轴承温度模型进行对比，判断轴承温度变化是否正常。THDS 设备主要包括轨边设备、探测站机房设备、专用传输信息通道、铁路专用网络、列检复示设备等。其中轨边设备主要包括红外线探头、探头箱、卡轨器、车轮传感器、车号自动识别天线。THDS 的生产厂家有哈尔滨铁路局哈尔滨科学技术研究所、北京康拓红外技术股份有限公司、广汉科峰电子有限责任公司等。THDS 轨边设备如图 4-3 所示。

图 4-3 THDS 轨边设备

（2）TPDS。车辆运行品质轨边动态监控系统通过在轨道上设置轨道检测平台，采用移动垂直力综合检测方法和板式传感器等技术，实现了对轮轨垂直力和横向力的连续测试，对通过探测站的货物列车中运行状态不良的车辆进行实时监测、跟踪和报警。检测的指标包括车辆轮重减载率、脱轨系数等，对车辆车轮踏面擦伤、剥离、货物超偏载等危及行车安全的情况进行检测，防范货运列车脱轨事故。TPDS 对经过探测站的货车车辆运行状态进行联网分级评估，对故障车辆的处理分为跟踪、就近拦停和立即拦停 3 个等级。TPDS 探测站设备构成主要包括测试平台与传感器（剪力传感器和板式压力传感器）、车号自动识别装置、测试间、监测工控机、测点服务器、不间断电源、网络设备等。TPDS 监测系统根据车辆方向及密度、线路等级、站场布局等因素设置探测站布点，满足货车运行速度在 50～120 km/h 的正线区间，并具有可靠的供电、通信设施和必要的交通条件。TPDS 的生产厂商主要为铁科院。TPDS 轨道测试现场如图 4-4 所示。

图 4-4 TPDS 轨道测试现场

（3）TADS。车辆滚动轴承故障轨边声学诊断系统采用声学技术和计算机技术，利用轨边噪声采集阵列，实时采集运行中的货车滚动轴承噪声，对运行货车滚动轴承裂缝、破损等故障进行早期诊断预报，通过噪声采集和数据分析，提前发现轴承早期故障。TADS 的核心设备是放置在轨旁一个特殊设计的保护箱内的传感器阵列，通过声学传感器阵列获取运行中的列车滚动轴承发出的声学信号，对异常声音频率进行判断，从而识别出轴承故障部位。TADS 主要检测的重点是滚动轴承滚子、内外圈滚道等故障。TADS 与 THDS 的结合互补，能够更好地提高轴承故障预报准确率。TADS 探测站主要由室外、室内两部分组成，室外设备主要包括声学传感器阵列、车轮传感器、地面 AEI 天线，室内设备主要包括通信设备、信号设备、电源防雷箱、声学信号放大器箱、电源信号控制分配箱、信号采集处理工业控制机、主处理计算机、AEI 识别设备等。TADS 生产厂商有哈尔滨铁路局哈尔滨科学技术研究所、北京康拓红外技术股份有限公司等。TADS 检测设备如图 4-5 所示。

图 4-5 TADS 检测设备

（4）TFDS、TVDS、TEDS。货车故障轨边图像检测系统（TFDS）、客车故障轨旁图像检测系统（TVDS）、动车组运行故障图像检测系统（TEDS）均为应用高速摄像设备的行车安全监测系统。

TFDS 通过设置在轨道两侧和轨枕中间的高速摄像头，对运行中的货车进行动态检测，采集关键部位图像，重点检测货车转向架、制动梁、钩缓装置等安全关键部位，重点防范制动梁脱落、钩缓大部件裂损、枕簧丢失等危及行车安全的故障。TFDS 能够自动采集车号、车次信息，自动测速、计轴、计量、屏蔽客车，自动上传信息。TFDS 硬件组成包括轨边探测设备（高速摄像机、补充光源、保护箱等）、轨边机房设备和列检检测中心设备。TFDS 生产厂商有哈尔滨铁路局哈尔滨科学技术研究所、哈尔滨市科佳通用机电股份有限公司、北京康拓红外技术股份有限公司、北京天威科技发展有限公司、武汉华目信息技术有限责任公司、黄石邦柯科技股份有限公司等。TFDS 检测设备如图 4-6 所示。

图 4-6 TFDS 检测设备

客车故障轨旁图像检测系统是TFDS的重要扩展，采用广角拍摄技术、图像实时处理及快速传输技术、自动控制处理技术和大容量图像数据存储技术等，检测运行客车走行部、制动配件、底架悬吊件、钩缓连接、车体两侧下部等部位图像，通过人工查看图像信息，高效快速查找列车故障部位。TVDS生产厂商有哈尔滨市科佳通用机电股份有限公司、北京康拓红外技术股份有限公司、武汉华目信息技术有限责任公司等。

动车组运行故障图像检测系统是在 TFDS、TVDS的基础上，针对动车组结构、管理模式及运行组织特点研发的在客运专线及高速铁路上使用的动态图像检测系统，利用高速相机对运行动车组车体底部、两侧下部进行拍摄，采用高速图像采集、控制、智能检测、车辆部件和车号识别、异常预警、低通道图像处理和传输等技术，以自动识别和人工判定结合的方式，及时发现动车组走行部、制动配件、底架悬吊件、钩缓连接、车体两侧裙板、转向架等关键部位故障，实现动车组在长交路及站折高速运行中部件状态的检测和异常预警，提高动车组检修运用和作业质量。TEDS生产厂商有哈尔滨市科佳通用机电股份有限公司等。

（5）TCDS。客车运行安全监控系统由车载实时监测诊断系统、车地数据无线传输系统和地面联网应用系统三部分组成，通过车载设备对运行中的客车关键部位进行实时检测和诊断，并通过网络技术将检测信息向地面监测站传送汇总，形成客车运行安全监控图。系统主要检测速度为160 km/h及以上客车车辆运行的制动系统、转向架指标、空调系统、客车供电等车辆运行情况，重点对客车热轴事故、火灾事故、供电故障及制动系统和走行部故障进行防范，监测内容包括：供电系统故障，空调系统的制冷故障、制暖故障等，车下电源系统的逆变器故障、充电机故障等，车门系统故障，烟火系统的火警报警、传感器故障等，轴温系统的超温报警、传感器故障等，制氧系统故障、防滑器系统的传感器故障、防风阀故障，制动系统的严重自然制动、严重异常制动、严重缓解不良等，转向架系统的构架横向振动异常、二系状态异常、空簧状态异常等。TCDS的生产厂商主要为铁科院。

2. 制度标准

《5T设备远程监控设施技术要求（暂行）》（辆设函〔2019〕21号）；

《客车（动车组）运行故障图像监测联网应用技术要求》（铁总运〔2016〕212号）；

《动车组运行故障图像检测系统TEDS轨边设备安装暂行技术要求》（铁总运〔2013〕105号）；

《动车组运行故障图像检测系统（TEDS）运用管理办法》（铁机辆〔2019〕82号）；

《车辆运行安全监控系统设备检修维护管理规则》（TG/CL 210—2015）；

《铁路客车故障轨旁图像检测系统（TVDS）运用管理办法》（TG/CL 202—2016）；

《铁路车辆运行安全监控系统设计规范》（TB 10057—2021）；

《铁道车辆红外线轴温探测设备》（TB/T 3187—2007）；

《铁道客车行车安全监测诊断系统技术条件》（TB/T 3188—2007）；

《铁道车辆运行品质轨边动态监测系统（TPDS）探测设备》（TB/T 3339—2013）；

《铁道货车故障轨边图像检测系统（TFDS）探测设备技术标准》（TB/T 3341—2013）；

《铁道车辆滚动轴承故障轨边声学诊断系统（TADS）探测设备》（TB/T 3340—2013）；

《铁道货车故障轨边图像检测系统（TFDS）探测设备》（Q/CR 351—2014）；

《铁道车辆红外线轴温探测设备》（Q/CR 319—2014）；

《铁道车辆运行品质轨边动态监测系统（TPDS）探测设备》（Q/CR 349—2014）；

《铁道车辆滚动轴承故障轨边声学诊断系统（TADS）探测设备》（Q/CR 350—2014）；

《动车组运行故障图像检测系统（TEDS）探测站设备暂行技术条件》（TJ/CL 255—2015）；

《动车组运行故障图像检测系统（TEDS）轨边设备安装暂行技术要求》（TJ/CL 255A—2013）；

《客车故障轨边图像检测系统（TVDS）探测站设备暂行技术条件》（TJ/CL 399—2015）；

《货车故障轨边图像检测系统（TFDS）图像自动识别模块技术条件（暂行）》（TJ/CL 401—2012）；

《客车（动车组）运行故障图像监测联网应用技术要求》（TJ/XX 005—2016）；

《铁道车辆运行品质轨边动态监测系统探测设备（客车）补充技术条件》（TJ/CL 438—2015）；

《铁道车辆运行品质轨旁动态监测系统探测设备（动车组）暂行技术条件》（TJ/CL 571—2020）；

《铁道车辆滚动轴承故障轨边声学诊断系统探测设备（动车组）暂行技术条件》（TJ/CL 436—2015）；

《铁道车辆滚动轴承故障轨边声学诊断系统探测设备（客车）补充技术条件》（TJ/CL 437—2015）；

《铁道车辆滚动轴承轨旁声学诊断系统探测设备（动车组）统型技术条件》（TJ/CL 570—2020）；

《铁路客车制动监测系统暂行技术条件》（TJ/CL 418—2016）；

《铁道客车烟火报警系统暂行技术条件》（TJ/CL 425—2014）；

《铁路客车电气安全监测系统暂行技术条件》（TJ/CL 540—2018）。

3. 运用管理

（1）THDS。THDS 对热轴的预报分为微热、强热和激热 3 级，对符合热轴预报标准的车辆在车辆监测中心（列检所在地探测站在相应列检作业场复示站）自动声光报警，报警信息包括探测站名称、列车通过时间、车次、运行方向、编组辆数、车号、故障车位、左/右侧、轴位、报警等级和热轴波形等；强、激热等符合列车拦停预报的报警内容须同时复示到行车调度台，同时声光报警。

（2）TPDS、TADS、TFDS。动态检车人员负责将系统预报故障向列检值班员报告，列检值班员负责将系统所有预报故障按辆为单位向现场检车人员进行预报，现场检车人员负责对系统预报故障进行全数检查确认，并将检查确认结果向列检值班员报告，向动态检车组进行反馈，由动态检车员将检查确认结果录入各系统中。

（3）TVDS。动态检车员通过对规定图像进行检查发现的各类车辆故障、夹带异物等不正常情况，经动态检车工长确认的，均为客车底故障。客车底故障分为拦停类故障、确认类故障和预报类故障。拦停类故障指各类动态检查作业发现的有人扒车、车下箱门或裙板开放、车下悬吊件离开母体且有脱落风险、带有危及行车安全的异物，以及危及行车安全的其他情形；确认类故障指车钩、软管、风挡及各电气连接线的连接状态存在的故障，摇枕悬吊装置、基础制动装置、车下各箱体等配件折损、变形故障，弹簧压死、走行部零部件与车体顶抗磨碰故障，钢弹簧折损、空气弹簧破损及变形故障，需要现场检车员确认的其他客车底故障；预报类故障指除拦停类故障、确认类故障之外的客车底故障。动态检车员发现疑似故障时，须在作业平台上予以标注，并发送给动态检车工长进行复核。动态检车工长确认动态检车员误标时，须将该故障设定为误标故障，并通知动态检车员；确认没有误标时，将该故障设定为客车底故障，对拦停类故障进行直通报告，将确认类故障推送至TVDS所在地客列检或库列检值班室的故障推送终端，将预报类故障上传至TVDS全路联网系统。推送或上传的故障信息包括列车车次、机后位置、故障车号、故障部位、故障名称、故障图片、动态检车室名称、TVDS探测站名称及探测时间等。

（4）TEDS。监控中心应根据故障情况采取立即停车检查、前方站停车检查、途中监控入库检查及限速运行（取消限速）四类处置方式。立即停车检查指动车组裙底板、外掀式翻板打开，车下悬吊件及走行部配件出现部分离开母体或存在脱落风险，危及行车安全的其他情况；前方站停车检查指头罩打开，车钩、软管、风挡及各电气连接线的连接状态存在异常，齿轮箱漏油，带有影响行车的异物（能确认为塑料袋、纸、树枝等不影响安全的除外），走行部配件变形、裂折但无脱落风险，裙底板、走行部螺栓丢失但其连接配件无脱落风险，需要前方站现场确认的其他故障；途中监控入库检查指立即停车检查、前方站停车检查之外的，进行途中监控入库（存放）检查；限速运行（取消限速）指遇冰雪不良天气时，按照规定提出限速运行或取消限速等处置建议。分析作业人员分析发现疑似故障后，须立即通知作业组长进行确认。经确认核实的故障，作业组长应根据故障情况确定相应处置，并通过“动车组运行故障图像监测系统”发送至相关铁路局集团公司。对于采取立即停车检查、前方站停车检查处置方式的故障，作业组长须及时将列车车次、车组号、故障信息、处置方式等信息电话通知所在局动车调度员。对于途中监控入库检查的故障，作业组长须及时通知动车组担当局监控中心并告知随车机械师，同时通知驶入局监控中心进行重点监控，后续各监控中心依次传递，发现故障性质升级应采取对应处置方式。

4. 检修维护

5T系统的设备检修维护管理工作实行国铁集团、铁路局、车辆（动车）段三级管理，采用日常维护和定期检修相结合的模式。

5T设备日常维护分点检、巡检、动态检测、季节性整修和故障应急抢修。点检主要是工作前设备状态检查；巡检主要是确认设备的各个组成部分的技术状态，确保设备运行平稳正常；季节性整修主要是对轨边设备和设施进行预防性整修；故障应急抢修主要是对影响设备探测、危及行车安全的故障进行处理。

5T设备检修按照定期检修、部分部件按状态实施项修、逐步扩大项修范围的检修原则进行，定期检修及项修采用“自主检修为主，委托修为辅”的检修方式，由铁路局审查评估确定维修单位。

4.3.2 轮对尺寸动态监测系统

1. 轮对尺寸动态监测系统简介

轮对尺寸动态监测系统（truck wheel detection system，TWDS）可以在车辆运行过程中自动完成车辆轮对的轮缘高度、轮缘宽度、轮辋厚度、踏面圆周磨耗、垂直磨耗、车轮直径、轮对内侧距等参数的测量。TWDS由探测站与复示站组成，探测站包括室内控制和计算设备、室外激光器和图像采集设备，复示站主要为服务器系统。TWDS还具有其他5T设备共有的功能，包括过车数据存储与查询、状态跟踪预警、过车超限报警和数据网络共享。该系统适应列车运行速度0～120 km/h，可24 h无人值守全天候工作。TWDS检测设备如图4-7所示。

图 4－7 TWDS 检测设备

2. 制度标准

《货车轮对尺寸动态检测系统（TWDS）技术条件》（TJ/CL 403—2014）。

3. 运用情况

TWDS 的正常运行需要设备参数标定，包括前期安装设备的参数标定，后期设备维护的参数修正标定。目前，设备厂家所采用的标定方法均为人工手动标定，操作步骤烦琐，专业性强，且均需要专业研发技术人员操作，这在很大程度上制约了设备的运用与管理。因此，配套标定程序如能实现标定过程的自动化，则操作简单，运行稳定，通过短期培训可以实现现场工作人员独立操作，将使得现场设备的运用管理更加便捷。

4.3.3 客车车轮故障在线检测系统

1. 客车车轮故障在线检测系统简介

客车车轮故障在线检测系统安装在客车入库线上，采用光截图像测量、阵列式超声波探伤等技术，在线动态自动检测轮对外形尺寸参数和轮对踏面缺陷情况，是客车车辆运用整备检修必备的重要设备。该系统由外形尺寸检测单元和深层次探伤单元组成，外形尺寸检测单元采用光截图像测量技术，用于检测踏面圆周磨耗、轮缘厚度、车轮直径、轮对内侧距等车辆轮对外形尺寸关键参数；深层次探伤单元组采用超声波阵列探伤技术，在线自动检测入库车辆车轮踏面、轮辋径向、周向裂纹及轮缘顶部至根部径向裂纹等深层次缺陷。客车车轮故障在线检测系统如图 4－8 所示。

图 4－8 客车车轮故障在线检测系统

2. 制度标准

《机车车辆轮对几何参数测量机》（TB/T 3476—2017）；

《客车车轮故障在线检测系统技术条件》（TJ/CL 405—2014）。

3. 运行情况

在客车车轮故障在线检测系统投入使用前，轮对尺寸的检测采用传统的人工及固定式检测设备进行检测，主要采用机械卡具、磁爬方式或落轮激光式尺寸测量，数据准确性受限于操作者的业务水平，检测结果可信度低，工作强度较高，效率低，部分参数由于现场限制无法测量，无法记录检测过程数据。在系统投入使用后，人工量轮由自动化测量替代，工作效率大幅提高，降低了从业职工的工作强度，且提供了全面的轮对关键尺寸，给轮对运用过程中实施旋修、换轮等作业提供了参考。

4.3.4　客车用集中轴温报警器

1. 客车用集中轴温报警器简介

铁路客车用集中轴温报警器是监测铁路客车轴温，预报热轴，防止切轴，保证旅客列车运行安全的重要设备，在列车运行中自动监测各轴位的轴温变化，在轴温超过设定报警温度时，发出报警信号。轴温报警器由传输线路、轴温传感器（含模拟传感器和数字传感器）、轴温数据记录仪及控制显示器组成，轴温传感器分散安装于转向架 8 个轴箱上，环温传感器装于车下，用屏蔽线与控制器连接。测温范围在 −45～125℃，采用声光报警方式，所有控制显示器同时显示报警车厢顺位号、轴位号和温度。有多个轴位同时超温报警时，循环显示所有报警点。当某一车厢的某一轴位报警时，记录仪每分钟记录一次，报警数据记录包括报警时间，车厢顺位号、车种车号，报警的轴温、轴位和环温。客车用集中轴温报警器如图 4−9 所示。

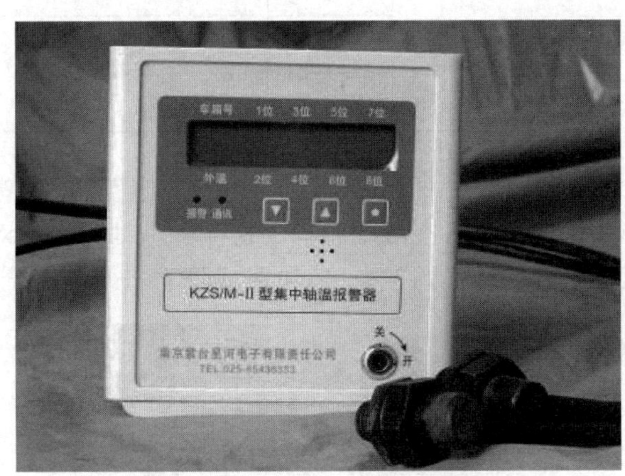

图 4−9　客车用集中轴温报警器

2. 制度标准

《铁道客车用集中轴温报警器》（TB/T 2226—2016）；

《铁路客车用复合式集中轴温报警器暂行技术条件》（TJ/CL 560—2018）；

《铁道客车用集中轴温报警器》（GTCC−043—2018）。

3. 运行情况

自轴温报警器投入使用以来，在预报客车热轴、防止切轴方面发挥了重要作用。目前国铁集团认证采信的铁道客车轴温报警器厂家有陕西宝成航空仪表有限责任公司、南京铁路电子仪器厂、南京紫台星河电子有限责任公司和天津航联迪克科技有限公司。

4.3.5 动车组车轮检测系统

1. 动车组车轮检测系统简介

我国在借鉴国外车轮探伤成熟技术基础上，针对我国动车组轮对在各级检修周期下的特点，组合采用动态检测技术和静态检测技术，研发了日常动态检测设备（LY 轮对故障动态检测系统）、定期在线检测设备（LU 移动式轮辋轮辐探伤系统）、定期落轮检测设备（LA 固定式轮辋轮辐探伤系统）、LX 便携式相控阵轮辋探伤仪，共同实现从车轮踏面表面到轮辋轮辐内部缺陷的全面检测。表 4–5 为中国高速动车轮对缺陷检测技术体系。

表 4–5 中国高速动车轮对缺陷检测技术体系

序号	检修层次	检修周期	设备	检测内容	使用地点
1	日常动态检测	每次入库	LY	尺寸、踏面擦伤、轮辋深层次探伤	动车所、基地入库线
2	定期在线检测	18 万～25 万 km	LU	轮辋轮辐缺陷	动车所、动车基地检查线
			LX	缺陷复核	
		根据不同车型确定	LHZ–M	空心轴缺陷	
3	定期落轮检测	高级修	LA	轮辋轮辐缺陷	动车基地轮对检修线
			LX	缺陷复核	
			LHZ–S	空心轴缺陷	

LY 轮对故障动态检测系统安装在动车组入库线上，运用光截图像测量技术、高精度位移检测技术和超声波阵列探伤技术，在线动态自动检测各型动车组轮对外形尺寸、踏面擦伤等，实现动车组车轮运行状态的地面监控。LY 轮对故障动态检测系统如图 4–10 所示。

图 4–10 LY 轮对故障动态检测系统

LU 移动式轮辋轮辐探伤系统利用相控阵超声波探伤技术，采用压电阵元组成阵列换能器，实现声束的相控发射与接收，进而检测在线车轮的轮辋轮辐缺陷。LU 设备按布局可划分为地沟内设备和地面设备两部分。地沟内设备安装在沿地沟运行的检测小车上，按功能可划分为运动小车单元、升降平台单元、手臂伸缩单元、顶转轮单元、探头载体运动单元、探头及探头载体单元、耦合水供应单元、电气控制系统、超声信号采集处理系统等 9 部分；地面设备安装在随动小车上，用于设备操作控制和探伤数据查看分析，由操作控制主机、打印机、UPS 等组成。LU 移动式轮辋轮辐探伤系统如图 4－11 所示。

LA 固定式轮辋轮辐探伤系统全面检测维修后的轮辋轮辐缺陷，LA 设备从功能上划分主要有检测区和控制区两部分。检测区由地面轨道单元和龙门架单元组成，主要包括推轮机构、前限位机构、转轮机构、升降轨机构、升降臂机构、探头载体机构及各种检测传感器等部件。地面轨道单元主要实现轮对自动运送、转轮及其他辅助功能；龙门架单元主要承载探伤设备，实现探头系统的准确定位及轮对自动探伤功能。控制区由超声控制单元与电气控制单元组成，主要包括探头系统、超声电子单元、定位模块、检测主机、检测从机、现场电气单元、系统控制柜等部件。超声控制单元主要实现检测系统的启/停操作，多通道探伤数据实时采集及分析处理，检测数据重构、生成检测结果报表及检测结果维护管理等；电气控制单元主要完成系统检测所需的各种运动控制功能。LA 固定式轮辋轮辐探伤系统如图 4－12 所示。

图 4－11 LU 移动式轮辋轮辐探伤系统

图 4－12 LA 固定式轮辋轮辐探伤系统

LX 便携式相控阵轮辋探伤仪用于复核 LU、LA 设备报告的轮辋轮辐缺陷，主要由主机、相控阵直探头、相控阵斜探头和试块组成。主机主要用来分析处理相控阵探头接收的信号，提供检测结果；相控阵探头主要用来发射相控阵超声波，接收回波信号；试块用于校验探头灵敏度。LX 便携式相控阵轮辋探伤仪如图 4－13 所示。

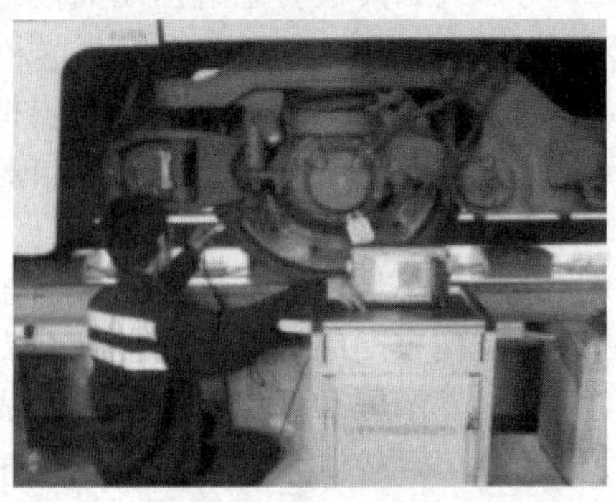

图 4－13 LX 便携式相控阵轮辋探伤仪

2. 制度标准

《和谐系列动车组车轮超声波探伤规定》（铁总运〔2013〕190 号）；

《和谐系列动车组空心车轴超声波探伤规程》（TG/CL 248—2013）；

《铁道车轮和轮箍超声波检验》（TB/T 2995—2000）；

《便携式车轮车轴相控阵超声波探伤设备技术条件》（Q/CR 22—2014）；

《移动式车轮超声波探伤设备技术条件》（Q/CR 20—2014）；

《固定式车辆轮对超声波探伤设备技术条件》（Q/CR 21—2014）；

《动车组用空心车轴超声波探伤设备　第 1 部分：自动式》（Q/CR 522.1—2016）；

《动车组用空心车轴超声波探伤设备　第 2 部分：便携式》（Q/CR 522.2—2016）；

《动车组车轮故障在线检测系统》（TJ/CL 256—2013）。

3. 运用情况

CRH 型动车组轮对探伤技术体系执行一级修日常检测、二级修专项探伤、高级修分解检测、故障复核确认的动车组轮对检查制度。当动车组每运行 4 000 km 或 2 天后进动车所一级修时，利用安装在进所线路上的 LY 设备对轮对进行动态检测，发现轮对几何尺寸、轮对踏面故障、探测轮辋深层次重大缺陷。当动车组每运行 18 万～25 万 km 时，利用安装在动车运用所检查库线上的 LU 设备，对轮辋轮辐各部位进行周向、径向、斜向在线深度探伤。当动车组运行达到高级修条件时，需将轮对从转向架上分解下来，利用安装在动车段轮对检修线上的 LA 设备，对轮对轮辋轮辐各部位进行周向、径向、斜向全方位深度探伤。以上三个层次的检测设备从检测频次和覆盖范围上互为补充，共同保证高速动车组的轮对安全。

4.3.6　动车组故障诊断系统

1. 动车组故障诊断系统简介

动车组故障诊断系统一般采用模块化结构设计，分为中央诊断和子系统诊断，其间采用通信网络连接。中央诊断是动车组的主诊断装置，用于列车技术状态的分析和诊断，通过列车总线获取各节车辆的工作状态的故障情况，然后进行分析，做出判断，诊断结果通过 MMI 显示给列车人员。子系统诊断监控所有子系统相关的元件和功能，识别故障和故障原因，自身进行存储并报告给动车组中央诊断系统。其监测诊断的主要模块有：制动系统及防滑保护监测、牵引辅助系统监测、车门系统状态、通风空调系统、乘客信息管理系统、列车 ATC 系统、转向架、客室照明等。下面介绍几种常见的动车组安全监测子系统。

（1）动车组烟火报警系统。动车组烟火报警系统由烟火报警器（若干）、烟火探测器（感温电缆探测器、烟火探测器）（若干）组成。感温电缆探测器和烟火探测器负责管辖区域的警情，在探测到警情时，上传给烟火报警器。烟火报警器负责把各个烟火探测器的状态显示出来，在发生警情时提供声光报警，同时把各烟火探测器和自身的状态通过网络上传给总控制机。电动车组烟火报警器如图 4-14 所示。

（2）动车组轴温报警系统。高速动车组所有车辆都安装有轴温报警系统，用于转向架轴端温度和齿轮箱温度的采集、诊断及列车网络控制系统的信息交换，动车组轴温报警系统主要由车辆控制系统、温度监控主机、显示屏和温度传感器等组成。由温度传感器采集初始数据，监控主机计算分析，最终传递到车辆控制系统，进而实现轴温报警系统的保护、测温、预警、报警、数据记录及自检功能。轴温传感器如图 4-15 所示。

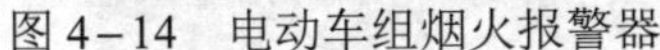

图 4-14 电动车组烟火报警器

图 4-15 轴温传感器

（3）动车组车厢视频监控系统。动车组车厢视频监控系统由网络摄像机、车厢视频监控服务器、连接电缆组成，每节车的车门通过台设置 1 台全景网络摄像机，客室内部设置 2 台半球网络摄像机，实现对车厢公共区域的监视，对采集的视频进行实时存储。动车组车厢视频监控摄像机如图 4-16 所示。

图 4-16 动车组车厢视频监控摄像机

（4）动车组受电弓视频监控系统。动车组受电弓视频监控系统由监控屏、受电弓视频监控服务器、智能分析主机、受电弓摄像机、网络总线节点设备（中继器）、连接电缆组成，用于在动车组运行途中，实时监视车顶受电弓及接触网工作状态，并兼顾受电弓附近高压设备工作状态。通过智能分析自动实时识别受电弓异常状态，为随车机械师处理异常降弓等弓网故障提供辅助的监视视频和分析图像。受电弓摄像机如图 4-17 所示。

图 4-17 受电弓摄像机

（5）动车组失稳检测装置。动车组失稳检测装置在列车运行过程中对转向架横向加速度进行监控，由失稳检测主机和失稳检测传感器组成，每节车厢安装 1 台失稳检测主机和 2 个或 4 个失稳检测传感器。其主要功能是采集信号，对某些故障进行实时报警，并保存数据。失稳检测主机如图 4–18 所示。

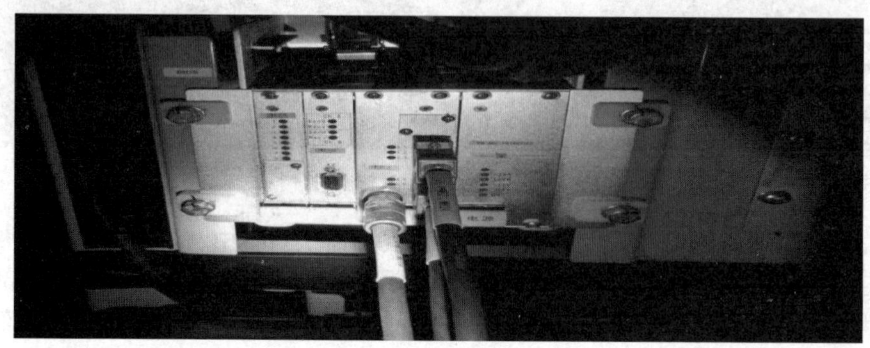

图 4–18　失稳检测主机

（6）动车组车载平衡性监测装置。动车组车载平衡性监测装置是对动车组运行过程中车体的平稳性状态进行实时监控的行车安全保障系统，该系统通过安装在车体上的三维加速度传感器实时采集车体的横向、垂向和纵向振动加速度，监控到车体异常振动时会报警提醒。动车组车载平衡性监测装置如图 4–19 所示。

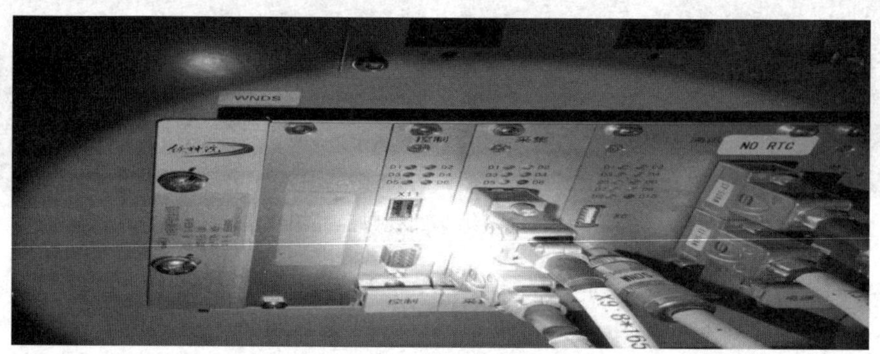

图 4–19　动车组车载平衡性监测装置

2. 制度标准

《客车（动车组）运行故障图像监测联网应用技术要求》（铁总运（2016）212 号）；
《动车组转向架横向稳定性监测装置》（TB/T 3408—2015）；
《动车组轴温报警装置（暂行）》（TJ/CL 331—2014）；
《动车组车厢视频监控系统暂行技术条件》（TJ/CL 408—2015）；
《动车组受电弓视频监控系统暂行技术条件》（TJ/CL 409—2015）；
《铁路客车及动车组移动式视频监控装置暂行技术条件》（TJ/CL 565—2020）；
《动车组受电弓视频监控系统暂行技术条件》（TJ/CL 409—2015）；
《动车组烟火报警系统暂行技术条件》（TJ/CL 503—2016）；
《动车组失稳检测装置暂行技术条件》（TJ/CL 505—2016）；
《动车组车载平稳性监控装置技术条件》（TJ/CL 506—2016）。

3. 运用情况

动车组故障诊断系统大大提高了动车运行过程中的安全性和可靠性，对动车组运行状态进行监控时，能够对一些运行参数进行收集，通过对这些数据的分析整合，为维修人员提供维修依据，提高高速动车组的维修效率。在这一过程中，高速动车组的故障诊断系统还可以通过对平时记录数据的分析，结合高速动车组的工作原理和零件配置，对列车是否满足运行要求进行预估，为高速动车组的改进和优化提供重要借鉴。

4.3.7 动车组应急轴温无线监测装置

1. 动车组应急轴温无线监测装置简介

动车组应急轴温无线监测装置由无线温度传感器、报警主机和通信中继器组成。其主要作用是当车载轴温监测装置失效时，可被快速及时地安装在车上，替代车载温度监测装置发挥温度监测作用，同时可根据车型设定不同报警阈值。动车组应急轴温无线监测装置如图4-20所示。

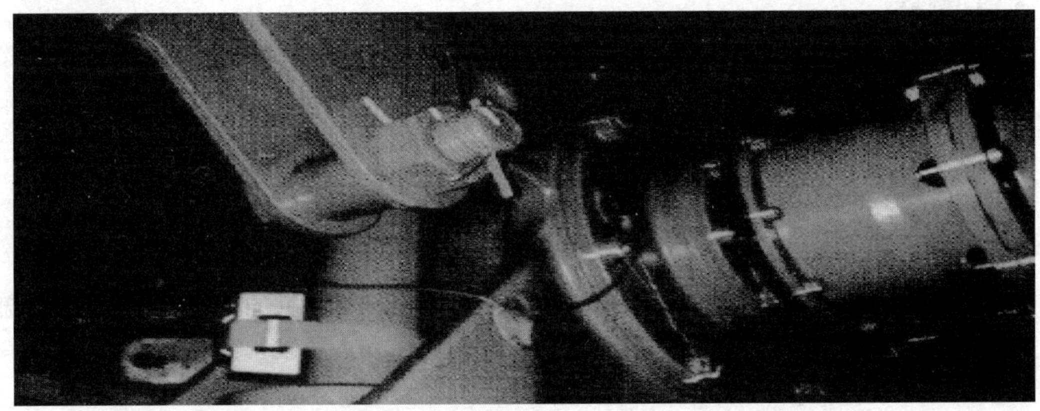

图4-20 动车组应急轴温无线监测装置

2. 制度标准

《动车组应急轴温无线监测装置》（TJ/CL 274—2013）。

3. 运用情况

2013年5月，轴温无线监测装置通过了中国铁路总公司的技术评审，被允许装车试用。之后相关铁路局陆续在运行的动车组上进行了扩大试验，取得了各种车型的考验数据，效果良好。

4.3.8 受电弓及车顶状态动态检测系统

1. 受电弓及车顶状态动态检测系统简介

受电弓及车顶状态动态检测系统（SJ）安装在动车组入库线上，采用图像分析测量技术和智能传感技术，对受电弓滑板磨耗、中心线偏移、升弓压力进行动态非接触自动检测，实现车顶关键器件运行状态的地面监控。系统按布局可划分为基本检测单元、现场控制中心、远程传输通道、远程控制中心四个部分。受电弓及车顶状态动态检测系统如图4-21所示。

(a) 基本检测单元

(b) 现场控制中心

(c) 远程控制中心

图 4-21　受电弓及车顶状态动态检测系统

2. 运用情况

受电弓及车顶状态动态检测系统的出现，实现了对入库机车受电弓关键参数的动态检测，在极端恶劣天气下，系统无须停车，也无须人值守，就可进行动态自动检测，有效减轻了车顶作业人员的劳动强度，大大缩减检查时间，广泛适用于各型机车。

4.3.9　列车车轴无损检测

1. 列车车轴无损检测简介

车轴无损检测就是在不损坏车轴物理、化学性能和几何完整性的前提下，对车轴内部的缺陷程度进行检测和评估，从而判定车轴是否满足继续使用的要求。目前，国内外针对铁路列车车轴采用的无损探伤方法主要有：磁粉检测、渗透检测、涡流检测及超声波检测。

（1）磁粉检测。磁粉检测的主要原理是将车轴置于强磁场中或通以大电流使之磁化，磁场磁力线将沿着车轴平行地从 S 极到 N 极。裂纹的性质与制造车轴的碳素钢材料性质不同，裂纹属于非铁磁性的。若车轴表面附近存在裂纹，无法让磁力线正常通过，从而导致磁力线在缺陷附近漏出，产生漏磁场。然后将磁悬液或磁粉施加在车轴上时，这些导磁性良好的物质会被裂纹附近的漏磁场吸住，堆集形成可见的磁粉痕迹，从而把缺陷显示出来，达到检测车轴表面缺陷的目的。磁粉检测示意图如图 4-22 所示，JWZ-A 型列车车轴磁粉探伤机如图 4-23 所示。

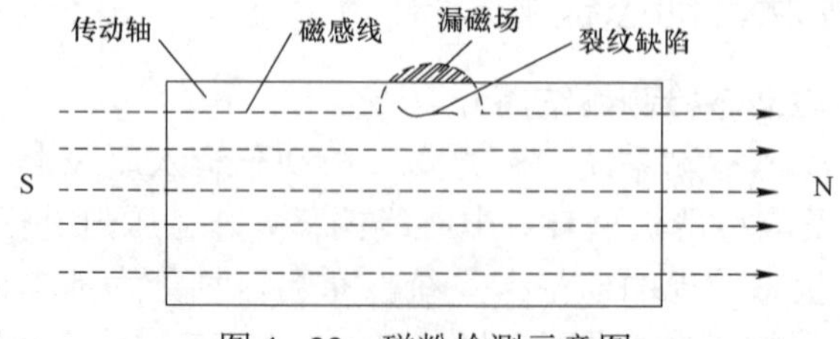

图 4-22　磁粉检测示意图

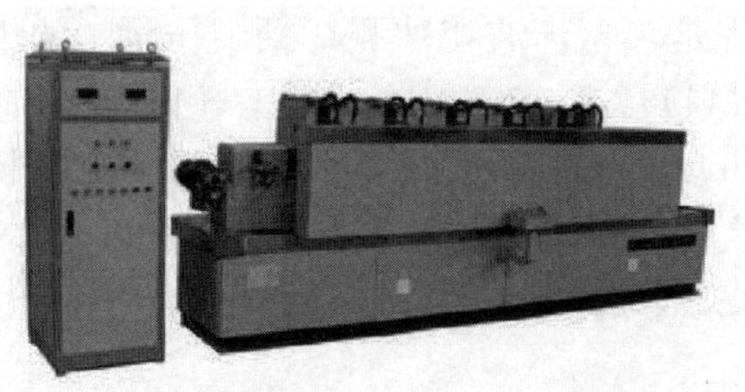
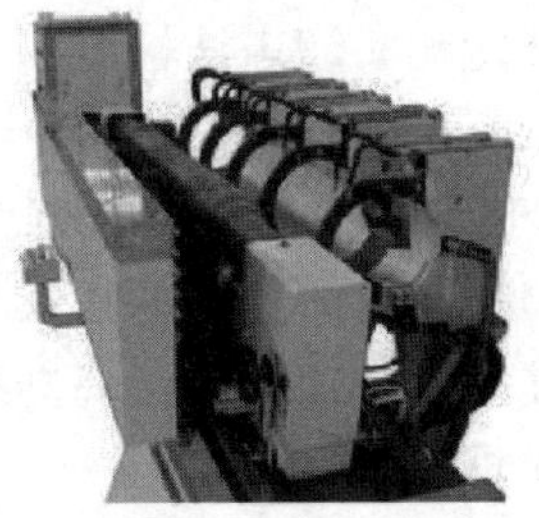

图 4-23 JWZ-A 型列车车轴磁粉探伤机

（2）渗透检测。渗透检测的过程是，首先对待检车轴进行清洁处理，去除车轴表面的尘土等异物，然后将含有着色燃料或荧光物质的渗透液喷洒在车轴表面，在毛细作用下，渗透液逐渐渗进车轴表面或近表面的开口缺陷中，停滞一定时间后，用清洗剂将车轴表面残余的渗透液去除，经过干燥后，再将显像剂喷洒在车轴表面，渗透液回渗到显像剂中，在一定的光源下，渗透液中的荧光物质显影出车轴缺陷，从而可确定缺陷的分布、形状和尺寸等。渗透检测流程示意图及 TYST-1 荧光渗透探伤仪如图 4-24 所示。

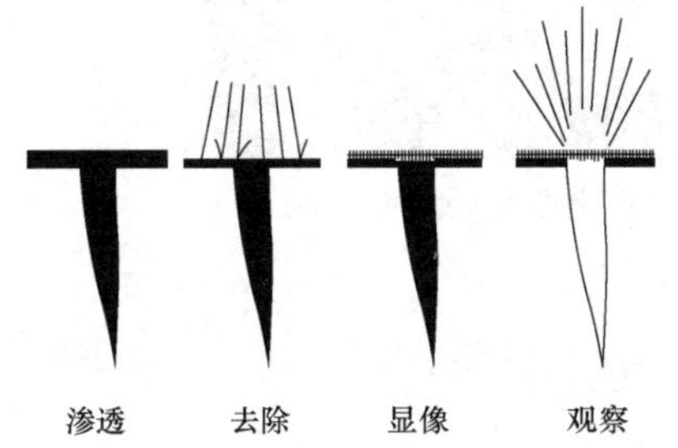

图 4-24 渗透检测流程示意图及 TYST-1 荧光渗透探伤仪

（3）涡流检测。涡流检测是利用了电磁感应原理，将待检车轴置于检测线圈中，当检测线圈通交变电流时，在线圈周围产生交变磁场。检测线圈做轴向运动，车轴中感生出涡状流动的电流，涡流伴生的感应磁场与线圈原磁场叠加，使检测线圈的阻抗发生变化，涡流和伴生的感应磁场受车轴自身的物理特性和车轴有无缺陷影响，进而影响检测线圈的阻抗。因而，在保持其他因素不变的条件下，通过检测线圈阻抗值的变化获得车轴是否有存在缺陷等信息。在实际的车轴涡流检测中，先对无缺陷的车轴进行检测，完成对检测设备的标定，然后检测同一型号有缺陷的车轴，通过监测检测设备的阻抗等变化完成对车轴的无损探伤。涡流检测示意图及车轴涡流探伤机如图 4-25 所示。

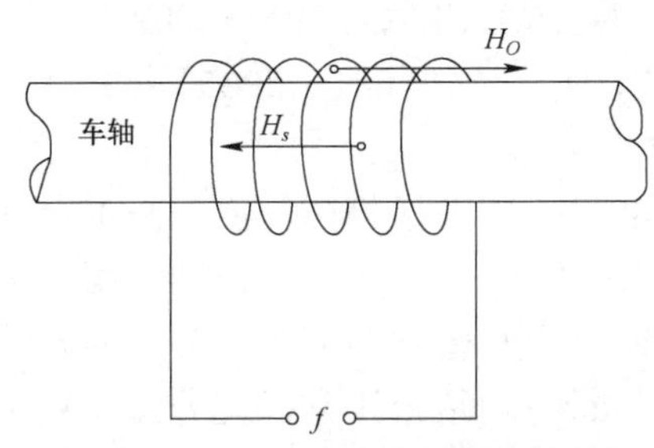

H_O—无检测时的线圈阻抗；H_s—有检测时的附加阻抗

图 4-25 涡流检测示意图及车轴涡流探伤机

（4）超声波检测。超声波检测的过程是，超声波在被测车轴中传播，如果遇到车轴中的缺陷，由于缺陷的存在使车轴材料不一致导致缺陷部位阻抗变化，超声波在缺陷处发生反射，反射回来的声波被探头接收到，通过分析反射波，得到车轴内部缺陷信息。超声波检测的基本原理是控制超声探头的超声波收发，实现声波与电信号的相互转换，并将转换的电信号或声波进行数据分析和成像处理，达到对缺陷检测的目的。HAT－M04 型超声波空心车轴无探检测系统如图 4－26 所示。

图 4－26　HAT－M04 型超声波空心车轴无探检测系统

2. 制度标准

《机车车辆车轴超声波检验》（TB/T 1618—2001）；

《机车车辆车轴磁粉探伤》（TB/T 1619—2010）；

《轨道车辆车轴探伤方法　新制车轴超声波探伤》（TB/T 2494.1—1994）；

《轨道车辆车轴探伤方法　第 2 部分：在役车轴超声波探伤》（TB/T 2494.2—2010）；

《铁路用无损检测材料》（Q/CR 213—2016）；

《滑动轴承金属多层滑动轴承粘结层的超声波无损检验》（Q/CR 294—2014）；

《TYC－3000　型客货车轮轴萤光磁粉探伤技术条件》（Q/CR 212—2014）；

《机车车辆轮对滚动轴承无损检测》（Q/CR 210—2015）；

《CJW－3000　Ⅲ型微机控制轮对荧光磁粉探伤机技术条件》（TJ/CL 392—2005）；

《CJW－3000　Ⅰ型微机控制轮对荧光磁粉探伤机》（TJ/CL 393—2005）；

《铁路货车轮轴磁粉探伤设备暂行暂行技术条件》（TJ/CL 394—2009）；

《铁路货车轮轴超声波探伤设备技术条件（暂行）》（TJ/CL 395—2009）；

《侧架与支撑座焊缝磁粉探伤技术条件（暂行）（TJ/CL 081—2005）。

3. 运用情况

目前，各国对铁路列车在役车轴检测的标准和方法不尽相同，但是基本上都是从三个方面进行检测，第一个方面是日常动态检测，第二个方面是定期在线检测，第三个方面为定期全面检测。在我国，列车的日常动态检测主要针对到站暂歇的列车，常用的方法有技术人员利用铁锤对轮轴进行敲击，通过辨识敲击声来判断轮轴是否正常，此方法虽粗犷但却常用，可以提前发现较大隐患。另外，日常动态检测也常常借助检测设备对车轴等部位进行大致检测，查看车轴表面及近表面是否出现裂纹。定期在线检测是按照国家及铁路部门的规定，列车在达到运行规定里程和时间后进入专门的检测线，在车轴不用拆卸的情况下通过专业的检测设备对其关键部位进行检测。定期全面检测是对在役车轴进行全面彻底的缺陷排查，通常将车轴从车体上拆卸下来，利用无损检测相关技术对整个车轴完成探伤，并出具详细报告。

4.4 车辆安全检测监测存在的不足

车辆运行安全检测监测设备是保证铁路行车安全的重要设备之一，是车辆运行安全智能化、网络化的监控体系，经过多年的运用实践，在防范车辆故障，缩减车辆检修作业时间，提高铁路运输效率等方面提供了良好的技术保障，有效保障了铁路车辆的安全运行。但在运用实践中也存在一些不足，制约车辆安全运行检测监测技术的发展，需加大力度研究解决。

1. 设备规格不统一

同一类型的车辆运行安全检测监测设备由不同的公司和厂家生产，其设备组网方式、程序系统、数据传输和开发语言存在差异，在铁路线上的各系统监测站动态数据预报中互不关联，铁路局安全监测中心还没有一个融合多系统、跨平台的监测预报一体化的应用程序。

2. 通信技术有待提升

车辆运行安全检测监测设备发现的故障大多通过网络传输，但目前个别监测站的带宽不足，传输速度普便偏低，造成作业时间过长。

3. 5T 系统仍存在一些问题和不足

TPDS 对车轮踏面擦伤预报准确率未达 100%，预报当量换算值与实际擦伤深度数值有偏差；TPDS、TADS 自动报警功能还不完善，人工干预较多；TADS 一般只能对轴承内外圈、滚子故障进行识别，对轴承保持架破损故障很难识别，而恰恰是这种故障危害最大；TFDS 受阳光、雨雪天气干扰，图片有时不清晰，个别图片有丢失现象，典型故障不能自动识别，人工作业量大；5T 各系统之间还未达到信息整合和信息共享，在事故预警中，监测人员不能马上整合信息以对安全事故报警的等级进行及时准确的判断，可能会对事故严重等级进行错报或误报。

4. 普速客车运行安全监控手段相对薄弱

TCDS 是通过客车车载无线设备向地面监控设施实时传送客车运行数据的安全监测设备，其检测重点是客车供电、车下电源、轴温报警器、制动系统等，对于客车走行部的检测手段不足。TVDS 在一定程度上弥补了客车走行部的安全检测手段，实现了对客车走行部关键部位的图像检测，但对客车车轮踏面损伤和滚动圆失真、转向架蛇行失稳、轴承内部早期缺陷等仍缺乏有效检测手段。

5. 管理制度不健全

个别站段对车辆运行安全检测监测设备只重运用，而轻视维修养护，维护管理制度不完善。设备使用人员培训不够，随着车辆运行安全检测监测设备的不断发展，检测监测技术也日新月异，这就要求分析人员既有一定的专业技能水平，又有一定的实际经验，可以对故障进行准确的分析和判断。预报标准执行不好，当列车集中到达或集中检修时，因检修作业时间紧张，导致故障漏检事件时有发生。

4.5 新技术应用及发展趋势

1. 智能识别技术

目前设备的状态识别比较成熟的技术主要有主分量分析法、聚类分析法、贝叶斯分析法和时序模型诊断法，随着大数据时代的到来，人工智能的发展，在基于大数据监测技术的在线监测诊断中运用人工神经网络、专家系统等人工智能方法进行设备状态识别将是一个发展方向，通过对检测设备的有关参数进行分析，从而对设备的运行状态、故障原因、部位和趋势做出判断。

3D 采集技术已成功应用于 TEDS 设备，但采集后的图片识别仍然需要手动，由 2D 模式切换到 3D 模式查看局部图像。将 AR 增强现实技术应用到 TEDS 设备，可以实现分析人员“置身”于现场，从不同角度观察列车的效果。另外，现阶段 TEDS 识别主要以模板对比识别技术为主，如果模板不够准确或图片干扰信息较多直接影响识别效果，如果未来以深度学习技术作为主要识别技术，即可有效避免这类问题，同时识别的准确率可能会超过人工发现的准确率。

2. 远程专家诊断技术

目前轨道车辆中列装了大量状态监测系统，受限于轨道车辆车载诊断装置的运算能力及个体因素，其应用往往十分有限，无法对全部采集数据进行深度分析。随着传感、网络和信息存储技术的发展，监测数据能够通过无线传输技术下载到远程工作站，利用强大的计算能力和大数据分析系统对这些数据进行系统化的挖掘与诊断。此外，远程诊断技术可以实现多源信息跨时间和跨空间的共享分析，为历史数据的积累提供极大的便捷。

专家诊断系统不仅可以实现对铁路车辆设备的运行监测，还能实现故障处理，是未来铁路企业发展过程中的一个重点建设内容。专家系统结合了人工智能、计算机程序设计、数据库、计算机网络等相关技术，也是人工智能在各个领域实践产生的系统。通常认为专家系统主要包括 5 个部分，即知识库、推理机、人机接口、解释器和事实获取系统。专家系统与铁路车辆设备故障诊断的结合，是提高铁路车辆设备故障诊断和处理水平的重要途径，可以及时发现各种车辆设备故障，为技术人员的维修提供支持和帮助。可以预见，远程专家诊断技术是实现轨道车辆集成化和综合化检测诊断的重要发展方向。

3. 智能巡检机器人

动车组车底智能巡检机器人采用机器视觉、图像识别、深度学习等人工智能技术，在车底按程序路线行走，可全自动检测 CRH 系列、中国标准动车组等所有动车组车型的车底和转向架可视部件，实现动车组相关部位零部件外观故障的识别和报警，收集、反馈的指标值细微至毫米级别，基本覆盖动车组日常一级修的作业内容，实现了动车组一级检修作业由“人检”向“机检”作业模式的升级，代表了当前轨道交通领域智能检修的最高水平。

此外，动车组车底智能巡检机器人还突破了车顶接触网在供电情况下无法实现人工作业的限制，可在供电情况下开展检修作业，并可协同车内司机室试验、车内检修作业交互，实现生产组织的优化，在同等作业时间内能够检修更多数量的动车组。经测算，机器人的作业效率为“人检”作业效率的近 3 倍，在应用该系统后，库线检修能力可以达到现有模式的 1.5 倍，有效提升了动车组一级检修的作业效率和作业质量，降低了动车所检修成本，未来将为国内外轨道交通向智能化方向迈进提供运维支撑与保障。车底智能巡检机器人如图 4-27 所示。

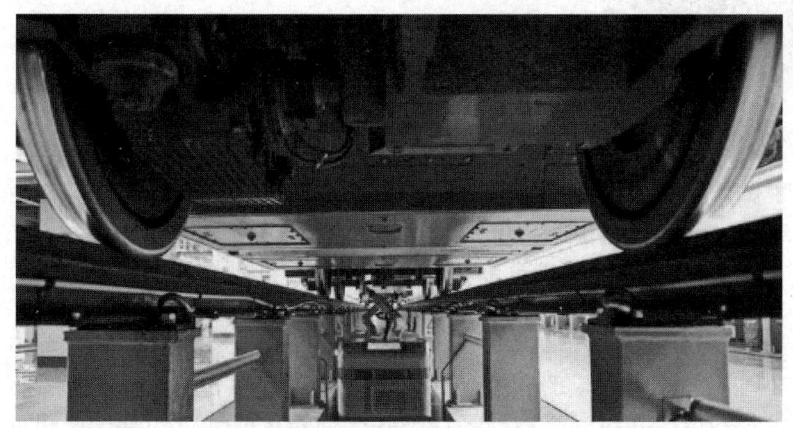

图 4-27　车底智能巡检机器人

4. 货车智能在线监测与预警系统

以信息化和数字化为基础，广泛应用云计算、物联网、大数据、人工智能、机器人、下一代通信、北斗卫星导航等新技术，围绕装卸车、集疏运、列车线上运行等运输全过程，构建中国铁路货车运行基础数据和安全测试、检测监测系统，实时采集货车运用数据，在线监测货车运用安全，提高运维效率和运用可靠性。

5. 数字货车 4.0

数字货车 4.0 是具有自检、自知功能的铁路货车，通过智能感知、大数据、物联网、云计算、人工智能、北斗卫星导航、多元传感器等新技术全面感知监测地面设施、车辆状态、环境气候等数据信息。包括车辆设计参数（尺寸和性能）、试验检测和运用检修数据（生命履历）；零部件状态的物理信息，如轴承温度、闸瓦厚度等；车辆技术状态或性能指标；车辆位置和运行环境信息；部分地面基础设施信息，如线路、桥梁及环境的物理信息，实现铁路货车全方位、全断面、全覆盖的立体检测。通过安全预警、状态评价、趋势分析，在线实时运营检测，查找车辆故障，确保运输安全。综合评估相关技术指标，制定量化预防措施，评估车辆状态、预测车辆质量发展趋势，支持运维决策。预测车辆维修周期，实现寿命管理。

第 5 章

工务安全监测设备

铁路线路基础设施由路基、轨道、桥隧建筑物三大部分构成，是一个整体工程结构，共同发挥各自的功用，其任何组成部分的改变和损坏，都将影响整体功能。线路检测是进行既有铁路线路质量状态评估并科学合理地制订维修计划的重要手段和基础，同时也能为线路病害原因分析及维护标准制定等提供重要的实测数据。

工务安全检测监测技术及设备主要对路基、轨道、钢轨和重点桥隧的状态进行全方位、全项目、全天候检测，包括对轨道、钢轨周期性检测，对特殊区段钢轨、重点桥梁、重点病害隧道、特殊区段路基、道口及环境灾害等实时在线监测，通过车载设备、地面设备对工务机械车辆状态、施工作业安全进行监控等，同时通过数据集中和信息共享，构建具有综合处理功能的工务检测监测信息系统。

按照《铁路技术管理规程》对行车安全监测设备的分类，涉及铁路工务专业的主要有移动检测设备（如轨检车、车载式线路检查仪、钢轨探伤车、隧道检查车、隧道限界检测车等）、在线自动监测设备（如道岔电气机械状态监测装置、轨温检测与报警、钢轨防断报警、桥梁监测、路基安全、隧道拱顶侧墙裂纹监测、隧道运营机械通风监控、视频监控、高危路段线路障碍自动监测预警）、移动车载监测设备（如大机远程监控及故障诊断系统等）、行车作业监控设备（如作业视频监控设备）、自然灾害综合检测预警设备（如地震、雨量、雪深及强风报警系统）、道口及施工防护设备等（如道口自动防护、联络防护监控、桥梁防撞监测及异物侵限监测报警设备）。

5.1 工务安全检测监测发展历程

5.1.1 轨道检测方面

轨道检查车（简称轨检车）的发展已有一百多年的历史，1877 年，第一辆简易轨检车诞生。在各种静态检测设备和手推式检测工具使用的基础上，20 世纪 40 年代，瑞士、德国、美国、法国、日本等，相继研制开发了采用弦测法检测技术、利用接触式机械测量，检测速度 60 km/h 以下的轨道检查车。第二次世界大战后，轨检车由机械式向电气式转变，测试仪表电子化，检测项目增加，检测速度提高，并开始应用惯性基准原理。20 世纪 70 年代后期至 80 年代初，随着电子技术和检测技术的发展，带动了轨检车检测技术的革命，轨检车普遍采用惯性检测技术，光电、电磁、电容等非接触传感器、伺服跟踪、自动补偿修正、车载计算机、模拟信号数字化处理及数字滤波等技术在轨检车上得到广泛应用。表 5−1 为国外轨道检测技术发展现状。

表 5−1　国外轨道检测技术发展现状

国家	原理	最高检测速度	传感器安装方式	检测项目	检测方式
美国	惯性基准法	250 km/h	转向架	轨道几何状态、钢轨断面、波浪磨耗、加速度（车体、构架、轴箱）	非接触测量
日本	弦测法	275 km/h	车体	轨道几何状态、轮轨力、加速度（车体、构架、轴箱）	非接触测量
法国	惯性基准法	320 km/h	转向架	轨道几何尺寸、钢轨断面、波浪磨耗、加速度（车体、构架、轴箱）	非接触测量
英国	惯性基准法	230 km/h	转向架	轨道几何状态、轮轨力、加速度（车体、构架、轴箱）	非接触测量
意大利	弦测法（低速）、惯性基准法（高速）	300 km/h	车体	轨道几何状态、钢轨断面、波浪磨耗、加速度（车体、构架、轴箱）	非接触测量

国内轨道检测技术自 1953 年第一代应用至今已发展到第六代，经历了 EX−1 型、EX−2 型、GJ−3 型、GJ−4 型、GJ−5 型和 GJ−6 型六个发展阶段。从机械传动式、电器式、光电伺服式、光电摄像式到激光图像处理技术飞速发展，实现了由机械接触式向非机械非接触式质的飞跃，检测速度、精度更高，功能更齐全，技术更先进，装备更可靠更安全。EX−1 型和 EX−2 型轨检车检测技术均采用弦测法检测原理，GJ−3 型至 GJ−6 型轨检车检测技术均采用惯性基准法检测原理。以客车车辆为运行平台的轨道检查车检测速度可达 160 km/h，以高速动车组为运行平台的高速综合检测列车检测速度可达 350 km/h。

GJ−3、GJ−4、GJ−5、GJ−6 四种类型检测设备代表了我国不同时期的轨道检测技术发展水平。GJ−3 型轨道检测系统是 20 世纪 80 年代计算机技术和惯性基准测量技术的运用，通过使用组合式元器件，开创了 GJ−3 型轨道几何状态检测系统。首次实现了高低、水平、三角坑、车体垂直和水平加速度项目实时检测，以检测波形和数值超限方式实时输出检测结果。实现了轨道几何超限计算机自动判别的功能，从而结束了长期采用人工判别超限的方式。GJ−4 型轨道检测系统是从 20 世纪 90 年代开始，由于激光、陀螺、自动控制技术和数字滤波等技术的运用，为提高检测设备可靠性，降低 GJ−3 型轨道检测系统分离元器件稳定性差的缺点，积极吸收国外捷联式检测的优点，通过自主创新，成功开发研制了 GJ−4 型轨道几何检测系统，在原有 GJ−3 型检测项目的基础上，新增了轨距、轨向、超高、曲线半径等检测项目。GJ−4 型轨道几何检测系统实现了我国轨道检测技术自动化。GJ−5 型轨道几何状态检测系统是 2001 年通过引进和消化吸收、自主集成创新方式研制开发的轨道检测系统，采用了计算机局域网技术、计算机 VME 总线技术、激光摄像非接触测量技术、惯性技术、数字滤波技术、GPS 里程同步定位技术。该检测系统区别于 GJ−3、GJ−4 型检测系统最明显的特点是车下检测设备悬挂梁由轴箱转移到了构架，增加了检测梁的安全性能，从而实现了高速运行条件的安全检测功能。功能包括轨道几何状态检测、钢轨断面检测、钢轨短波不平顺检测、加速度检测、轮轨力检测、线路环境检测。GJ－6 型轨道检测系统是随着高速铁路的建设，由我国自主研发的新一代轨道检测系统，该系统继承了 GJ－4 型轨道检测系统的捷联式结构和 GJ－5 型轨道检测系统激光摄像检测技术等优点，克服了易受阳光干扰的缺点，提高了悬挂结构的安全性，满足了高速轨道检测的需要，已经在 CEH380－002 综合检测车上装载。

目前，采用光纤数字陀螺和高速激光数字摄像传感器技术，通过惯性基准法、非接触测量方式的 LASERAIL 4000G 型轨道检测系统已实现 350 km/h 高速检测能力。

5.1.2 钢轨探伤方面

无损检测技术从 20 世纪 20 年代初期起步，到 40 年代得到快速发展。我国铁路是国内最早开展无损检测工作的部门之一，早在新中国成立之前，一些铁路工厂或部门即开展了磁粉探伤工作。钢轨及焊缝探伤主要使用常规超声探伤技术，对超声相控阵和 TOFD 技术也有一定的应用；在对钢轨表面进行伤损检测时，也使用磁粉、渗透和涡流等技术。1950 年，铁道部进口瑞士共振式超声波探伤仪检查钢轨，是我国超声波探伤的开端。20 世纪 50 年代，我国钢轨探伤主要处于研究、探索和试用阶段，探伤仪多为进口或仿制。60 年代开始自主研发和生产探伤仪，主要是手持式单通道仪器，携带 3 只探头进行探伤。70 年代探伤仪由手持式改为手推式，通道数增加到 2 个，携带 5 只探头进行检测，探伤能力明显提高。80 年代是钢轨探伤技术飞速发展和逐步成熟的 10 年，1984 年研制的 JGT－3 型钢轨探伤仪，具有 4 个通道，携带 5 只探头并可组合成多种探伤方式。小车部分增加了前后翻板，解决了多探头安装、上下道搬运和不同情况下的推行问题，且拉开了报警声的间距，适用于现场使用，该结构现已基本成为我国钢轨探伤仪的固定结构模式。80 年代后期研制出 GT－1 型钢轨探伤仪，具有 5 个独立通道，0° 探头增加了进波报警功能，完善了钢轨探伤方法，尤其研究了超声波在钢轨中的传播规律和螺孔裂纹的反射规律等，使钢轨探伤从试验认知上升到理论分析阶段，为探伤设备及作业标准的制定奠定了基础。90 年代我国先后颁布了钢轨探伤仪标准、探头标准和钢轨探伤作业标准，标志着我国钢轨探伤逐步走向规范化。自 2006 年以来，我国自主研发并逐步推广使用了数字式钢轨超声波探伤仪，仪器通道增至 9 个，并带有 A 型和 B 型两种显示方式，探伤结果可存储、回放和查询，钢轨探伤的可靠性得到显著提高。

我国早期探伤车的探伤速度为 40 km/h，后来达到 60 km/h，现在可达 80 km/h。钢轨探伤车和钢轨探伤仪在作业上互相补充，在技术上互相借鉴。

传统的超声波检测法主要采用轮式探头对钢轨内部的缺陷进行检测，但其对表面和近表面缺陷如轨头龟裂和压溃的探测效果较差或根本就无法检测。特别是靠近轨距角的水平方向纵向延伸的剥离缺陷会对超声波产生反射作用，阻碍声束入射，致使不能探测到隐藏在其下面的危险性裂纹。此外，传统超声波检测技术采用接触式超声换能器进行检测，检测效果受钢轨表面几何形状、粗糙度和清洁度等因素的影响，检测速度也受到限制。高频超声波能量衰减较大，焊缝区域、轨腰或轨底等处隐藏较深的缺陷检出率也较低。

除了超声波检测技术，目前应用于钢轨的无损检测技术还有电磁检测法、光学图像检测法、光纤传感器检测法及轮轨相互作用监测法等。各种无损检测技术在应用上都有其自身的优势和局限性，没有任何单一的一种无损检测方法能探测并识别出钢轨中所有的缺陷。超声与涡流检测技术是目前应用最广泛、技术最成熟、互补性最强的无损检测方法。超声波易于检测出位于轨头、轨腰和轨底的内部缺陷，而不易发现和检测出位于轨头表面的缺陷，例如，踏面上的滚动接触疲劳，但这正好是涡流检测的优势，两种方法结合起来，优势互补，就能对钢轨进行更加全面的伤损检测。目前，铁路轨道检测大都采用大型高速钢轨探伤车与手推式钢轨探伤车相结合的方式。

5.1.3 桥隧检测方面

早在20世纪中叶，国外就开展了桥梁、隧道的结构与安全监测的研究工作，20世纪70年代，美国相关桥梁检测标准出台，全方位指导桥梁的安全监测工作，并逐步推广到铁路桥梁的安全监测中。日本从20世纪70年代起，对隧道安全监测开展了大量研究工作，制定了《铁路隧道维修技术标准》，用于指导隧道的安全维护。从1980年开始，一些相对完善的健康安全监测系统已经在部分交通主干道的大型桥梁、隧道上投入使用。在隧道方面，日本于1990年制定了《铁路隧道加固维修手册》，主要以隧道的结构参数如裂缝、滑动、衬砌变形等为主要指标全面评估隧道的安全状况。此后，日本又利用激光扫描电子成像技术研制出隧道衬砌表面扫描摄影车，能够检测识别仅为1 mm宽的裂缝，且不受隧道内光线明暗的影响。此外，除了能够全方位地对隧道监测外，该技术还具备图像分析功能，能够将监测到的裂缝、脱落与漏水的状况绘制成图，简洁明了。2005年，瑞士国家铁路部门制定了《隧道结构维修》与《隧道主检测手册》，将隧道的检测流程规范化，并对相关的检测方法、结果评定作了详细的说明。我国铁路沿线设施的监测从20世纪90年代开始进行了相关的探究与实践，在部分大型桥梁、隧道上建立了综合安全健康监测系统。

5.1.4 工务安全检测监测系统发展规划

2014年，铁路总公司发布了《工务安全检测监测系统技术发展规划》（运工线路函〔2014〕470号），明确了工务专业监控监测的战略定位和发展方向，对工务检测监测系统的总体组成、总体技术要求、检测监测项目、设备构成、性能和使用方式提出要求，对工务检测监测信息系统（工务安全综合监控系统）的构架和功能组成进行约定。广铁集团率先开发了工务安全监控监测系统（简称8M系统），通过移动检测设备和固定监测设备对工务基础设施和沿线环境进行全方位、全项目、全天候检测监测，覆盖工务系统危及列车运行安全的线路设备病害、自然灾害、道口安全隐患及维修生产安全监控，包括轨道状态检测监测、钢轨状态检测监测、特殊区段路基状态监测、重点桥隧病害监测状态、道口监测、环境灾害监测、工务机械车作业监控、施工作业安全监控等检测监测系统，并构建具有综合处理功能的工务安全检测监控平台。为工务管理部门和作业、维修部门提供安全监测与管理信息服务，以期达到及时发现和早期预警线路设备故障、环境影响，保障行车安全的目的。8M系统由施工作业监控（1M）、联络防护监控（2M）、防洪过程监控（3M）、自轮运转特种设备监控（4M）、设备静态检测监测（5M）、设备动态监测（6M）、自然灾害监测（7M）、周边环境监控（8M）8个模块组成。

2018年，交通运输部公布了《高速铁路基础设施运用状态检测管理办法》（交通运输部令2018年第19号），明确高速铁路线路、桥隧等工务设备运用状态检测的主要项目内容及管理要求。同时，提出高速铁路状态检测体系建设应当充分考虑各专业之间检测技术融合，共用天窗开展检测工作，科学设置综合检测、维修机构，实施综合检测。

5.2 工务安全检测监测概述

5.2.1 工务设备检测方式

铁路线路设施的检测（工务安全检测）从检测内容上可分为线路设备状态检测、轨道几何形位检测及行车平稳性检测，按方式可以分为动态检测和静态检测（固定监测、人工静态检查）两种。表 5-2 为工务安全检测分类。

表 5-2 工务安全检测分类

分类		静态检测	动态检测
线路设备状态检测	钢轨状态检查	测磨仪、轨头轮廓仪、波磨检测装置、钢轨探伤车、钢轨断缝检测设备、线路激光仪、钢轨平直度测量仪	巡检车、波磨检测车、钢轨探伤车、轨检车、综合检测车
	轨枕状态检查	轨枕表面检测系统	综合巡检车
	道床状态检查	同位素道床密度测量仪、核子密度仪	综合巡检车、探地雷达
	线路弹性检测		综合巡检车、轨道弹性检查车（加载试验车）
	无缝线路状态检测与监测	无缝线路监测系统（位移、轨温、应力）	综合巡检车
	道岔状态检测与监测	道岔监测系统（应力状态、密贴状态、缺口位置）	综合巡检车
轨道几何形位检测		万能道尺、弦线、板尺、线路检查仪	轨检车、确认车、车载式线路检查仪、机车车载线路检查仪、综合检测车
行车平稳性检测			轨检车、便携式线路检查仪、综合检测车

1. 线路设备状态检测

钢轨状态检查，主要是轨头磨耗、钢轨表面伤损和波形磨耗，钢轨接头（焊缝）不平顺及钢轨内部核伤与裂纹等，分别采用测磨仪或轨头轮廓仪、波磨检测装置或波磨检测车及钢轨探伤车等检测设备进行静态或动态检查；轨枕状态检查，主要是检查轨枕顶面螺栓孔附近或两螺栓孔间的纵向裂纹、轨枕顶面螺栓孔附近横向裂纹、轨枕中部顶面横向和侧面垂直裂纹，以及轨枕挡肩处水平裂纹及挡肩损坏、空吊枕等；道床状态检查，主要是检查道床断面尺寸，以及道床脏污和板结程度等；线路弹性检测是对钢轨弹性进行检测；无缝线路状态检测与监测主要检查位移、轨温、应力等；道岔状态检测与监测是对应力状态、密贴状态、缺口位置进行检查。

2. 轨道几何形位检测

轨道几何形位静态检测，主要是利用万能道尺、弦线和钢板尺等检测工具沿线路对线路几何尺寸和道岔几何尺寸逐点进行检测；轨道几何形位尺寸动态检查，主要是利用轨道检查车对轨道动态几何尺寸误差、走行部振动情况及行车平稳性进行检查。

3. 行车平稳性检测

利用轨检车上车体加速度反映行车平稳性；携带便携式线路检查仪检查行车平稳性。

为保障高速铁路安全平稳运行，实现基础设施经济有效的养护维修，我国高速铁路采用以动态检查为主，与动静态检查相结合的模式，通过各种新型高效的动态检测设备、地面监测网络、人工静态检查设备、高速数据传输网络和高性能地面数据分析处理中心，建立了从数据采集、数据传输、数据处理、评判预测到应用决策的全方位检查监测系统，工务安全检测监测框架图如图 5-1 所示。

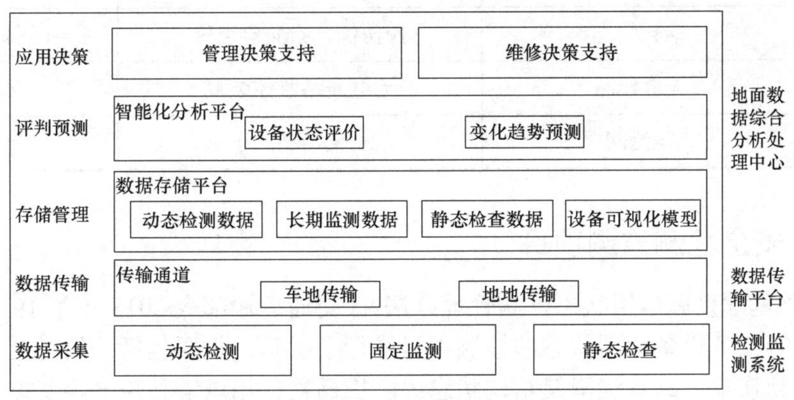

图 5-1　工务安全检测监测框架图

在周期性动态检测方面，利用高速综合检测列车、轨道检查车、钢轨探伤车、轨道巡检系统、加载试验车和路基雷达等检测装备，实现对高速铁路设备质量状况的安全监测。在地面静态检查方面，利用三维精测网、探地雷达、视频监测等手段，实现对路基、桥梁、隧道、过渡段、曲线、道岔等关键地段和主要设备的实时监测，利用轨道检查仪、全站仪等进行人工静态周期性检查和病害复核，从而全面掌握设备质量状况，及时发现设备病害，为设备病害整治和质量评价提供数据资料。表 5-3 为工务安全检查方式。

表 5-3　工务安全检查方式

检查方式	检查内容	检查设备	检查周期
动态	轨道几何状态	综合检测车	10 天 1 次
	车辆动态响应	综合检测车	10 天 1 次
	轮轨动力学	综合检测车	10 天 1 次
	部件状态	综合巡检车	每季 1 次
	钢轨探伤	钢轨探伤车	每月 1 次

续表

检查方式	检查内容	检查设备	检查周期
动态	路基、道床状态	地质雷达检测车	每年 1 次
	轨道刚度	轨道加载车	每年 1 次
	隧道衬砌状态	隧道检查车	每年 1 次
静态	轨道几何状态	轨道检查仪	每月 1 次
	线路纵断面	纵断面检查仪	每年 1 次
	隧道、道床表面状态	激光断面测量仪	每年 1 次
	道岔和调节器	检查仪	每年 1 次
	钢轨状态	探伤仪、断面检查仪	每月 1 次
	无缝线路	无缝线路监控装置	每年 1 次
	精测网	全站仪、精测小车	每年 1 次

5.2.2 工务安全检测监测项目

《高速铁路基础设施运用状态检测管理办法》（交通运输部令 2018 年第 19 号）对高速铁路线路、桥隧等工务设备运用状态的检测项目进行了明确，主要包括：轨道几何状态；轨道结构状态；钢轨伤损；路基沉降及结构状态；防护栅栏、挡风墙和声屏障状态；桥涵结构状态；隧道结构状态；其他检测项目。

《工务安全检测监测系统技术发展规划》（运工线路函〔2014〕470 号）规定了工务检测监测的具体项目，表 5-4 为工务检测监测项目。

表 5-4 工务检测监测项目

对象	设备	项目	线路	安装平台
轨道状态	轨道几何检测系统	轨道几何状态	高速 普速	轨道检测车 综合检测列车
	轮轨动力学检测系统	动力学		轨道检测车 综合检测列车
	车辆动态响应检测系统	轴箱、车体、构架加速度	高速	综合检测列车
	轨道巡检系统	表面状态、轨道板（轨枕）裂纹、扣件状态	高速 普速	巡检车
	轨道综合刚度检测系统	轨道刚度、变形、离缝		轨道加载检测车
	钢轨轮廓检测系统	钢轨轮廓、轨道几何和等效锥度		巡检车

续表

对象	设备	项目	线路	安装平台
轨道状态	车载式线路检查仪	线路平顺性	高速 普速	运营车辆
	便携式线路检查仪	线路平顺性		运营车辆
钢轨状态	钢轨波浪磨耗检测系统	钢轨波浪磨耗	高速 普速	探伤车、轨检车
	钢轨探伤系统	内部伤损		探伤车
	无缝线路稳定性	监测特殊区段无缝线路钢轨纵向应力、断轨力、纵向位移等参数		定点监测
	钢轨焊缝裂纹在线监测	钢轨现场焊缝裂纹早期预警和大区间钢轨不完全断裂预警		定点监测
	道岔和伸缩调节器监测	监测尖轨、心轨伤损及道岔和伸缩调节器纵向力、纵向位移、尖轨及心轨转换状态、钢轨件密贴状态等		定点监测
特殊区段路基状态	路基沉降监测	监测不同结构物间过渡区段、区域性沉降区段、特殊地质等区段的不均匀沉降	高速 普速	定点监测
	边坡稳定性监测	监测高、陡等特殊边坡稳定性状态		定点监测
重点桥隧状态	特殊复杂桥涵结构和病害桥涵状态监测	对结构变形、振动特性、温度、支座、基础沉降等参数进行监测，主要包括：环境因素（风速、温度、湿度和风荷载等）、几何变化（监控部位的移动、沉降等）、结构因素（结构应力、应变、挠度、振动、加速度、裂缝和渗漏等）、交通负载（船舶与漂浮物撞击、列车荷载等）	高速 普速	定点监测
	隧道状态监测	衬砌裂缝等		隧道检查车
	隧道病害监测	监测隧道基底沉降、拱顶和侧墙裂纹、围岩压力、孔隙水压力		定点监测
沿线环境监测	风雨雪监测	风速、雨量、雪量	高速 普速	定点监测
	限界检测	铁路限界		隧道检查车、巡检车
	线路净空与异物侵入在线监测	检测重点区段内的净空变化及异物侵入		定点监测
	地震监测	地震波		定点监测
道口监控	道口监控系统	道口异物	普速	定点监测

续表

对象	设备	项目	线路	安装平台
工务机械车作业监测	防火监测	对司机室、操作室、动力间等工作环境温度进度监测	高速 普速	车载设备 移动设备
	视频监测	实时监视和记录车前后端、司机室、操作室、动力间、主要作业机械部位工作状态		
	轴温监测	通过安装在车轴、不宜打开检查的轴箱的温度传感器，监测并记录轴温和轴箱温度		
	防撞监测	采用激光测距、限位传感器等对设备工作限界进行监测		
	超速监控	实时监控车辆运行的速度、车况、地面轨道信号等信息		
线路施工作业安全监测	监控中心系统、手持终端设备	作业区段位置、人员位置、列车位置	高速 普速	路局监控中心、终端设备

1. 轨道状态检测与监测

（1）在轨道检查车、综合检测列车上安装轨道几何状态检测设备、轨道巡检系统、轮轨动力学检测设备和车辆动态响应检测设备来对轨道几何状态、轨道结构部件状态、车辆动态响应、轨道短波状态等进行动态检测。

（2）在轨道加载检测车上安装轨道刚度检测设备对轨道刚度、结构变形等进行动态检测。

（3）在运营车辆上安装车载式线路检查仪或添乘人员携带便携式线路检查仪，对车体加速度进行动态检测。

（4）采用地面监测设备对特殊区段无缝线路锁定状态、道岔和伸缩调节器状态、轨道结构变形等进行在线监测。

2. 钢轨状态检测与监测

（1）钢轨伤损周期性检测。通过安装在钢轨探伤车或轨检车上的钢轨伤损检测系统及钢轨波浪磨耗检测设备进行动态检测，对钢轨表面状态（包括表面伤损、波浪磨耗、钢轨轮廓、廓形等）、钢轨内部伤损进行动态检测。

（2）特殊线路区段钢轨状态监测。重点针对道岔区尖轨、心轨、翼轨、基本轨和钢轨伸缩调节器、焊接接头的折断及严重伤损，通过钢轨断轨监测设备对钢轨完整性进行监测，实现钢轨断裂和伤损的实时预警与报警。

（3）特殊区段无缝线路稳定性监测。重点针对长大桥梁、长大下坡道、小半径曲线及高寒高温区段无缝线路稳定性，通过优选的轨温、钢轨应力、钢轨及轨排累计横移和纵移、动态轮轨力、钢轨与轨枕动态横移等关键参数在线监测设备，实现无缝线路胀轨跑道的实时预警和报警。

3. 路基状态检测与监测

（1）探地雷达动态检测。通过装备在轨道车辆上的探地雷达探测系统，对有砟轨道的道床、路基基床进行快捷、连续检测，获得道床和路基基床状况，包括脏污率、含水率、道床厚度、基床表面不平度等，结合轨道几何状态、轨道刚度状态检测，实现线路质量状态、道床及基床状态的全面准确评估。

（2）特殊区段路基病害监测。针对特殊线路区段（不良地质、过渡段等）路基沉降，采用基于全站仪测量的智能移动设备及连续的光纤变形测量设备，路基沉降全方位远程自动监测系统，实现对路基沉降监测，即对路基工后沉降、路基病害进行实时状态监测，包括路基表面沉降监测、路基内部深层沉降监测。

（3）边坡稳定性监测。主要监测路堑边坡、崩塌落石、护墙开裂、危岩坍塌、隧道进出口仰坡等危险处所。

4. 重点桥隧状态监测

（1）特殊结构桥涵及病害桥涵状态监测是在桥梁结构上安装桥梁监测系统，重点针对复杂结构、特殊结构桥梁及病害桥涵的结构变形、振动特性、温度、支座、基础沉降等参数进行监测，实现桥梁关键部分、关键参数超限的实时预警和报警。

（2）采用水文监测系统，掌握河流的流速、水位、水深及河流冲刷情况。

（3）隧道状态检测是针对地质不良区段隧道基底沉降、拱顶和侧墙裂纹、围岩压力、孔隙水压力进行监测，通过地质雷达对隧道衬砌结构加以检测，掌握隧道衬砌结构的厚度、衬砌内部空洞及疏松、衬砌后部空洞、钢筋分布等；通过表面三维或二维成像技术，分析隧道表面的裂缝、剥离掉块、渗水等缺陷；采用隧道衬砌裂缝监测系统，监测隧道衬砌裂缝发展情况；采用测力传感器，监测衬砌内部、钢拱架或围岩的应力和水压力状态，实现隧道病害部位不良状态的实时预警和报警。

5. 道口监控

利用视频图像识别、微波探测、激光扫描等技术，结合DX3型道口信号设备，实现道机联控、自动通知、故障报警，对道口进行有效、准确、实时监测，为道口管理人员和列车司机提供报警、预警信息。

6. 环境灾害监测

对铁路沿线风、雨、雪、泥石流、洪水、落石、地震、限界及异物侵入进行有效、准确、实时监测，为调度指挥及维护管理提供报警、预警信息。

（1）风、雨、雪监测。针对重点监测目标和防范区域，通过视频图像、风速计、雨量计、雪深计、水位计，对风、雨、雪、洪水进行实时监测。

（2）异物侵限监测。针对重点桥隧、自然条件复杂山区线路、公路铁路立交桥落物等异物侵限，通过倾斜计、地下水位计、地表伸缩计等，或者使用光纤光栅传感技术、红外激光扫描成像技术等，对山区铁路地质复杂条件下滑坡、泥石流、崩塌落石等异物侵限的地质灾害进行在线监测，实现重点监测区域铁路沿线自然灾害早期预警和报警。

（3）地震监测。重点针对高速铁路、易发生地震次生灾害的特殊线路区段，利用按一定布局规则布设的地震现场采集设备采集地震波，通过地震监控单元的数据采集、滤波处理、波形识别、报警阈值判断、单点或多点判定报警，实现地震预警、报警，包括震级、震源方位、影响范围，触发铁路相关系统联动。

7. 工务机械车运行监测

（1）防火监测设备利用烟温复合报警器或高温检测器、感温电缆、红外测温等技术，对工务机械车的司机室、操作室、动力间等关键位置的工作环境温度进行监测，实现防火预警、报警。

（2）视频检测设备通过视频图像技术，实时视频监视和记录工务机械车的车前车后端、司机室、操作室、动力间和主要作业机械部位的工作状态。

（3）轴温监测设备通过安装在车轴、不宜打开检查的轴箱的温度传感器，监测并记录轴箱温度，实现被检测部位的温度超限预警、报警。

（4）防撞监测设备分为两类：一类是工作装置防撞监测，采用激光测距、无线测距、限位传感器等手段，测量铁路设施与工务机械车工作装置的相对位置，监测工作装置的作业限界，判断是否会发生碰撞；另一类是车与车间防撞监测，通过测量工务机械车之间的距离，结合车辆行驶的速度，判断是否会发生碰撞。

（5）超速监控设备利用 GYK 轨道车运行控制设备，实时监控车辆运行的速度、车况、地面轨道信号灯等信息，判断车辆是否超速行驶。

8. 施工作业安全监控

施工作业安全监控综合利用无线电通信、卫星定位、电子传感等技术，利用智能化的手持终端集成了多种硬件设备功能，实现对作业工机具的智能自动化识别管理、作业人员的智能定位、列车接近预警、电子围栏、工作门电子锁开关的智能远程控制等，全程跟踪作业过程，对作业关键环节进行控制，实时提示人员停止作业或下道避车，紧急情况通知列车停车及进行列车接近报警。

（1）借助先进成熟的地理信息系统、全球定位系统和移动通信技术，实现工务作业的定位跟踪和数据回传，可为安全生产管理和应急故障处理等提供技术支持。

（2）使用具备摄像功能的移动终端，综合移动通信、终端软件远程控制等技术，实现对路外施工、防洪区段、现场作业等现场环境的实时监控，可为安全生产管理、应急故障处理等提供实时可视化支持。

（3）借助远距离无线通信技术获取列车位置信息，为工务现场作业防护提供信息预警。

（4）利用射频识别（RFID）技术在上道作业和作业结束下道前点验人员、机具和主要材料，加强上线作业安全管理，避免机具和材料遗漏。

5.3 工务安全检测监测设备及技术

5.3.1 轨道检查车

1. 轨道检查车简介

轨道检查车的检测工作速度为 120～160 km/h，主要搭载轨道检测系统，包括轨道几何参数测量子系统、车体振动加速度测量子系统、钢轨断面测量子系统、钢轨波浪磨耗测量子系统和环境监测子系统。其中轨道几何参数测量子系统和车体振动加速度测量子系统为必选项。轨道检测系统主要由激光摄像组件、惯性测量组件、信号处理组件、数据处理组件、里程校正和空间同步组件、机械悬挂式检测梁等六部分组成，该系统采用惯性测量原理，捷联式结构和非接触测量方法，应用图像处理技术、陀螺平台、数字滤波及计算机实时数据处理等高新技术处理检测任务。基本检测项目包括高低、轨向、轨距、轨距变化率、水平、三角坑、曲线超高、车体横向加速度、车体垂向加速度；扩展检测项目包括复合不平顺、钢轨廓形、钢轨磨耗、钢轨波浪磨耗、轴箱振动加速度等，可实现高速运行条件下对轨道几何参数的毫米级精确测量。解决了不同运行速度和不同运行方向检测结果准确性和一致性的问题，能够选择不同截止波长的空间曲线或不同弦长的弦测结果输出轨道不平顺。检测能力满足 400 km/h 的检测需要，抗阳光干扰能力强，检测梁安装方式安全可靠，应力测试满足高速检测要求，具有长波不平顺检测能力，高低不平顺的截止波长可达到 150 m，轨向不平顺的截止波长可达到 200 m，光纤陀螺、光电位移计、惯性组件等新型传感器精度和可靠性高。各种形式的激光摄像组件如图 5-2 所示，检测梁结构及悬挂方式如图 5-3 所示。

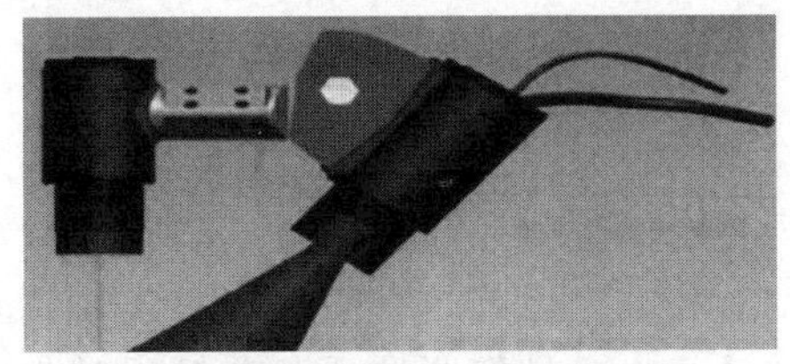

(a) LCU0型（可调节角度激光摄像组件）

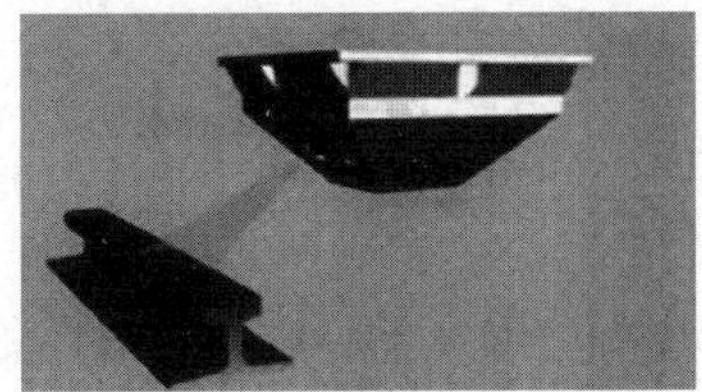

(b) LCU1型（盒式封装激光摄像组件）

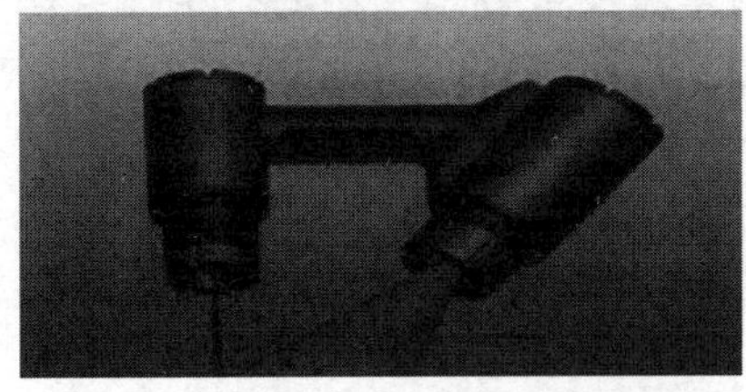

(c) LCU2型（固定角度激光摄像组件）

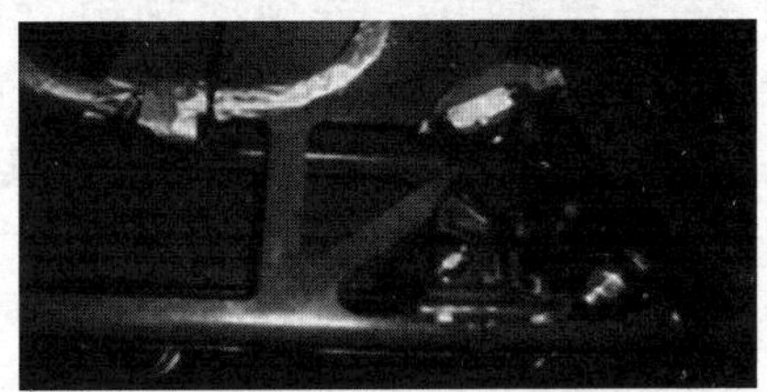

(d) CRH380B-002（车载激光摄像组件）

图 5-2　各种形式激光摄像组件

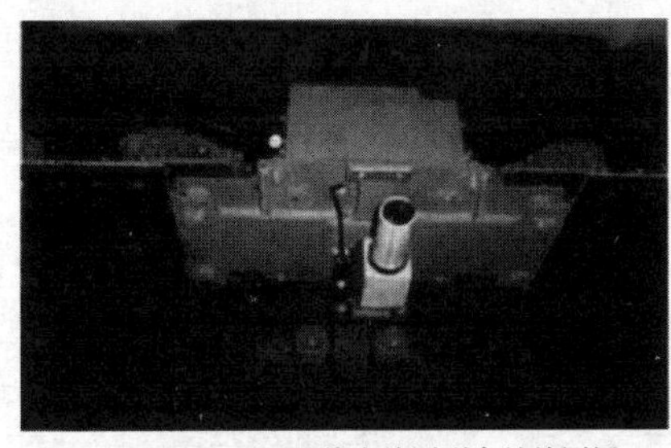

(a) CRH380A-001综合检测列车的检测梁

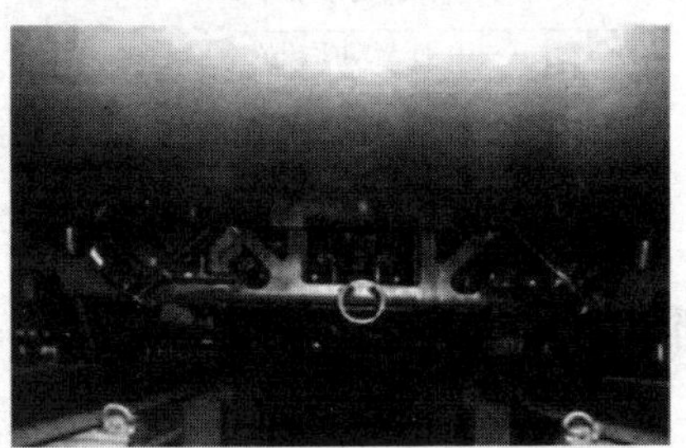

(b) CRH380B-002综合检测列车的检测梁

图 5-3　检测梁结构及悬挂方式

2. 制度标准

《轨道检查车运用管理办法》（TG/GW 217—2014）；
《运营高速铁路基础变形监测管理办法》（TG/GW 260—2015）；
《轨道检查车》（GB/T 25021—2010）；
《轨道几何状态动态检测及评定》（TB/T 3355—2014）；
《铁路基础设施动态检测轨道几何检测系统》（Q/CR 751—2020）；
《轨道几何检测系统评定》（Q/CR 540—2016）；
《轨道检测系统技术条件》（TJ/GW 126—2014）。

3. 运用情况

GJ-6 型轨检系统是我国当前主型轨检系统，并已推广安装在所有高速综合检测列车和大多数轨检车上，用于我国铁路的日常检测和新建线路的联调联试。其中，既有线路日常检测是对轨道几何状态进行动态检测、状态评价，及时掌握线路设备状态，指导现场设备维修和运用管理，保障行车安全；联调联试是对轨道状态、车辆动力学响应、轨道结构动力性能、道岔动力性能进行测试，对高速铁路轨道系统的工作状态、性能、功能和系统间匹配关系进行动态调整、优化和验证，使各系统和整体系统性能、功能均达到设计要求，满足列车运行的安全性、平稳性要求，满足以设计速度开通运营的要求。

5.3.2 综合检测车

综合检测列车简称综检车，涉及工务的检测内容包括轨道几何、轴箱、架构及车体加速度、轮轨力等，主要搭载轨道检测系统、轮轨动力学检测系统和车辆动态响应检测系统。轮轨动力学检测系统采用高精度连续测量测力轮对和非接触光电传输技术，实现轮轨间相互作用垂向力、横向力和轮轨接触点的高速实时测量，实时计算脱轨系数、轮重减载率、轮轴横向力等列车运行安全性指标。车辆动态响应检测系统通过轴箱、构架、车体三级和不同列车断面的振动加速度器高精度同步测量，采用时频数据分析方法，辅助实现对道岔、焊缝、波浪磨耗等轨道状态、钢轨缺陷的实时检测。其中，轨道不平顺质量指数 TQI 是综合检测车最重要的检测数据之一，TQI 为一个区段线路七项主要平顺性指标（高低、轨向、轨距、水平、三角坑、超高、曲率）标准差之和，用于反映该区段线路平顺性，其数值越小，说明线路平顺性越好。综合检测结果示例如图 5-4 所示。

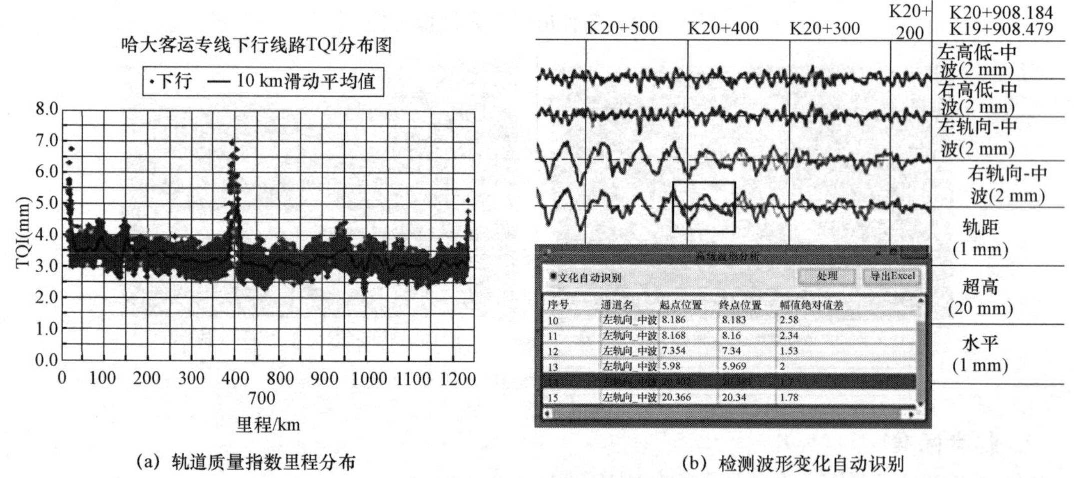

(a) 轨道质量指数里程分布　　(b) 检测波形变化自动识别

图 5-4　综合检测结果示例

5.3.3 轨道巡检系统及巡检车

1. 轨道巡检系统及巡检车简介

巡检车搭载轨道巡检系统，采用高速摄影及图像处理技术，快速连续地获取轨道及其各部件的图像，而车载数据处理系统能够快速实时地对图像进行比对，并及时发现线路状态及边坡等附近结构物的状态异常。轨道巡检系统包括轨道状态巡检系统、钢轨波浪磨耗检测系统和钢轨轮廓检测系统。

轨道状态巡检系统是以轨道外观状态为分析对象的检测系统，检测原理可概述为系统采用高清线阵 CCD（charge coupled device，电荷耦合器件）动态扫描轨道并连续拼接形成数字图像，然后通过分析图像评判钢轨、扣件、轨道板等基础设施的外观状态。轨道状态巡检系统主要由图像采集模块、特征信息管理模块、缺陷智能识别模块及数据报表模块四部分构成。图像采集模块在系统中主要承担获取轨道图像数据的任务，其结构在设计上采用每股钢轨 3 路相机的成像模式，并通过等间距运动扫描获取连续的轨道图像；特征信息管理模块通过建立分布式数据库，对图像文件缺陷特征进行信息化管理；缺陷智能识别模块是将机器视觉、人工智能理论与现场应用需求相结合的产物，目前具备对钢轨表面擦伤、扣件折损（折断、缺失）的识别功能。

钢轨波浪磨耗检测系统利用惯性原理，在检测车的轴头左右两侧安装加速度传感器，对其感受到的加速度信号进行抗混叠滤波处理后，由计算机对上述信号进行在线采集、二次积分和滤波处理，最后获得左右两根钢轨波浪磨耗或 RMA 值。该系统由传感器、预处理装置、采集计算机、数据应用计算机、应用软件等组成。

钢轨轮廓检测系统以特定位置为基准点，将采集图像中的钢轨断面经过旋转、平移变化，与标准的钢轨断面进行精确比较，进而求得钢轨磨耗、轨底坡等反映钢轨轮廓状态的参数。钢轨轮廓检测系统包括激光摄像组件、数据处理单元、波形编辑单元三部分。激光摄像组件采用与轨道检测系统相似的检测装置，每股钢轨采用两组激光摄像组件成像并拟合出钢轨全新断面轮廓；数据处理单元主要完成高速图像信息采集、数据合成、CNN 总线数据传输、同步信号控制的功能；波形编辑单元主要完成钢轨磨耗、轨底坡等检测结果的波形图显示、超限数据编辑等功能。

2. 制度标准

《铁路工务巡检系统运用管理办法》（TG/GW 278—2015）；

《高速铁路综合巡检车暂行技术条件》（TJ/QT 006—2017）；

《铁路工务综合巡检系统技术条件》（TJ/GW 127—2014）。

3. 运用情况

巡检车搭载的轨道巡检系统通过分析巡检图像数据，发现钢轨表面擦伤、扣件缺失、轨枕掉块、轨道板裂纹及线路有异物等缺陷，并按缺陷位置、类型及损伤程度进行缺陷报告，指导养护维修工作；通过分析波磨检测系统检测数据，确定线路存在钢轨波磨的位置，指导现场打磨维修；通过分析钢轨轮廓和磨耗检测数据，确定钢轨磨耗超限位置，指导钢轨打磨。系统存储钢轨廓形数据，供工务人员分析轮轨关系，为铁路安全、平稳、舒适运行提供指导。

5.3.4 轨道状态确认车

1. 轨道状态确认车简介

轨道状态确认车是检测线路施工状态，确认线路维修作业后在建筑限界内是否存在危及行车安全的工具或材料，确认线路维修作业质量是否满足列车运行安全和各项运输技术条件的设备。轨道状态确认车由轨道几何状态检测系统、环境监视系统和线路限界检测装置组成，能够准确测量轨道几何状态，检查确认线路建筑限界内有无异物，观察和监视线路周边状况。确认车自带动力，能双向运行和检测，最高检测速度为 120 km/h。GZQ－1 型轨道状态确认车采用先进的惯性基准测量原理和光电、伺服跟踪、陀螺、数字滤波、局域网、图像处理等检测技术，首次采用构架式光电轨距测量技术，保证了不同速度和正反向测量的一致，使测量结果与轨道实际状态一致。检测功能强，测量精度高。检测项目包括：轨道几何参数（高低、轨向、水平、超高、三角坑、曲率、轨距等）；车辆动力参数（车体垂直和水平振动加速度）；列车的运行速度和里程位置；线路的里程标和百米标、道岔、道口、桥梁等线路标志；线路周边环境状况；线路建筑接近限界。GZQ－1 型轨道状态确认车如图 5－5 所示。

图 5－5　GZQ－1 型轨道状态确认车

2. 运用情况

自 2002 年我国首台 GZQ－1 型轨道状态确认车研制并投入使用后，已检测线路上万千米，测量结果与轨道实际状况一致，取得了满意的结果。该车能够对线路进行动态检查，确认线路维修作业是否已经结束；检查确认线路维修作业后在建筑限界内是否有遗弃的工具或材料等物品危及行车安全，检查轨道几何状态是否满足列车高速运行的技术条件，达到了保障旅客列车运行安全的要求。

5.3.5　线路检查仪

1. 线路检查仪简介

线路检查仪是通过传感器测定的车体加速度判断线路病害等级的一种简易检测设备。它根据车体的垂直振动加速度和左右摆动加速度来判断线路是否存在病害，并记录病害里程和该处车体的加速度，根据加速度的峰值确定病害等级。技术人员根据线路检查仪提供的里程和峰值排查线路病害。一般来说，轨距及其变化率、轨向等超限会引起车体水平摆动，高低、水平、三角坑等超限会引起车体垂直摆动。线路检查仪分为便携式线路检查仪和车载式线路检查仪。

（1）便携式线路检查仪是通过检测机车（含动车组）和车辆车体晃动间接检查线路平顺状态，主要由传感器、测速装置、储存打印装置三部分组成。它通过高精度双轴加速度传感器，动态采集机车（含动车组）和车辆车体晃动产生的垂向、横向振动信号，利用系统集成的 GPS（全球定位系统）模块精确定位，实时计算列车运行速度，动态调整晃车门限，自动分析和记录晃车结果，并具备实时打印和声光报警功能，使添乘线路检测过程更智能，结果更准确。SY 系列便携式线路检查仪及 ZT 系列智能式线路检查仪如图 5－6 所示。

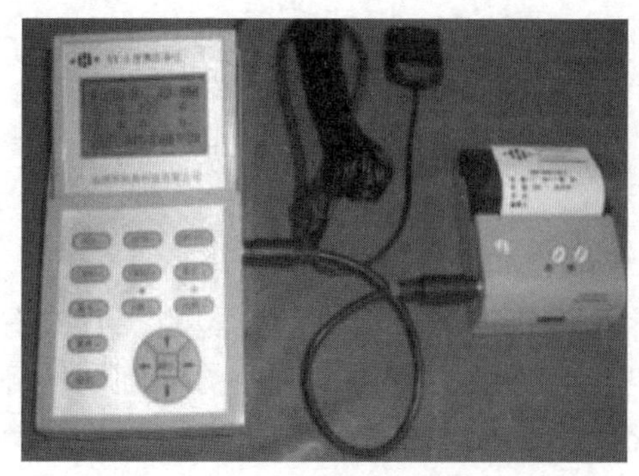
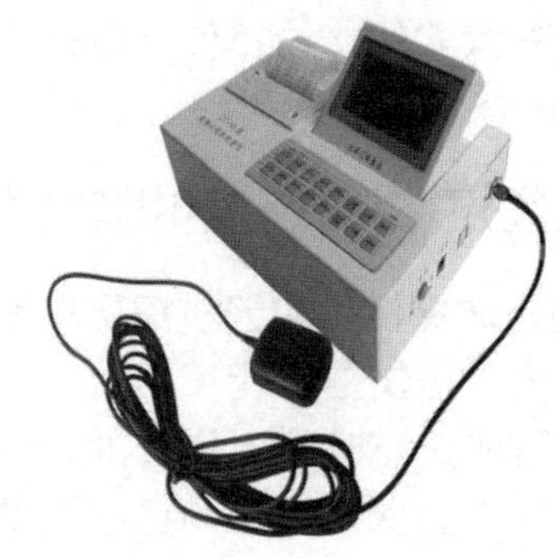

图 5－6　SY 系列便携式线路检查仪及 ZT 系列智能式线路检查仪

（2）车载式线路检查仪安装在机车或动车组平台上，采用高精度传感器和智能存储控制系统，利用嵌入式智能传感器获得机车运行过程中的水平、垂直方向振动信号，与 TAX2 型机车安全信息综合检测装置或列控设备动态监测系统（DMS）中的信息综合生成一个能够反映轨道状态的综合数据信息包，及时发现线路晃车不良处所。系统按功能分为数据采集处理传输系统和线路动态检测地面处理系统两个部分。其目的在于补充工务轨检车检测周期内的空档，特点是检测及时、检测面广，任务是监测轨道状态变化，当轨道变化到一定程度时及时给以提示。它的作用与行车安全监控记录器截然不同，机车振动加速度和复杂的轨道状态之间并不能建立一对一的对应关系，而且当时的机车状态也无从知道，因此它的记录只能用于指导线路维修工作，而不能作为处理事故、分清责任的依据。车载式线路检查仪不能取代便携式线路检查仪的添乘。CGDJ－Ⅱ型车载式线路检查仪传感器及 GDJ－Ⅲ型车载式线路检查仪地面接收装置如图 5－7 所示。

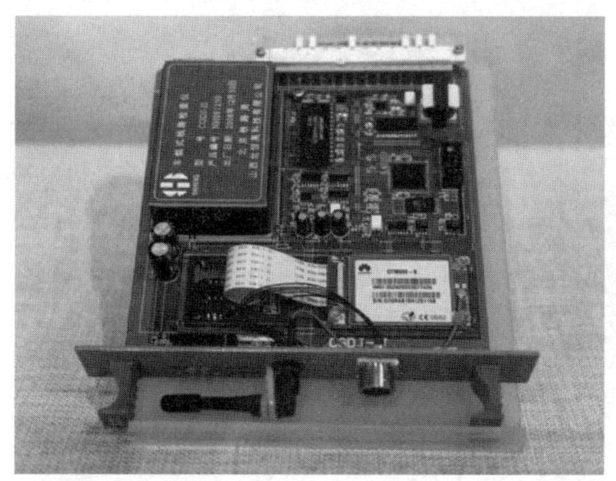

图 5－7　CGDJ－Ⅱ型车载式线路检查仪传感器及 GDJ－Ⅲ型车载式线路检查仪地面接收装置

2. 制度标准

《便携式线路检查仪》（Q/CR 514—2016）；

《车载式线路检查仪》（Q/CR 513—2016）。

3. 运用情况

目前，便携式线路检查仪最具代表性的有 ZT 系列和 SY 系列，使用较多的是 ZT－6 型和 SY-2 型；车载式线路检查仪运用较广泛的是 CGDJ-Ⅱ型车载式线路检查仪和 GDJ-Ⅲ型车载式线路检查仪。

5.3.6 钢轨超声波探伤仪和钢轨探伤车

1. 钢轨超声波探伤仪和钢轨探伤车简介

钢轨超声波探伤仪是指能在钢轨上推行并对钢轨内部质量进行检测的小型探伤设备，可利用行车间隔或天窗时间上道作业，具有机动、灵活、方便、实用的特点，是目前我国铁路在役钢轨的主要探伤设备，已实现数字化。它的原理是通过产生电振荡并加于探头晶片，激励晶片发射超声波，同时将探头接收到的电信号进行放大，以一定的方式显示出来，从而得到被探工件内部有无缺陷及缺陷的位置和大小等信息。钢轨超声波探伤仪主要由同步电路、发射电路、接收电路、时基电路、报警电路、电源电路等组成。目前我国的钢轨探伤仪主要有 GT-2、GT-1C、GCT-2、GCT-8 等类型。按所处理的信号不同，钢轨探伤仪一般可分为模拟式、模拟数字混合式及全数字 3 种类型；根据超声波产生的特征，超声波探伤仪可分为脉冲超声探伤仪、连续波超声探伤仪、调频超声探伤仪；根据显示缺陷的方式可分为 A 型显示、B 型显示、C 型显示、其他显示；根据探伤仪的通道数目可分为单通道和多通道。

GCT-8 型钢轨超声探伤仪是新一代数字化手推车式钢轨超声探伤设备，适宜于探测各种类型钢轨中的缺陷。仪器具有 8 路独立的发射接收通道，其中 7 个通道用于钢轨探伤，1 个通道用于校对伤损或作为焊缝探伤仪使用，具有 0°、37° 和 70° 等多个探头，能同时用超声波脉冲反射法和穿透法进行钢轨裂纹与核伤探查。具有常见伤损判断、伤损类型确定、计算裂纹的大小及位置等功能。GCT-8 型钢轨超声波探伤仪及钢轨内部裂纹与核伤如图 5-8 所示。

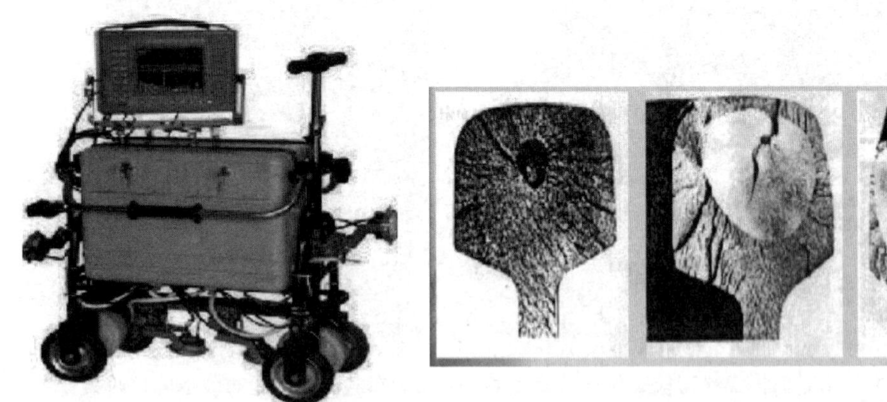

图 5-8 GCT-8 型钢轨超声波探伤仪及钢轨内部裂纹与核伤

钢轨探伤车简称探伤车，是自轮运行的大型专用检测装备，主要对铁路在役钢轨内部伤损进行超声波无损检测，能够对钢轨头部横向裂纹、轨头及轨腰垂直劈裂、钢轨头部及腰部纵向水平裂纹、螺栓孔裂纹、铝热焊接头伤损等多种钢轨内部疲劳伤损进行检测。部分探伤车还安装了轨道巡检系统，探伤车型号按最高检测速度划分，主要型号有 GTC-40、GTC-60、

GTC-80。GTC-80 探伤车配备一套超声波探伤检测系统，能够对钢轨内部伤损进行自动检测和分析，最高检测速度达 80 km/h，是铁路线路维修和检测部门的重要设备。探伤车由动力车和检测车组成，动力车设有两台发动机用于提供车辆动力，两台发动机组用于检测供电。全车使用高圆簧减震，采用空气制动和手动制动模式，为使转向架检测机构能够有效安装，动力车使用了踏面制动，检测车使用了盘式制动。动力车设有司机室、机器间、维修间、厨房、卫生间，检测车设有司机室、检测间、会议室、卧铺间、阀板间。钢轨探伤车如图 5-9 所示。

图 5-9 钢轨探伤车

2. 制度标准

《钢轨探伤管理规则》（TG/GW 204—2006）；

《钢轨探伤车运用管理办法》（TG/GW 218—2017）；

《大型养路机械在役车轴超声波探伤工艺规程》（TG/GW 244—2014）；

《铁路大型养路机械 钢轨探伤车》（GB/T 28426—2021）；

《钢轨超声波探伤仪》（TB/T 2340—2012）；

《双轨式钢轨超声波探伤仪暂行技术条件》（TJ/GW 157—2017）。

3. 运用情况

我国钢轨超声波探伤的发展起步较早，在 20 世纪 50 年代末期和 60 年代初期，通用超声波探测仪刚在我国应用，钢轨超声波探测仪就已开始研制，并投入实际使用。钢轨超声波探测仪大致经历了电子管—晶体管—集成化—数字化，即调频连续波—单通道脉冲波—多通道脉冲波—多通道微机控制这四个阶段，目前已发展到第四代产品。

探伤车作为新型钢轨伤损检测设备，在我国投入使用已有 20 年的历史，通过不断摸索基本建立了适合我国铁路的探伤车运用管理体系。探伤车自带动力，可双向自轮运行，正常运行时按列车办理，速度为 120 km/h，在探伤检测时，探伤车自轮运行，最高检测速度可达 80 km/h，为保证检测效果，在通过道岔、小半径曲线（半径小于 600 m）或线路状态不良区段时，需要适当降低检测速度。

对在役钢轨的周期性探伤，我国已形成普速铁路以探伤仪为主、探伤车为辅，高速铁路以探伤车为主、探伤仪为辅的检测模式。

5.3.7 线路动态加载试验车

1. 线路动态加载试验车简介

线路动态加载试验车（简称加载试验车或轨道弹性检测车）的主要功能是模拟各种铁路工况对线路进行静动态加载，测试轨道、桥梁和路基相关技术特征，同时可在移动时对线路进行连续加载，测试轨道结构的刚度，即轨道弹性指标，具有定点加载、移动加载、刚度检测和扩展接口等功能。加载试验车由动力加载车和仪器试验车两节车辆及车载加载系统和检测系统组成。动力加载车走行部采用机车的 3 轴转向架，车体中部设计加载轮对用于轨道加载；仪器试验车采用 25T 客车车体及走行部，主要搭载检测系统（轨道状态检测系统、轮轨力检测系统、钢轨位移检测系统、图像检测系统、通信系统）并为人员提供工作、生活空间；车载系统包括机械系统、液压系统、液压控制系统、测试系统和软件系统五大类。加载试验车在非试验工况时，可连挂运输或由单机牵引。在移动加载试验时，需由单机牵引，试验运行最大速度为 60 km/h。当加载试验车对重点测试点进行定点加载时，可利用自身动力进行低速移动以便于准确定位。加载试验车如图 5－10 所示。

图 5－10　加载试验车

2. 运用情况

利用加载试验车可开展多种线路试验研究，主要有以下几方面：新型轨道结构的性能试验及验证；路桥、路隧等过渡段结构形式及合理长度的研究；新建铁路施工质量（线路刚度的连续性、平顺性和轨道横向强度）的检查和验收；运营线路轨道、桥梁、涵洞、路基服役状态的检测、评估；在线路进行养护维修后，对不同维修措施的作业效果进行检测及评价。我国首台线路动态加载试验车自 1994 年研制以来，在环形试验基地多次试验，特别是在提速区段及繁忙干线上进行了现场检测，得到了大量的检测数据，如郑武提速试验段，沪宁线镇江试验段、京秦通道提速区段。

5.3.8 无缝线路检测系统

1. 无缝线路检测系统简介

无缝线路检测系统主要对无缝线路钢轨位移、轨温及温度应力进行检测。

（1）无缝线路钢轨位移，一般采用设置位移观测桩的方法。在无缝线路的伸缩区、固定区设置不同对数的钢轨位移观测桩，把长钢轨分成几个固定的观测区段进行定期观测。通过监测观测桩的钢轨爬行量和爬行方向判断钢轨纵向力有无变化，掌握运营中无缝线路长钢轨是否发生了不正常位移，判断无缝线路在长期养护维修中是否锁定牢固，以及在各种施工作业中是否改变了原锁定轨温。

（2）无缝线路轨温自动监测系统（NTS）包括人工触发轨温监测系统和无线轨温监测系统。人工触发轨温监测系统由安装在轨底的温度传感器和轨旁的数据采集器组成，在测试时需人工触发，通过数据采集器测得当时的轨温数据，较以往靠人工直接在钢轨上量取轨温更为方便。无线轨温监测系统通过远程控制轨温传感器，实现对轨温进行自动测量，并把测得的轨温数据传入计算机进行存储、处理和分析，实现轨温监测的自动化。

（3）无缝线路钢轨温度应力检测采用应力检测仪。应力检测仪采用磁弹原理，利用测量钢轨电磁特性确定钢轨内的纵向应力，通过无损测量的方法，可以快速测量和记录钢轨的实际应力和锁定轨温。应力检测仪由手动钢轨车、中央单元、探头和电池等组成，具有质量小、易携带，能够适应不同气候环境的特点。

2. 制度标准

《钢轨应力检测仪》（Q/CR 648—2018）。

3. 运用情况

在无缝线路位移监测方面，位移观测桩设置宜大于 45 m，每月观测一次（高温季节每月 2 次），各车间在同一时间进行观测，以防止跨工区长钢轨因不是同时观测而造成观测结果不统一，计算结果不准确。

在无缝线路轨温监测方面，我国长期主要依靠人工定点定时测量完成，所获得的监测数据密度小，难以捕捉日、月、年内的最高轨温和最低轨温，且占用劳动力多、测量误差大、实时性差，因此难以为铁路工务作业提供及时、准确、科学的决策依据，2002 年，我国研发了无线轨温监测系统，实现对轨温的自动测量。

在无缝线路钢轨应力监测方面，近年来，我国正朝着从机械式向电子式，从大型、复杂化设备向小型、简易化装置，从有损检测向无损检测方向发展。

5.3.9　道岔监测系统

1. 道岔监测系统简介

道岔监测系统是物联网、传感网技术在智能铁路中的应用，通过设置在道岔轨旁的传感单元实时获取道岔状态、设备状态及周围环境信息，由现场监测分机预处理后，经由数据传输网络传送至监测主机，监测主机将对接收到的数据进行存储、分析，应用平台将在此基础上完成在线监测、安全评价、安全决策、维修决策等功能。道岔监测系统由传感器、道岔轨旁观测监测分机、数据传输网络、车站处理计算机、中央处理服务器等组成，可对道岔的应力状态、尖轨与基本轨及心轨与翼轨密贴状态、表示杆缺口、转换力等进行实时监测预警，可根据相关信息对道岔结构状态发展趋势进行预测，结合人工智能、专家系统等先进技术，辅助管理者做出安全决策和维护决策，为维护方案的制订提供参考，还能实现对维护方案的实施开展过程控制和后期维护效果的跟踪。该系统主要应用在道岔关键部件的应力状态监测、道岔密贴状态监测、道岔缺口位置监测等。测力传感器及 FMU 现场观测分机如图 5－11 所示。

图 5-11　测力传感器及 FMU 现场观测分机

2. 制度标准

《铁路道岔密贴检查器》（TB/T 3200—2015）；

《高速铁路道岔监测系统（JDS-300A）暂行技术条件》（TJ/GW 136—2015）；

《高速铁路道岔制造技术条件-钢轨件无损检测》（TJ/GW 167—2020）。

3. 运用情况

我国道岔监测系统主要应用在道岔钢轨裂纹实时监测、道岔电务监测和道岔应力状态监测等方面，在我国提速和高速铁路道岔上逐步得到了应用。2000 年，我国开始研发道岔缺口位置监测系统，2005 年开始应用，比较有代表性的是 TGQM-2 型道岔接口监测系统，可以在 ZD6 型、ZD9 型、ZYJ7 型、S700K 型等转辙机上安装使用。2006 年，我国研制了心轨转换凸缘应力状态监测系统，应用到 60 kg/m 钢轨 12 号提速道岔中。在我国的提速道岔、客运专线道岔和高速道岔上均安装了密贴监测系统（密贴检查仪）。

5.3.10　桥梁安全监测系统

1. 桥梁安全监测系统简介

桥梁安全监测系统由传感器、数据采集、数据传输、数据处理、安全评估及信息显示等子系统组成。采用桥梁安全监测系统对桥梁结构进行长期、连续和实时监测，并对监测信息进行收集和分析处理，可达到对桥梁结构的安全性进行可靠评估的目的，并能对桥梁结构运营中出现的故障进行及时预警和报警。主要监测主梁中跨跨中、边跨跨中截面的横向和竖向振动位移；主塔塔顶的横向和纵向振动位移；主塔桥墩墩顶的横向振动位移；中跨跨中、边跨跨中桥面系纵横梁的横向和纵向振动加速度；主梁中跨跨中截面和主梁截面主要杆件的应力；通过桥梁的车轴重。

2. 制度标准

《铁路桥梁检定规范》（TG/GW 208—2004）；

《高速铁路桥梁运营性能检定规定（试行）》（TG/GW 209—2014）；

《铁路桥梁检定评估管理办法》（TG/GW 275—2015）；

《铁路桥梁检查车》（TB/T 3436—2016）；

《铁路桥梁运营状态监测技术条件》（Q/CR 757—2020）。

5.3.11 车载地质雷达检测系统

1. 车载地质雷达检测系统简介

车载地质雷达检测系统以电磁波在有耗介质中传播规律为理论基础，通过发射天线向地下发射高频率、宽频带、短脉冲电磁波，电磁波在地下传播过程中遇到波阻抗差异界面时，发生反射和透射，反射电磁波被接收天线接收，形成雷达数据，通过计算电磁波双程走时、振幅大小、频谱、相位移等特征值，来判断构造的深度、道床的污染程度、路基的含水情况等。车载地质雷达检测系统具有快速（检测速度可达 120 km/h）、实时、连续、无损、精度高（股道间距可小于 11.5 cm，纵向精度可达 3 m）等优点，主要由数据采集系统、信号处理系统、定位系统、环境记录系统等部分组成。车载地质雷达检测项目一般包括与道床有关的道床厚度、道床脏污、翻浆冒泥、含水异常等；与基床及地基结构层有关的基床厚度、道砟囊、下沉、翻浆冒泥、含水异常、路基疏松、基床不平整、陷穴、岩溶等；与隧道铺底及基底有关的不密实、破损、基岩破碎、岩溶、富水等。车载地质雷达检测系统如图 5-12 所示。

图 5-12 车载地质雷达检测系统

2. 制度标准

《运营高速铁路基础变形监测管理办法》（TG/GW 260—2015）；

《铁路路基支挡结构检测规程》（TB 10450—2020）；

《车载探地雷达路基状态检测装置》（Q/CR 4—2014）；

《高速铁路无砟道床伤损评定》（Q/CR 803—2020）；

《高速铁路季节冻土地区路基冻胀监测检测技术条件》（Q/CR 629—2018）。

3. 运用情况

车载地质雷达技术虽然有一定优势，但在铁路应用时由于其检测信号受到铁路钢轨、轨枕、隧道等的干扰，优势无法得到充分发挥。另外，由于检测结果除厚度相关指标外，其他指标难以量化，且数据解释较多地依赖人工，自动化水平较低，数据处理速度较慢，这两方面使得该技术在铁路路基的应用未能深入和大面积推广。即便如此，国内外广大研究人员已经普遍认识到可结合钢轨、轨道几何尺寸、设备表面状态检测手段和综合数据分析来弥补这两方面的不足，同时也开展了除厚度相关指标外其他指标的量化核验和校准研究工作。

5.3.12 隧道检查车

1. 隧道检查车简介

铁路隧道建设可分为勘察设计、施工、竣工验收和运营 4 个阶段。检测与监测技术主要服务于后 3 个阶段。这 3 个阶段各有侧重，施工阶段包括超前地质预报和监控量测技术，以监测为主，指导施工，优化设计；竣工验收阶段包括衬砌和底板厚度、密实度及背后空洞、强度，以及拱架、钢筋分布，以检测为主，与设计资料核对，不符地段须返工加固；运营阶段主要是衬砌表面检测，以日常巡检为主，掌握发展动态。常规检测技术主要有隧道拱部空洞敲击法（声波法）、探地雷达法（瑞雷波法）、高密度电法、瞬变电磁法、超声回弹综合法、衬砌表面数码摄像法、陆地声纳法、红外热像法、三维激光扫描法、原位钻孔检测法和材料强度试验法等。检测监测装置包括隧道检查车、隧道限界检测车、便携式铁路限界测量仪、全站仪、钢筋检测仪、敲击回音诊断机等。

隧道检查车（简称隧检车）是通过车载地质雷达方式，实现对隧道衬砌及隧底（路基）的快速无损检测。车身为 25T 型车体，不自带动力，构造速度为 160 km/h，检测速度最高为 20 km/h。隧检车由车体、地质雷达检测系统、液压机械臂支撑系统、视频监视系统、开闭罩机构等组成。检测系统包括隧道表面状态检测系统、隧底状态检测系统及隧道衬砌状态检测系统。隧道表面状态检测系统的激光成像设备随车放置于储存间内，检测时可与隧检车分别使用；隧底状态检测系统的地质雷达置于车体中部，根据隧底的检测要求固定于车架下方，随车走行即可检测；隧道衬砌状态检测系统的地质雷达置于车体端部，检测时通过机械臂伸缩转动而置于检测位置。隧道检查车如图 5-13 所示。

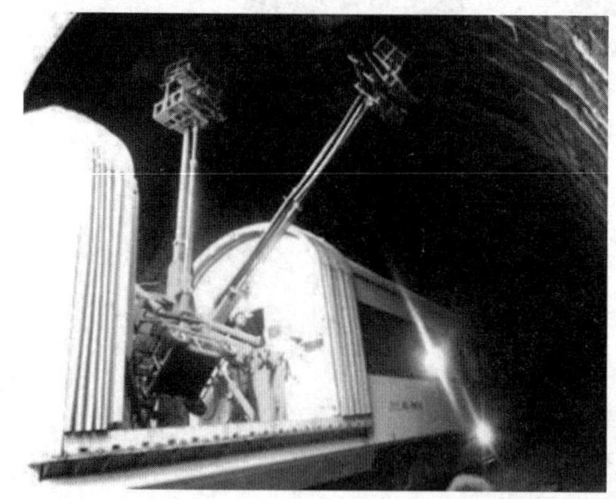

图 5-13　隧道检查车

（1）隧道表面状态检测系统由激光全息成像系统及隧道图像信息管理系统组成。激光全息成像系统采用超高速相位式激光扫描技术，测量时激光器发射激光并以螺旋线形式对隧道表面进行全断面高密度扫描，每圈可扫一万个点，每个点均包含三维坐标和反射率信息，通过分析发射和接收激光信号的强度和相位差来获得隧道衬砌表面的灰度信息，根据目标表面的反射率，形成黑白图片，可识别 0.3 mm 以上的裂纹。隧道图像信息管理系统根据隧道表面图像进行人工判识，借助智能隧道表面图像处理软件系统，将表面病害矢量化并将病害信息存入数据库，实现统计分析。

（2）隧底状态检测内容主要包括：道床厚度、仰拱或底板厚度、结构裂损及渗漏水情况等。隧底状态检测采用探地雷达检测方法，检测系统由雷达检测模块、视频监测模块和管理软件组成。隧底状态检测可区分道床、基床和基底层，能对仰拱或铺底的厚度、背后空洞和积水区域等进行识别和统计，根据设定指标对隧底的状态进行辅助自动评估。

（3）隧道衬砌状态检测内容主要包括：衬砌厚度、钢筋分布、背后密实程度及空洞等。隧道衬砌状态检测采用探地雷达检测方法，检测系统包括液压传动模块、地质雷达检测模块和相应处理软件。液压传动模块包括 5 条支撑天线的机械臂及其控制设备，各臂可以同时工作，每条臂能伸缩并在 45° 范围内旋转。地质雷达检测模块由数据记录仪、衬砌检测控制单元、衬砌检测天线阵、数据采集及处理软件组成。

2. 制度标准

《铁路隧道衬砌质量无损检测规程》（TB 10223—2004）；

《铁路工程结构混凝土强度检测规程》（TB 10426—2019）；

《铁路隧道监控量测技术规程》（Q/CR 9218—2015）；

《铁路运营隧道结构状态检测技术要求及方法》（Q/CR 516—2016）。

3. 运用情况

隧道检查车通过车载地质雷达方式实现对隧道衬砌及隧底的快速无损检测。一般编挂于旅客列车尾部，有时候根据检测任务的特点采用轨道车牵引，两种情况均需要根据铁路运营的实际情况编制检测计划。衬砌状态检测可以同时检测 5 条隧道衬砌纵断面，有效探测深度为 1.5 m，可以探测衬砌内部及其背后情况，能够满足对于衬砌拱、墙部位的检测评定要求，为了检测时的人身和设备安全，衬砌内部状态检测速度一般为 5 km/h 以下（电气化区段）或 5 km/h 以上（非电气化区段）。隧底状态检测可检测线路中心和钢轨外侧共 3 条测线，检测深度能够达到道砟顶以下 2.5 m，能够检测出大多数隧道仰拱下部情况。

5.3.13 道口预警与防护系统

1. 道口预警与防护系统简介

道口预警与防护系统的关键技术是列车接近检测和报警信息传送。列车接近的信息采集技术包括传感器检测（如凸出极磁电式轨道传感器、声波传感器、磁传感器、光纤传感器等）、无线电技术（基于列车自身信息提取，从机车 TAX 箱提取里程速度等信息，用 GPRS 或其他无线方式发送到地面道口接收装置，计算列车接近时间）、视频技术（利用摄像头拍摄的视频图像自动分析列车信息）。列车接近的传送方式包括电缆/光缆传送、ZigBee 网络传送、GPS 和 GPRS 信息传送等。

目前，国外如德国、日本则倾向于利用视频技术进行道口预警与防护，我国主要采用传感器检测来车信号。典型的报警系统如下。

（1）接近点式报警系统。如基于 DSP 和以太网的铁路道口监测系统，基于嵌入式系统的铁路道口报警系统，该类设备设立几个采集列车运行状态的定点，将采集到的各点信息用电缆等送回控制中心，再经逻辑控制电路构成道口自动预警与防护系统。目前应用最广泛的是采用继电器控制方式的 DX3 型道口信号设备，利用远端或近端闭路控制器来控制继电器工作状态，实现报警和解除报警，适用于单线、双线、多线电气化及非电气化牵引的自动闭塞或非自动闭塞区段，当自动闭塞区段有续行列车接近道口时，设备有追踪表示并报警。

（2）接近连续式报警系统。如基于轮轨激励声检测的列车接近报警系统，利用轨道电路作为连续采集定点信息报警，依靠已有的有线传输通道传输采集到的信息，再经逻辑控制电路实现自动报警。又如基于 GPS 和 GPRS 的 ARM 控制系统，使用全球定位方式对列车定位，结合计算机应用技术及 GPRS 无线通信技术，确保列车进入道口前提醒司机鸣笛，同时地面电子警示牌显示列车预计到达时间。

（3）铁路道口图像监控系统。在列车即将到达道口的时间段启动摄像头，拍摄道口实时情况，并将采集到的图像处理后用代码的方式通过无线电传给机车特定接收设备，司机可以根据接收到的信号代码了解前方道口的情况。

（4）铁路道口安全微波自动监控系统。将传感器检测与图像检测相结合，当列车驶入道口前 1 500～2 000 m 时通过传感器检测到的列车信号通知道口报警器报警，与此同时开启系统所有设备，摄像机信号通过微波图像发射机、功率分配器及定向天线向空间发射微波信号，车载微波图像接收机接收此图像信号，供司机及时了解道口情况。

2. 制度标准

《列车接近预警地面设备》（TB/T 3504—2018）；

《道口信号机》（TB/T 2471—2021）；

《DK・K3 型道口控制盘》（TB/T 2473—1993）；

《DK・S 型道口闪光器》（TB/T 2472—1993）；

《铁路道口自动广播机》（TB/T 2502—1994）；

《DK・SW 型道口无绝缘轨道电路收发器》（TB/T 2122—1990）；

《DK・Y3 型道口音响器》（TB/T 2123—1990）；

《铁路视频监控需求规范　铁路公安用户》（TB/T 3478—2017）；

《铁路综合视频监控系统技术规范》（Q/CR 575—2017）。

3. 运用情况

目前道口一般配备了太阳能无线列车接近报警器、道口视频监控、道口故障报警器等预警与防护设备。国铁集团认证采信的道口预警设备厂家主要有北京世纪东方智汇科技股份有限公司、泉州市铁通电子设备有限公司、天津七一二移动通信有限公司。

5.3.14　轨道几何状态静态检测设备

1. 轨道几何状态静态检测设备简介

轨道几何状态静态检测设备主要包括铁路轨距尺、轨道检查仪、弦线、钢板尺和塞尺等。钢轨表面伤损检测的主要仪器包括钢轨磨耗检测装置、钢轨波磨检测仪等。

（1）铁路轨距尺（简称道尺）。它是用于测量铁路线两股钢轨间的轨距、水平及超高等参数的专用计量器具。按准确度分为 0 级、1 级、2 级三个等级：0 级轨距尺用于测量允许速度不大于 350 km/h 的线路，1 级轨距尺用于测量允许速度不大于 250 km/h 的线路，2 级轨距尺用于测量允许速度不大于 160 km/h 的线路。铁路轨距尺分标尺类和数显类两种，主要采用铝镁合金制作，测量精度高（水平测量精度±0.5 mm，轨距测量精度±0.2 mm）、使用寿命长。 标尺类轨距尺如图 5–14 所示，数显类轨距尺如图 5–15 所示。

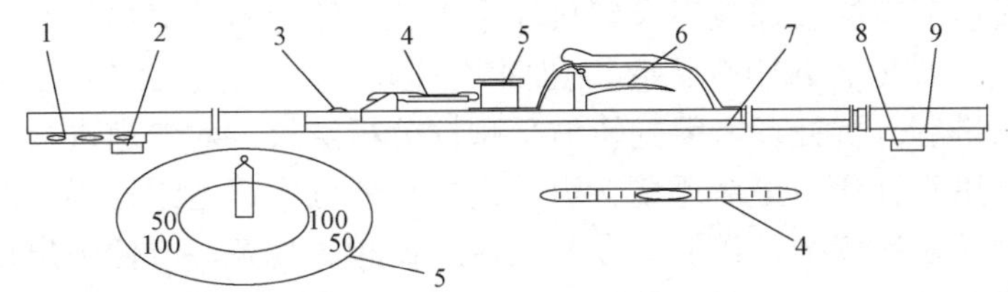

1—活动端测座；2—活动测头；3—标尺；4—水准泡；5—超高显示装置（形式供参考）；
6—拉手；7—尺身；8—固定测头；9—固定端测座。

图5-14　标尺类轨距尺

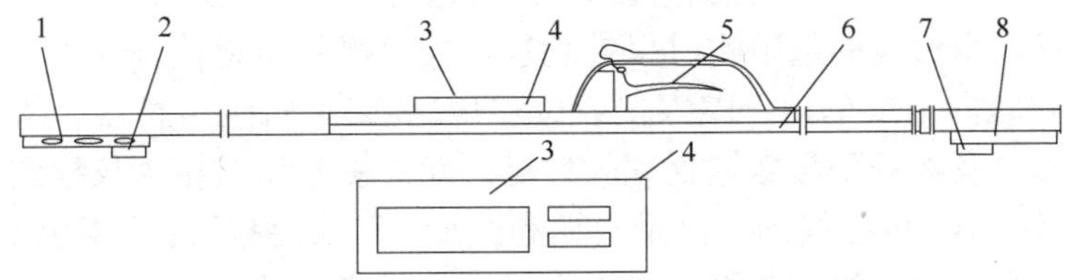

1—活动端测座；2—活动测头；3—界面；4—超高显示装置（数显）；5—拉手；
6—尺身；7—固定测头；8—固定端测座。

图5-15　数显类轨距尺

（2）轨道检查仪。它是一种静态检测轨道不平顺的便捷工具，是通过电子传感技术移动测量或静态激光弦测法测量，并能自动记录轨道几何参数的测量仪器。按测量方式分为客运专线轨道几何状态测量仪（简称轨测仪）和铁路轨道检查仪（简称轨检仪）。轨测仪及轨检仪如图5-16所示。

图5-16　轨测仪及轨检仪

轨测仪是具备绝对测量功能的轨道检查仪，可以对轨道的轨距、水平（超高）及绝对空间位置进行静态测量，由轨检小车和全站仪组成，全站仪观测轨道两旁的6～8个CPⅢ控制点进行自由设站，通过数据解算得到全站仪站心三维坐标及定向角参数，全站仪自动跟踪轨检小车上的棱镜。轨检小车采用“走-停”测量方法，当轨检小车推行至扣件处时，通过无线通信控制全站仪测量轨检小车棱镜的三维坐标并将其回传，同时轨检小车测量当前位置处的轨距及超高。最后所有的数据被集成到轨检小车上的笔记本计算机，通过轨道检测数据后处理软件计算轨向、高低、轨距变化率、扭曲（三角坑），正矢及相邻点变化率等平顺性指标，并对检测数据进行分析处理，得到轨道平顺性分析结果，对轨道进行模拟扣件调整，以及对轨道修建质量进行评估。绝对测量轨道检查仪功能强大、适用性强，能够用于无砟轨道轨排精调、长轨精调及运营维护作业；专业软件遵循相关规范，方便用户使用；实时显示用户需要的各种轨道参数，所有的测量数据均自动保存，方便数据溯源；自动生成满足用户需要的各种报表；方便拆卸、重复安装精度高。

轨检仪是具备相对测量功能的轨道检查仪，可以对轨距、水平（超高）、左高低、右高低、左轨向、右轨向、左正矢和右正矢进行精确测量，同时能够基于精确测量计算出线路的扭曲（三角坑）、超高顺坡率、轨距递变率、轨向递变率和正矢递变率。相对测量轨道检查仪同时具备全项目、全路段的超限实时报警功能，相对测量轨道检查仪主要包括车体、笔记本计算机、高低和轨向测量单元（陀螺仪或位移传感器）、轨距传感器、超高传感器、里程传感器、电源等模块及数据采集数据处理软件等。相对测量轨道检查仪检测项目全，检测效率高，数据处理速度快，可在线同步显示数据和波形，可实时报警；采样点密集，每 0.125 m 采样 1 个点；输出多样化，检测数据可以以多种数据报表和波形图输出。

两者主要区别是高低和轨向检测方法不同，轨距和水平（超高）检测原理类似，轨距主要采用轨距位移传感器通过标定进行测量，水平（超高）通过加速度计或倾角仪测量轨道平面倾角换算得到。相对测量轨道检查仪高低和轨向检测主要采用短弦正矢换算长弦正矢方法，而绝对测量轨道检查仪高低和轨向检测主要根据 CPⅢ基准点坐标、全站仪测量的角度和距离，通过坐标变换和平差方法进行测量。轨检仪优点是测量效率高，缺点是长波高低和轨向检测精度低；轨测仪优点是检测精度较高，能测量线路绝对高程和平面，缺点是检测效率太低，目前多用于新建铁道精调和运营线路复核。

（3）线路激光测量仪。利用二维光电靶测量高低、轨向（正矢），利用陀螺仪测量水平（超高），利用传感器测量轨距和里程。可实现 100 m 内任意弦长的高低、轨向测量。测量仪由发射装置、接收装置和数据采集及处理系统组成，具有精度高、定位可靠、测量快捷、使用方便的特点。XJY－100 型线路激光测量仪如图 5－17 所示。

图 5－17　XJY－100 型线路激光测量仪

（4）钢轨测磨仪。主要测量钢轨的侧面磨耗、垂直磨耗和波形磨耗，包括机械钢轨接触式测磨仪（针式、游标式、滚轮接触式）和光学系统非接触式测磨仪。机械钢轨接触式测磨仪原理简单、使用方便，但误差较大；光学系统非接触式测磨仪基于激光三角测量原理，采用光取断面技术实现对钢轨的非接触测量，测量精度高、携带方便。针式钢轨测磨仪、游标式钢轨测磨仪及滚轮接触式钢轨测磨仪如图 5－18 所示。

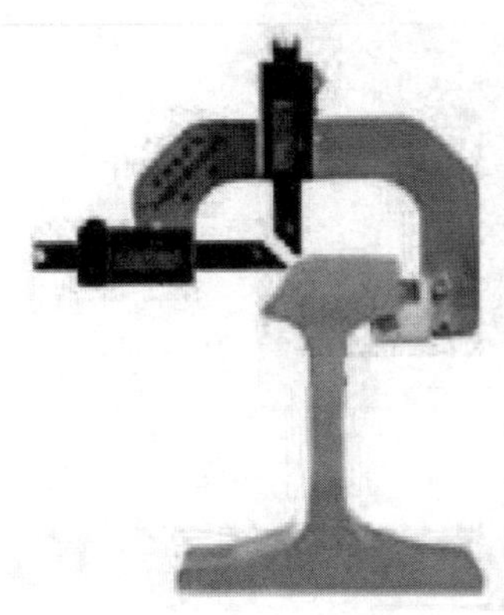
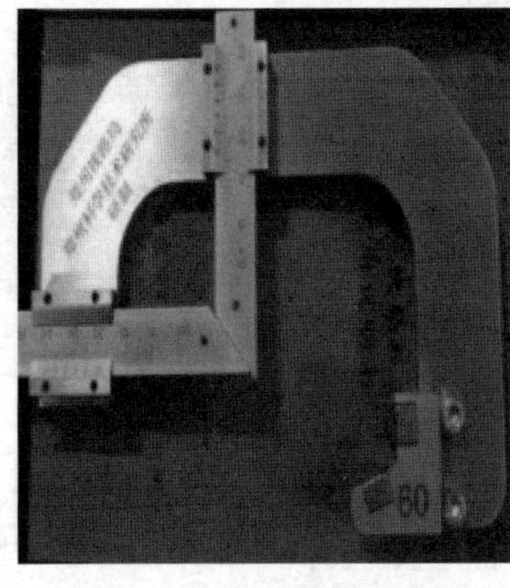

图 5－18　针式钢轨测磨仪、游标式钢轨测磨仪及滚轮接触式钢轨测磨仪

（5）钢轨平直度测量仪。目前使用的较为精确的静态测量钢轨平顺性及波磨检测设备，采用非接触测量方法，利用嵌入式系统激光 CCD 三角测距技术，实现对钢轨平直度的检测，其非接触型测量方式可同时测量垂直和水平两个方向的平顺度情况，可对钢轨垂直面的磨损程度进行评估。由于在测量过程中采用了重叠法，该设备的测量长度可超过设备本身的长度，不仅可用于 0.03～0.3 m 短距离波形范围的钢轨磨损检测，也可用于 1～3 m 较长距离波形范围的钢轨磨损情况评估。测量系统具有成本低、质量轻、界面友好、便于操作的优点。钢轨平直度测量仪如图 5－19 所示。

图 5－19　钢轨平直度测量仪

（6）断轨速查仪。它是一种快速查询断轨处所的检测装置。断轨速查仪采用漏磁检测原理，应用数字集成电路和单片机技术，实现对钢轨断轨故障的非接触式快速检测，检测速度

为 2～15 km/h，具有在运行速度不超过 15 km/h 条件下快速识别 0.05 mm 及以上的断缝的功能，具有检测精度高、速度快、报警提示的特点。HTF－3 型断轨速查仪如图 5－20 所示。

图 5－20　HTF－3 型断轨速查仪

2. 制度标准

《铁路工务计量器具运用管理办法》（TG/GW 261—2011）；

《铁路轨道检查仪》（TB/T 3147—2020）；

《标准轨距铁路轨距尺》（TB/T 1924—2008）；

《轨道检测　测量仪器　支距尺》（TB/T 3148—2017）；

《钢轨直度测量仪》（TB/T 3323—2013）；

《钢轨断面轮廓测量仪》（Q/CR 649—2018）；

《钢轨波磨测量仪》（Q/CR 650—2018）。

5.3.15　防灾减灾及环境监测系统

1. 防灾减灾及环境监测系统简介

防灾减灾及环境监测系统也被称为环境监测及报警系统，是铁路行车安全的重要基础保障系统，可对自然灾害进行实时监测及预警。该监测系统由风、雨、雪、地震等自然灾害和异物侵限安全监测子系统组成，采用双电缆传感器、红外线、光纤光栅、微波及视频监控等技术。系统能够实时监测、采集、汇总、预警、报警及紧急处置，实现监测信息分步获取、集中管理和综合运用。该监测系统由现场采集设备、监测单元、信息处理平台（监测数据处理设备）、监测终端（工业控制计算机）及传输网络构成。其中，现场采集设备包括风速风向计、雨量计、雪深计、地震动加速计、双电网传感器和现场控制器等，监测单元包括监测单元主机模块、采集板、通信板、地震记录器、地震控制器、调度模块、继电器组和 UPS 电源等，监测数据处理设备包括应用服务器、数据服务器、存储设备、核心网络设备等。具备大风监测、雨量监测、雪深监测、地震监测及异物侵限监测等功能。表 5－5 为防灾安全监控系统的设备布置要求。

表 5–5　防灾安全监控系统的设备布置要求

设备名称		布置区段要求	布设原则	安装位置
现场监测设备	风速风向计	（1）设计速度 300 km/h 及以上沿线 20 年极大风速超过 15 m/s 的区段； （2）设计速度 250 km/h 及以上沿线 20 年极大风速超过 20 m/s 的区段； （3）设计速度 200 km/h 沿线 20 年极大风速超过 25 m/s 的区段	（1）铁路山区垭口、峡谷、河谷区段，平均间距 1～5 km 设置； （2）轨面高度 10 m 及以上的高架桥、高路堤等区段，平均间距 5～10 km 设置； （3）除上述情况外的平原区段，平均间距按 15～20 km 设置	线路的迎风侧，一般安装于 GSM–R 基站铁塔处；在不具备安装于 GSM–R 基站铁塔的条件时，则宜安装于接触网杆上；风速风向计距轨面高度 4～4.5 m
	雨量计	（1）年降水量大于 200 mm 的区段； （2）路基地段及山区易发生滑坡、泥石流及危岩、落石或崩塌的区段	（1）有砟轨道连续路基区段，平均间距 15～25 km 设置； （2）有砟轨道连续路基区段，平均间距 20～25 km 设置	与风速风向计同址安装；需独立设置时，设置于综合维修段、工务车间、工务工区等处
	雪深计	降雪频繁地区，20 年最大积雪深度 3 cm 及以上的区段	平原地区的布设平均间距 30 km；山区宜为 20 km；深路堑可适当增设雪深计	安装在接触网支柱上
	地震仪	地震加速度 0.1*g* 及以上的区段，监测点具有 S 波报警，预留 P 波预警功能	布置间距一般不大于 20 km；双套布置的 2 套地震仪的间距不小于 40 m	设置于沿线的牵引变电所、AT 所、分区所、开闭所内
	异物侵限监测传感器	（1）设计时速大于 160 km 区段内公跨铁桥梁两侧； （2）设有防护网的隧道口； （3）高边坡处和设有防护设施的等级公路与客运专线相邻并行且机动车有可能侵入客运专线的区段		采用双电网传感器，具体设置范围结合现场实际情况确定
监控单元		邻近监测设备布设		沿线 GSM–R 基站、牵引变电所（亭）
监控数据中心设备		按运营维护管辖范围宜较集中地设置监控数据处理设备		设置在与综合维修段、工务车间临近的车站防灾机房内
调度所设备		按行车调度台设置防灾终端		行车调度台附近

铁路防灾安全监控系统可细分为 5 个子系统，设备分别针对不同的灾害类型，具体包括风速风向监测系统、雨量监测系统、雪深监测系统、地震监控系统和异物侵限监控系统，如图 5–21 所示。

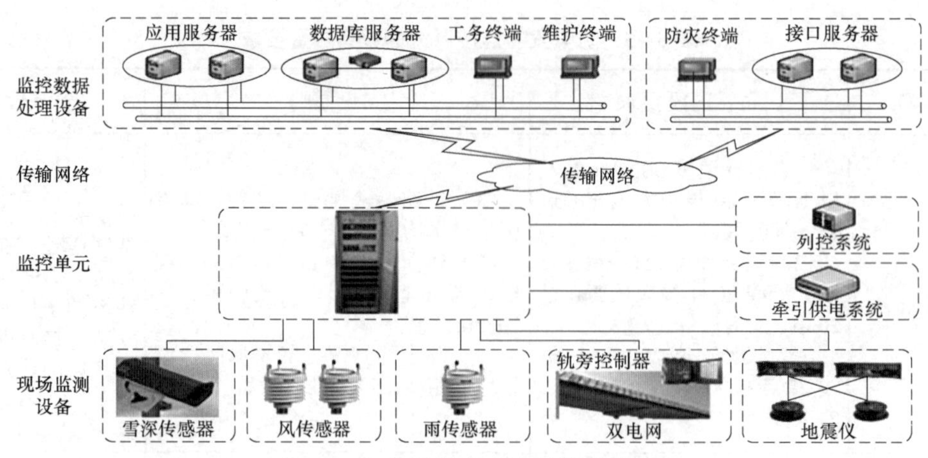

图 5-21 铁路防灾安全监控系统图

（1）风速风向监测系统。主要实现风速、风向数据的集中实时采集、监视和风速报警，在特大桥、高架桥、高路堤、垭口等典型大风区段（设计速度 300 km/h 及以上铁路，且沿线近 20 年极大风速值超过 15 m/s 的区段，或者设计速度 250 km/h 及以上铁路，且沿线近 20 年极大风速值超过 20 m/s 的区段）设置风速风向现场采集设备，平均 10 km 设置一处，实时监测分析风速变化情况，当连续 10 s 风速达到报警阈值后，发出报警，通知列车限速运行，风速低于报警阈值 10 min 后解除报警。风速风向监测系统由风速风向现场采集设备（包括 1 台或多台风向风速计和通信接口设备）、监测单元、监测数据处理设备及监测终端构成。风速风向计如图 5-22 所示。

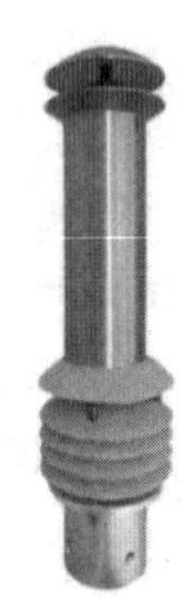

图 5-22 风速风向计

（2）雨量监测系统。主要实时采集铁路沿线降雨量信息，雨量监测系统监测点布局在软土地带、漏斗区、隧道口、路堑及不良路基地段等易滑坡、泥石流及危岩、落石或崩塌地段等处所，安装在接触网支柱上。目前平均 20～30 km 设置一处（连续路基区段，有砟轨道间距 15～20 km，无砟轨道间距 20～25 km）。以短时降雨量作为监测报警方式，对于存在路堤、路堑、边坡坍塌等类型水害的处所，提供小时降雨量、24 小时降雨量或连续降雨量+小时降雨量的监测、报警方式。雨量监测系统由雨量现场采集设备（包括 1 台或多台雨量计、通信接口设备）、监测单元、监测数据处理设备及监测终端构成。雨量计如图 5-23 所示。

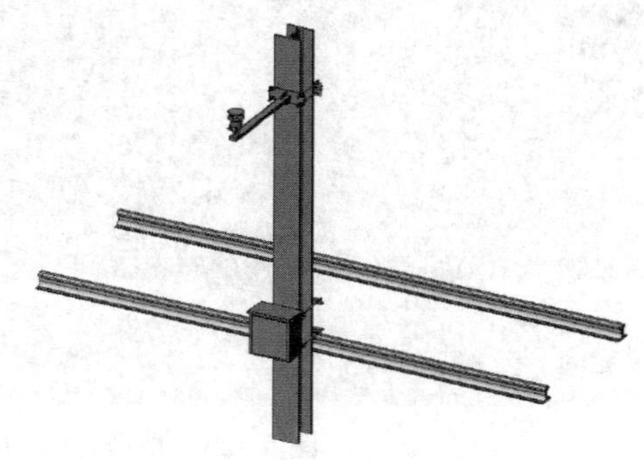

图 5-23　雨量计

（3）雪深监测系统。主要实时采集铁路沿线降雪量信息，以短时降雪量作为监测报警方式。一般设置于 20 年最大积雪深度 3 cm 及以上区段，以及在曲线路堑地段、线路方向与当地冬季主导风向交叉角度较大的低填方地段、挖方地段、隧道口等易产生风积雪处，雪深计安装在接触网支柱上，平原间距 30 km，山区间距 20 km。雪深监测系统由雪深现场采集设备（包括雪深计、通信接口设备等），监测单元、监测数据处理设备及监测终端构成。雪深计发射调制的可见光，通过比较相位来测量与物体的距离，换算出积雪深度。雪深计如图 5-24 所示。

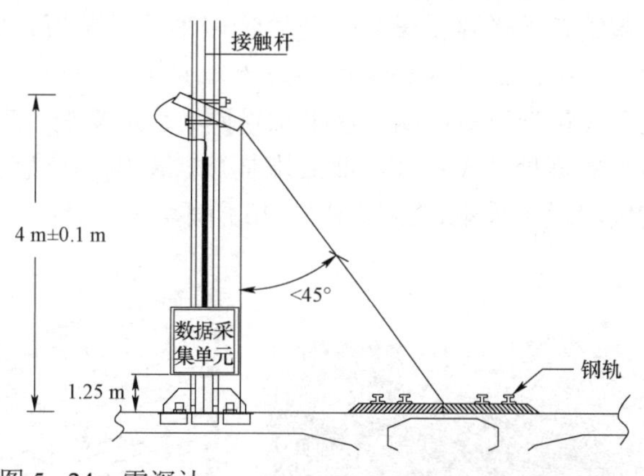

图 5-24　雪深计

（4）地震监控系统。地震监测点实时采集三方向地震加速度数据，通过监测单元将满足条件的监测数据上传到监测数据处理设备，当两个及以上地震监测点监测到的地震加速度达到 0.04g 及以上时，发出地震报警信息。地震监测系统判断发生地震，立即将地震报警信息发送给地震影响范围内的监测单元，通过与信号系统接口继电器将地震报警信息发送给信号系统，控制列车运行，同时通过与牵引供电系统接口继电器将地震报警信息发送给牵引供电系统，停止向接触网供电。地震监测系统由地震现场采集设备（包括 2 台力平衡式加速度计、地震记录器、通信接口设备）、监测单元、监测数据处理设备及监测终端构成。地震仪设置在沿线地震加速度 0.1g 及以上区段，安装在牵引变电所，间距 25 km。地震仪、力平衡式加速度计及地震记录器如图 5-25 所示。

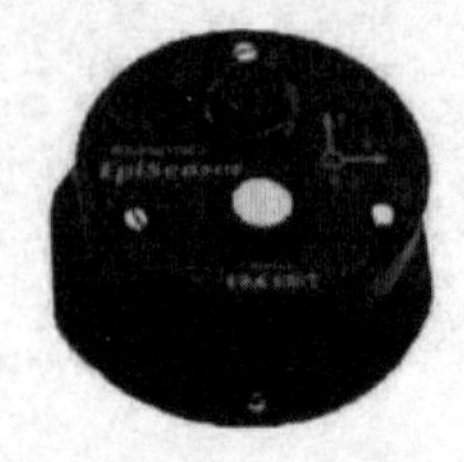

图 5-25　地震仪、力平衡式加速度计及地震记录器

（5）异物侵限监控系统。目前常见的异物侵限检测方法有电网检测法、光纤光栅检测法、视频检测法、雷达检测法、超声检测法和红外线屏障检测法。其中，电网检测法和光纤光栅检测法属于接触式检测法，这类方法数据处理较为简单，技术相对成熟；视频检测法、雷达检测法、超声检测法和红外线屏障检测法属于非接触式检测法，这类方法能获取的数据中包含的信息量较大，数据处理相对较难。

异物侵限监控系统主要安装在异物侵入铁路界限可能对列车运行安全造成影响的场所，如公跨铁桥、隧道口、公铁并行地段等，安装双电网、激光等设备，实现异物实时监测，通过接口继电器把报警信息实时传至列控系统、调度指挥系统，控制列车及时停车。公跨铁异物侵限采集设备是安装最多的异物侵限采集设备，在公跨铁立交桥上（设计速度大于 160 km/h 区段上跨铁路的道路桥梁）安装异物侵限监测装置，实时监测机动车、大型货车等异物因故越过护栏、护网而侵入高速铁路限界，并控制列车运行。异物侵限监测系统由异物侵限现场采集设备（包括监测电网、水平承重网、L 形支架、现场轨旁箱、通信接口设备等）、监测单元、监测数据处理设备及监测终端构成，双电网传感器安装在公跨铁桥梁防抛网外侧。公跨铁异物侵限现场采集设备如图 5-26 所示。

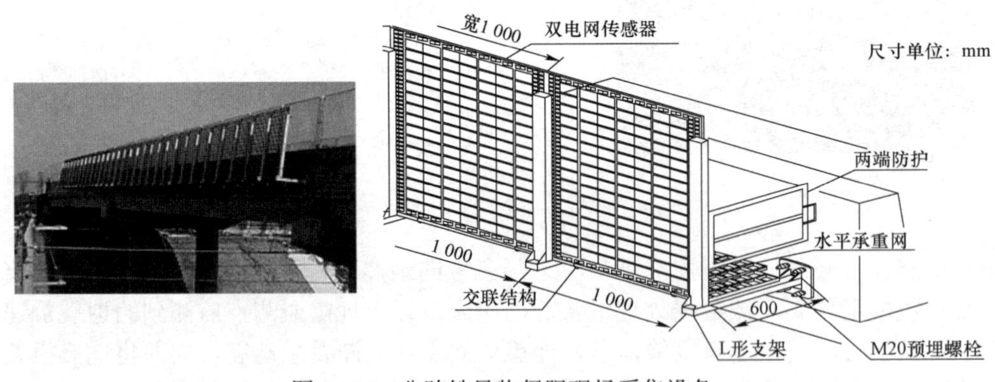

图 5-26　公跨铁异物侵限现场采集设备

除以上常见的环境监测设备以外，还有在洪水发生频繁的地方安装的洪水量测量仪，以监测洪水水位涨到警告水位的情况，并将信息传送给调度系统，从而调整列车的运行；在易发生危害性落石滑坡的地方安装落石监测仪，当落石砸到检测网上时，监测线路被切断，现场的红色信号灯闪亮，安装在车站的报警装置发出报警信号，从而阻止列车驶入相应地区；

在泥石流易发生的区间及其周围设置雨量计、风速计，在有滑坡的地方增设滑坡计等。

2. 制度标准

《关于加强铁路自然灾害监测预警工作的指导意见》（国铁安监〔2021〕42号）；

《铁路自然灾害及异物侵限监测系统工程设计暂行规定》（铁总建设〔2013〕86号）；

《高速铁路自然灾害及异物侵限监测系统维护试行办法》（TG/GW 118—2013）；

《高速铁路安全防护设计规范》（TB 10671—2019）；

《铁路自然灾害及异物侵限监测系统工程技术规程》（TB 10185—2021）；

《铁路自然灾害及异物侵限监测系统工程技术规范》（Q/CR 9152—2018）；

《高速铁路自然灾害及异物侵限监测系统风速风向现场采集设备》（Q/CR 789—2020）；

《高速铁路自然灾害及异物侵限监测系统雨量现场采集设备》（Q/CR 790—2020）；

《高速铁路自然灾害及异物侵限监测系统铁路局中心系统技术条件》（Q/CR 801—2020）；

《高速铁路自然灾害及异物侵限监测系统雪深现场采集设备》（Q/CR 766—2020）；

《信号系统与异物侵限监测、地震预警监测系统接口技术条件》（Q/CR 674—2018）；

《高速铁路地震预警监测系统技术条件》（Q/CR 633—2018）；

《高速铁路地震预警监测系统试验方法》（Q/CR 634—2018）；

《车载地震紧急处置装置技术条件》（Q/CR 635—2018）；

《车载地震紧急处置装置试验方法》（Q/CR 636—2018）；

《中国高速铁路地震预警系统型号编制方法》（Q/CR 637—2018）；

《高速铁路自然灾害及异物侵限监测系统铁路局中心系统暂行技术条件》（TJ/XX 003—2015）；

《高速铁路自然灾害及异物侵限监测系统总体技术方案（暂行）》（TJ/GW 088—2013）；

《国家地震台网数据交换平台（铁路）暂行技术要求》（TJ/GW 160—2019）；

《铁路综合视频监控、高速铁路自然灾害及异物侵限监测、高速铁路地震预警监测数据接入铁路数据服务平台接口暂行技术要求》（TJ/XX 010—2019）。

3. 运用情况

我国铁路灾害监测系统的应用起步较晚，对系统平台建设、产品设备研发缺乏相关的技术储备及经验，2009年，高速铁路防灾安全监控系统在高速铁路系统实验室投入运行，2010年，大风监测系统在京沪高速铁路先导综合试验中投入运行，2013年，铁道部门陆续发布《高速铁路自然灾害及异物侵限监测系统总体技术方案（暂行）》《高速铁路自然灾害及异物侵限监测系统技术条件风速风向监测设备（试行）》《高速铁路自然灾害及异物侵限监测系统技术条件雨量监测设备（试行）》《高速铁路自然灾害及异物侵限监测系统雪深监测设备暂行技术条件》等技术文件。为进一步强化铁路沿线自然灾害风险研判和监测预警多部门合作，规范和加强了铁路沿线自然灾害监测预警工作，国家铁路局会同自然资源部、水利部、应急管理部、中国气象局、中国地震局和中国国家铁路集团有限公司，联合制定了《关于加强铁路自然灾害监测预警工作的指导意见》（国铁安监〔2021〕42号），强调要健全完善铁路沿线自然灾害风险防范协调机制，开展多部门重大自然灾害联合会商研判，加强风险评估、隐患排查、应急演练、业务培训等方面的交流合作，推进铁路沿线隐患排查、超前预警、自然灾害科学防治等工作形成合力；加强自然灾害监测预警信息共享，逐步建立包含铁路沿线地质灾害预警、恶劣天气气象监测评估和预报预测等信息的灾害监测预警共享平台，实现铁路自然灾害监测预警信息共享；强化自然灾害监测预警工作，充分利用先进技术和手段开展各类自然灾害隐患排查、监测预警等防治工作；促进抗灾设防新技术推广应用，将抗震、防风、防洪等方面成熟的新技术、新成果运用到铁路自然灾害风险防范中，不断提升铁路基础设施自然灾害监测预警和安全防御能力；加强铁路抗灾设防科普宣教合作，部门之间、路地之间共同开展科普宣传教育，提高公众安全认知水平和爱路护路意识，完善铁路沿线示危及行车安全信息报告方式，建立铁路值班电话与110报警服务台情况互通机制。

灾害监测系统采用铁路局中心系统和现场监测设备两级架构，实时采集高速铁路沿线风、雨、雪、地震及上跨铁路的道路桥梁的异物侵限现场数据，接收既有灾害监测系统、相邻铁路局中心系统及地震、气象等相关部门系统信息，进行数据分析及处理，为运营管理提供有效、准确、可靠的监测、报警及预警信息。

目前，我国运行的高速铁路均同步建设了高速铁路灾害监测系统并且均已投入使用。早期建设的灾害监测系统主要采用按线路建设的模式，现阶段建设的灾害系统则主要采用按路局中心建设的模式。目前，太原、济南、沈阳、哈尔滨、北京等铁路局集团公司已经完成灾害监测系统铁路局中心系统的建设。表5-6为部分线路防灾安全监控装置现场安装情况。

表5-6　部分线路防灾安全监控装置现场安装情况

线路名称	大风	雨量	雪深	地震	异物侵限	监控单元
京津城际	12			6	5	25
石太客专	18	10			32	28
合武客专	15	7			33	22
杭深客专（甬台温、温福）	51	34			11	51
武广高铁	110	51			125	155
郑西高铁	42	25			110	65
沪宁城际	32	18			58	55
昌九城际	14	6			24	18
沪杭高铁	16	8			19	21
海南东环	38	30			52	39
长吉城际	10	6	4		13	15
广珠城际	15	4				16
京沪高铁	167	48		31	27	249
广深港高铁（广深段）	10	5			9	12
合蚌客专	15	13		3	2	17
哈大高铁	113	44	18	23	41	156
京石武高铁	114	46		28	14	155

续表

线路名称	大风	雨量	雪深	地震	异物侵限	监控单元
大西客专	13	6			1	17
京沈客专	64	34	26	4	5	74
新通高铁	24	13	9			20
哈佳快铁	36	19	12		2	48
哈牡高铁	50	18	17		3	48
石济客专	13	5	2		2	18
济青高铁	13	5	2		5	18
青连高铁	23	13	6		21	33
贵广铁路（贵州段）	15	19			7	15

5.3.16 周界入侵报警系统

1. 周界入侵报警系统简介

根据高速铁路沿线重要设备、重要机构设施的分布特点及铁路运营安全的需要，在高速铁路沿线路基地段、桥墩小于 3 m 的桥梁地段及桥梁救援通道，沿线动车段、牵引变电所、铁路车站站台端头及其他重点目标区段，设置高速铁路沿线周界入侵报警系统，用于探测入侵者的步行、跑动、跳跃、攀爬铁丝网、剪切围栏铁丝、挖掘地道、管道钻孔、敲打等动作，将报警信息及时准确地传送给铁路沿线相应管辖范围的工务、公安等部门，运用物防、人防、技防相结合的手段，解决铁路沿线非法入侵等事件，提升铁路行车安全保障水平。

周界入侵报警系统采用传感器技术和电子信息技术，对非法侵入高速铁路周界的行为进行监测（阻拦），并产生报警信息（警告驱离）。主要有泄漏电缆、振动电缆、微波墙、红外对射、激光对射、脉冲电子围栏、振动光纤、智能视频监控等方式。表 5–7 为周界入侵报警监控方式。

表 5–7 周界入侵报警监控方式

监控方式	误报率	使用寿命/年	适用场景	环境影响	供电要求	电磁干扰	安装/维护
泄漏电缆	较高	2	不规则周界，长距离	较小	较高	是	复杂/困难
振动电缆	较高	5	不规则周界，长距离	较小	较高	否	方便/困难
微波墙	较低	3	规则周界、短距离	较小	较高	是	复杂/容易
红外对射	较高	3	规则周界、短距离	较大	较高	否	方便/困难
激光对射	较低	3	规则周界、长距离	较小	较高	否	方便/容易

续表

监控方式	误报率	使用寿命/年	适用场景	环境影响	供电要求	电磁干扰	安装/维护
脉冲电子围栏	低	4	规则周界、短距离	较小	较高	是	方便/困难
振动光纤	低	8	不规则周界，长距离	较小	较低	否	方便/容易
智能视频监控	低	3	不规则周界，短距离	较小	较高	否	方便/容易

（1）泄漏电缆。两根平行埋在地下的泄漏电缆一根与发射机相连，另一根与接收机相连，发射机发送的高频电磁波经发射电缆向外发射，一部分能量耦合到接收电缆，在收发电缆之间的空间形成一个椭圆形的电磁场探测区。当有人进入探测区时，会干扰能量耦合，收到的电磁波能量发生变化，信号处理电路提取此变化量、变化率和持续时间等，即可通过电子电路触发报警。

（2）振动电缆。电磁感应式振动电缆由芯线、压敏膜、屏蔽膜、外套组成，可感测压力和形变，将电缆附在金属护栏网上，能感测任何攀爬、切割、掀起或打破围墙的行为，从而激活报警器。振动电缆可铺设在各种铁艺、围栏、围网上，甚至嵌入墙体中，对翻越和入侵破坏进行探测报警。

（3）微波墙。由发射机和接收机两部分组成，发射机和接收机相对而立，期间形成一个稳定的微波场，微波信号遇到移动物体反射后产生多普勒效应，即反射波与发射波的频率产生微小偏移，因此，一旦有人闯入，微波场受到干扰，接收机会探测到异常信息，从而发出报警信号。发射器与接收器的间距影响探测率。

（4）红外对射。主动红外入侵探测器包括发射端、接收端、光束强度指示灯、光学透镜等，红外光发射二极管发射的脉冲红外线，经光学镜面聚焦处理后可使光线传至很远，由受光器接收，当脉冲红外线被折断时会发出报警。触发响应时间设置要合适，太短如小鸟飞过、落叶飘过会引发误报，太长则易形成漏报。该设备小巧、价格低、技术成熟、安装维护方便。

（5）激光对射。使用对人眼安全且不可见的纳米级半导体激光作为光源，激光能量集中，穿透力强，抗干扰性好，原理与红外对射的遮挡报警方式相同，激光发射机发射定向强激光束（单束或多束），形成警戒线，对保护区域进行封闭布防。

（6）脉冲电子围栏。由前端围栏、电子围栏控制器和报警主机组成。电子围栏控制器向前端电子围栏输出高压脉冲，并检测围栏报警状态，报警主机接收围栏控制器信号，实现报警、布防、撤防和联动控制。输出的脉冲电压可调节，适用于不同防范等级，宜安装于实体围墙或栅栏上。

（7）振动光纤。以光学干涉理论为基础，当光纤受到外界干扰影响时，光纤中传输光的部分特性就会改变，感测设备检测光的特性（衰减、相位、波长、极化、模场分布和传播时间）变化，对异常情况进行报警及定位。

（8）智能视频监控。采用激光摄像机与红外热成像摄像机联动技术实现白天和夜晚的连续监控，采用前置目标智能识别与检测技术实现人员入侵、火警等异常情况的智能自动识别，可实现单侧线路 1.5 km 周界入侵检测功能。

2. 制度标准

《铁路视频监控需求规范 铁路公安用户》（TB/T 3478—2017）；

《铁路综合视频监控系统技术规范》（Q/CR 575—2017）；

《高速铁路周界入侵报警系统总体技术方案（暂行）》（TJ/QT 003—2020）；

《高速铁路周界入侵报警系统接口技术条件（暂行）》（TJ/QT 004—2015）；

《高速铁路周界入侵报警系统振动光纤监测设备技术条件（暂行）》（TJ/QT 005—2015）；

《线路障碍自动监测报警系统暂行技术条件》（TJ/GW 135—2015）。

3. 运用情况

周界入侵报警系统架构按照铁路局监测平台、公安处监测中心和现场设备（前端处理设备、前端探测设备）三级设计，并在沿线公安派出所、警务区及工务段等处设置复视终端。

目前，在铁路周界入侵报警系统中，使用较为广泛的前端探测技术包括振动光纤、电子围栏、对射探测等，核心技术大致分为对射遮挡、依附探测、物理感应和智能视频监控 4 种类型。

5.3.17 工务其他检测监测设备

工务专业除上述检测监测设备外，还有一些设备尚未大范围推广应用。如轨道动力学远程监测系统主要实时在线监测轨道动力学参数，对超限数据进行自动报警，并通过数据网络实现远程监控；轨道状态远程监测系统主要实时在线监测轨道状态参数，对超限数据进行自动报警，同时提供监测现场实时视频；轨道变形自动监测系统主要对高速铁路沉降或冻胀的发生发展进行监测；道岔钢轨裂纹及折裂自动监测系统主要实时在线监测高速铁路道岔钢轨缺陷（包括裂纹和折断）；扣件道床综合检测系统主要对轨道扣件和道床的状态进行检测，对螺栓丢失、弹条缺损等异常进行报警；无砟轨道及轨道板位移自动检测系统主要实时在线监测高速无砟轨道及轨道板 X、Y、Z 三向位移及温度场；铁路道床阻力及支撑刚度检测系统主要用于快速检测铁路道床纵横向阻力、支承刚度及钢轨纵向阻力。

5.4 工务安全检测监测存在的不足

整体而言，我国铁路工务安全检测监测系统经过多年的实践，在检测效率、监测效果和精确程度上已经取得长足进步，但各类检测监测装置在功能上距离系统化、集成化、智能化还有一定差距，在使用中仍然存在一定不足，实时监测设备的系统性和可靠性差、标准不规范、监测项目覆盖不全，缺乏有效的道岔、特殊结构和不良地质环境下路基、桥梁、隧道等设备的状态监测设备，主要表现在以下几个方面。

1. 道岔检测方面存在不足

国内道岔检测技术的研究起步晚，水平较为落后，缺少一种实时有效的道岔监控系统。目前我国以信号微机监测系统为主，但道岔状态的监控只是此系统中的一部分，且只能监测道岔动作电流和时间的关系曲线图及室内道岔所表示的电路状态等非常少量的参数，无法及时、准确地对道岔尖轨密贴，尖轨爬行，道岔转辙机的转换力，钢轨的横向、纵向位移和钢轨的振动加速度等状态进行监控。道岔的现场检测还停留在人工定期巡检的阶段，该方式占用较多的运营时间，严重影响了铁路的运营效率。

2. 隧道检测监测方面仍存在一些问题

数据传输速度慢，影响后续数据处理分析，人工识别效率低，劳动强度大，而且检测结果受人为主观因素影响大，检测与监测体系不完善，尚未形成完善的隧道结构病害综合检测体系，隧道检测车病害检测指标单一，自动识别程度低，需自动识别与人工修正相结合，检测速度较慢，一般为 1～3 km/h，无法满足我国大量铁路隧道检测的需要。

3. 自然灾害监测方面存在诸多短板和弱项

（1）地震预警监测装备缺少投入，缺少铁路周边环境的快速监测手段和设备，缺乏与运营列车在线检测系统的数据共享和集成分析机制，异物侵限监测和风、雨、雪等气象灾害监测及视频监测技术需要进一步完善。

（2）部分现场监测设备与监控单元设备故障报警情况较多，主要是 UPS 电源故障、数据采集板故障、异物双电网传感器故障、异物侵限监控误报、通信网络故障及雷击等，这些故障在一定程度上影响和制约了防灾系统的运用效果。

（3）防灾系统各厂商设备制式及数据格式不兼容，监控终端界面不统一，部分设备标定、检定较为困难，备品备件配置不足。

（4）防灾安全监控系统尚未形成完备的技术标准体系，防灾系统现场监测点布局方案尚未经过长期、充分的试验论证，无法提供科学、合理的布点数据支撑，导致设计规范的相关要求不够具体和细化，在实际应用时不能实现与线路实际情况的紧密结合。

4. 数据共享及应用水平不高

检测监测数据采集、传输、存储能力不足，跨专业信息不能共享，数据孤岛现象严重；各种检测设备或系统之间相互独立，种类繁多，数据格式不统一，数据中心不能做到数据的集中管理，数据分析、深度挖掘和应用不足，决策分析手段单一，不利于安全风险源的识别、研判和防控，不能适应设备的预防性状态修和精准维修发展方向。

5. 管理制度有待健全完善

在装置技术条件、运用管理、评定检查、产品认证等方面还未形成完整的规章制度，运用维护管理相关办法不健全。

5.5 新技术应用及发展趋势

铁路基础设施监测系统未来的研究与发展方向集中于高效可靠的轨道安全检测监测技术；更高速度的综合检测车，更高速度的钢轨探伤车；岔区钢轨变截面探伤技术；基于北斗、5G 新技术下的自然灾害、地质灾害、异物侵限等环境因素和轨道变形、位移等检测监测技术；铁路沿线设施监测网络化、智能化、可靠性的研究。

1. 大数据技术

通过大数据背景下的海量数据处理技术、数据挖掘、分析预测等方法的应用，研究基础设施的病害特征提取和融合技术、病害成因分析技术、病害识别与诊断技术、设备状态预测技术等，对轨道、钢轨、路基、典型桥梁结构等进行设备故障诊断、状态预测，实现设备的健康管理和全寿命周期管理。

2. 智能检测监测技术

（1）开展第二代高速综合检测列车和短编组高速综合检测列车研制，丰富检测功能，研发高精度时空同步、基于 5G 远程车–地交互和病害智能实时诊断的检测系统，进一步提高集成度、安全性和智能化水平，具备检测结果与设备管理单位的远程实时交互、在线诊断服务和安全预警等功能。

（2）深化设备外观状态巡检技术研究，扩展检测项目、提高检测速度，建立缺陷样本库，利用人工智能技术提升智能巡检水平，实现机器分析为主、人工确认为辅的病害分析和诊断系统。

（3）研究搭载式检测设备和运营车辆的融合技术，突破检测设备高可靠、易维护、检测数据实时传输等技术，实现基础设施状态高频度安全监测。

（4）加快推进高铁沿线风、雨、雪、地震、滑坡和异物侵限等灾害监测技术，以及桥梁、隧道、道岔等特殊结构基础设施监测技术研究和应用，提升实时监测系统技术性能，提高安全预警准确性、时效性，最终通过检测监测设备统型、功能融合、关键技术突破、检测模式创新等手段，增加提高劳动效能的方法和手段，逐步减少人工检查工作量。

3. 无线传感网络技术

无线传感网络技术（wireless sensor network，WSN）是信息技术的三大支柱之一，伴随着传感技术、无线通信与集成电路的发展应运而生。无线传感网络技术结合分布式信息处理技术、嵌入式计算机与系统等技术，不仅能够实时采集监测对象或监测区域的相关数据信息，还可以根据不同的需要自组网，将采集到的各种数据信息进行有效传输。无线传感网络由众多静止的或能够移动的传感器通过自组织、多跳等方式构成，传感器节点之间可相互交流，并采用短距离、低功率无线通信技术将感知采集到的信息经过处理后发送到监测终端，完成特定功能。无线传感网络包含了众多不同类型的传感器，具有低成本、低功耗、分布式等特点，是现代化技术的综合产物。采用无线传感网络技术是铁路沿线设施安全监测新的发展方向。

4. 隧道检测新技术

隧道衬砌质量检测技术正在由接触式向非接触式快速检测发展，如采用空气耦合式雷达天线的衬砌和隧底质量检测新技术、采用工业 CCD 相机的衬砌表面病害检测新技术等；由于激光兼具成像和测量功能，随着设备精度不断提高，衬砌表面裂缝、渗漏水病害及内轮廓变形检测会以三维激光扫描为主要方式；由单一检测技术向综合检测技术发展，设备高度集成化成为趋势；检测自动化程度将不断提高，不仅隧道质量检测过程自动化，拍照图像、雷达检测等检测数据的后处理也将逐渐自动化；铁路隧道检测车按普速铁路和高速铁路进一步细分，同时考虑采用综合检测技术和专用轨道车辆。

5. 道岔实时监测系统

利用微电子技术及传感器测量技术，研发各种能够高效、实时测量道岔参数且不影响列车正常运营的测量设备。该系统应具有储存、故障显示、监测报警和趋势预警等功能，且作为一个开放系统能够逐渐结合各种成熟的监测内容。计算机辅助软件应能够科学合理地利用测量数据，对道岔性能进行准确评估，且通过积累监测数据，对道岔的故障趋势进行准确预测等。

6. 钢轨无损探伤新技术

随着激光超声技术、电磁超声技术、相控阵列超声技术、超声导波技术、声发射技术、电磁检测技术、光学图像检测技术、光纤传感器检测技术和轮轨相互作用监测技术等新技术、新方法在钢轨探伤领域的应用，将大大提高钢轨无损探伤的精度、速度和缺陷的检出率。

7. 卫星遥感技术

卫星遥感监测，是借助卫星为媒介平台，根据监测区域需求，动态采集监测区域内的卫星遥感影像图，利用航空摄影软件对影像图数据分析处理，获取所需信息进而达到监测目的。应用卫星遥感技术，可有效改善人工巡线周期长、劳动强度大、巡护范围小等缺陷，大大提高巡护强度和效率；同时，对高铁沿线环境总体情况更全面的把控，对以往无法巡护的区段也能做到实时监控，尤其在偏远、高寒、隧道、深山、城乡接合部等地区具有较强的现实性意义。利用卫星遥感技术手段，可做到全天候服务，不受外界干扰，甚至可做到实时对铁路关键地段的监控、提前预警、隔断事故，保障线路安全。

第6章 电务安全监测设备

铁路信号系统是控制列车运行，保证行车安全，实现行车指挥自动化，提高运输效率，改善行车组织的关键系统，铁路信号系统具体包括信号系统与信号设备、器材两个层次。信号系统包括车站联锁、区间闭塞、列控运行控制、行车调度指挥控制、驼峰调车控制、道口信号等系统；信号设备、器材包括继电器、信号机、轨道电路、转辙机、应答器、电源屏等。随着铁路信号系统及设备、器材的不断发展，应用于各类信号系统及设备、器材的监测设备也应运而生，它们逐渐成为反映信号设备运营质量、预防设备故障、保证设备正常运营，提高电务部门维护水平和维护效率的必要设备。通过这些监测设备的实时监测、故障报（告）警、超限报（告）警、存储再现、过程监督、远程监视等功能帮助现场维护人员发现信号设备隐患，分析信号设备故障原因，辅助故障处理，指导现场维修工作。

铁路通信专业除了要为会议电视、公务电话、调度电话、通信广播、无线调度等系统提供语音、图像、数据，同时也为列车自动监控、防灾报警、机电设备监控、电力监控、门禁、自动售检票等系统提供传输通道，为各系统的连接构筑桥梁。随着信息技术的不断发展，我国的铁路通信技术和设备逐步由原有的单一性转向了综合性、系统化的发展趋势，为保障列车的安全和稳定运行提供了基础保障，因此铁路通信安全监测工作和技术管理工作至关重要，在维护铁路正常运转的安全性与稳定性方面发挥关键作用。

按照《铁路技术管理规程》对行车安全监测设备的分类，涉及电务专业的安全监测设备主要有通信信号检测设备和通信信号监测设备。通信信号检测设备主要包括综合检测车（通信检测系统、信号检测系统）和电务检测车，通信信号监测设备包括信号车载/地面监测和通信监测设备。信号车载监测设备是指安装在机车或动车组上，对列车运行监控装置及列控车载设备本身运行状态和故障进行监测的安全技术设备，例如，列控设备动态监测系统、列车运行监控装置监测管理系统、轨道车运行监控设备远程维护监测系统、动车组司机操控信息分析系统等车载监测设备；信号地面监测设备是指对室内各信号系统及室外各轨旁设备的运行状态、电气性能和故障进行实时监测的安全技术设备，例如，信号集中监测系统、ZPW－2000区间轨道电路室外监测及诊断系统、道岔视频缺口综合监测系统等地面监测设备；通信监测设备是指对通信网管及通信设备进行监测的设备，如铁路综合视频监控系统、机房动力设备和环境监控系统、GSM－R 网络通信接口监测系统和铁路通信铁塔安全监测系统等。本章重点对信号集中监测系统进行阐述，并对其他电务安全监测设备一并介绍，综合检测车中的通信信号检测系统和电务检测车将在第 8 章综合检测列车中予以介绍。

6.1 通信信号监测设备发展历程

6.1.1 国外铁路通信信号系统监测技术发展

目前，世界上铁路发达的国家都非常重视通信信号设备的监测诊断与维护技术，都发展出了适应本国通信信号设备的监测系统，例如，日本新干线的列车运营管理系统（COSMOS系统）中的集中信息监视系统与电务监测维护密切相关，CMS中心装置安装在新干线运行本部，通过LAN网对沿线区间及车站的防灾和通信信号设备状况（如信号ATC设备、转辙机、联锁机等工作状态）进行集中监控，该系统不仅对室内信号系统的运用状态进行了监控，还监测了室外道岔、信号机、轨道电路的关键技术参数，并能够实现电缆断芯分析。另外，COSMOS系统中的维护作业管理系统将监测数据上传到中央计算机，进行数据处理分析，生成维修计划，然后将处理数据传输给维修工区计算机终端，并将监测数据输出成图表来指导维修作业。

法国则是在以机车信号为主的列车自动控制系统上增加了设备监测和报警子系统，其主要内容为接触网电压监测、热轴监测、降雨监测、降雪监测、大风监测、立交桥下落物监测等。针对高速道岔，安装了道岔综合监测装置，进一步强化了列车运行安全的保障功能，该系统可以监测道岔的最小轮缘槽、密贴间隙、转换力、动作杆位移、基本轨和辙叉心磨耗、钢轨温度等各种数据和道岔环境数据。现场采集的这些道岔信息通过网络传送到维修中心，进行数据处理和储存，为高速道岔维护和使用提供数据，以实现对道岔设备的状态修。还有像以ALSTOM公司为代表的MSS 1.0信号集中监测系统，由集中站的MSS站机采集监测数据传输到监测维护中心的MSS服务器进行分析处理。集中站MSS监测联锁、DCS系统的状态信息，但没有采集智能电源屏、计轴、道岔、信号机等信号设备状态，监测项目偏少。在车载监测方面，利用通信信号检测车（HELENE型）以200 km时速进行巡回检测监测信号和通信系统，包括UM71轨道电路的特性、检测补偿装置、电气绝缘节的质量（纵向和横向干扰）、牵引回流失衡、信息定时发送器、地对车无线通信设备。根据任务需要，利用搭载高清相机、3D激光等传感器的无人机采集沿线细节信息，并采用专业软件进行数据处理和综合分析。

德国形成了通信信号一体化的电务控制和监测维护体系，覆盖了车站信号、区间信号和车载信号设备，还包括有线通信、无线通信及空间无线场强干扰监测等各技术领域，实现了车–地信号综合分析，此外，德国ICE高速列车的自检系统不仅能够报警，还可以通过ICE的无线通信系统将维修所需要的重要诊断数据传送给有关的检修段，使其做好快速修复准备。

发展至今，国外铁路通信信号设备监测技术已经比较成熟，发展方向逐渐转向车地无线通信及地对车远程监控，逐步实现车载监测系统与地面监控体系的有机结合。

6.1.2 中国铁路通信信号系统监测技术发展

1. 信号地面监测

我国信号地面监测系统是随着计算机技术的发展，前后经过几十年的艰苦探索才发展起来的系统。其中最具代表性的就是信号集中监测系统的发展，其发展历史最早可以追溯到1985年，在当时计算机技术的基础上开始研制最早的铁路信号微机监测系统。随着时间的推移和科学技术的进步，铁路信号微机监测系统不断发展。1997年，铁道部两次组织有关专家对信号微机监测系统进行大规模的调查研究，并在此基础上制定技术原则，组织联合攻关，研制开发了第一代TJWX-97型微机监测系统，并且在五大干线上推广应用，为监督电务信号设备运用状态及铁路运输安全作出了贡献。2000年，铁道部汇集了各铁路局、铁路相关院校专家的意见，对原《信号微机监测系统技术条件》进行了修改和完善，颁布了《信号微机监测系统技术条件》（TB/T 2496—2000），该技术条件对信号微机监测系统进行了新的定义，增加25 Hz相敏轨道电路等必需的功能。同时组织联合攻关，在TJWX-97型信号微机监测系统的基础上，开发出TJWX-2000型信号微机监测系统，以新的技术条件为依据，采用统一的软硬件，统一标准和制式，具备全路联网功能。TJWX-2000型信号微机监测系统的成功开发和统一标准，使得微机监测系统具备大规模推广使用的条件。该系统于2000年10月通过铁道部科技成果鉴定，在现场装备后取得了良好的运用效果。从2000年到2005年，随着第四次、第五次铁路大提速，包括计算机联锁系统、列车运行控制系统、提速道岔、ZPW2000系列无绝缘轨道电路等大量信号新技术设备上道运用，TJWX-2000型信号微机监测系统已经不能满足使用维护的要求。2005年3月，国家撤销铁路分局，实行铁道部—铁路局—站段三级管理模式，其后电务段生产力布局调整，电务段管辖区域扩大，管理难度加大，迫切需要进一步提高信号微机监测系统技术水平，以提高电务系统的整体维护水平和维护效率，压缩设备故障延时。为此，铁道部组织铁路局和各研制单位在《信号微机监测系统技术条件》（TB/T 2496—2000）的基础上制定了《铁路信号微机监测系统技术条件（暂行）》，并于2006年8月发布。TJWX-2006型信号微机监测系统重点解决了提速道岔交流转辙机、列控中心系统、ZPW-2000系列无绝缘轨道电路、高压不对称脉冲轨道电路等信号设备的监测功能，使微机监测系统的监测范围覆盖了当时的全部信号设备。

2. 信号车载监测

在信号车载监测方面，随着数字信号处理、计算机、网络通信、数据传输等技术的日益成熟和长足发展，我国信号车载安全监测设备借助这些高科技手段得以飞速发展，其发展运用经历了研发试运用、全路推广使用、整体优化完善和扩展三个阶段，这其中最具代表性的就是列控设备动态监测系统（DMS）的发展。随着动车组的逐步开行，2006年，铁道部运输局基础部根据动车组列控车载设备维护工作的需要，组织相关单位提出列控设备监测的需要，并着手DMS方案的研究。2007年，列控设备动态监测系统初步完成研发工作，首先完成DMS与CTCS-200H型列控车载设备的接口通信调试和试验，搭建了临时地面的DMS数据中心，形成了包含DMS车载设备、地面DMS数据中心和用户终端的三层系统运用架构体系。2008年初，铁道部运输局组织制定了DMS车载设备与CTCS-200C型列控车载设备、CTCS-3D型列控车载设备的通信接口规范，2008年3月印发《列控设备动态监测系统技术条件（暂行）》，对DMS的体系架构、系统接口、功能和要求等作了明确规定，各配属动车组的铁路局电务处、电务段等按规定设置DMS用户终端，在全路相关铁路局电务维护管理部门逐步推广DMS的系统运用。随着CTCS-3级列控设备在全路多条高速铁路的运用，DMS在对既有系统的软、硬件进行完善的基础上，及时扩展了与CTCS-300T、CTCS-300S、CTCS-300H列控车载设备的接口，补充了以上类型列控车载设备物理接口和通信协议。至此，DMS 可实现所有车型动车组运行状态和列控设备工作状态的实时监测功能。目前，全路所有动车组均已安装了 DMS 车载设备，实现了列控设备运行的实时监测，对及时分析和处理列控设备运行故障发挥了重要作用，并形成了国铁集团监督指导、铁路局集团公司数据管理、电务段分析运用维护的管理模式。同时，DMS 通过信息扩展为铁路机务和运输调度部门实时掌握司机操作状况及动车组运行状态提供了重要手段。总之，随着铁路建设的快速发展，以 DMS 为代表的信号车载安全监测系统正在向综合化、智能化方向不断完善和发展。

3. 通信设备监测

从 20 世纪 50 年代起，我国铁路开始实践 2 MHz 列车无线通信，但真正发展是从 70 年代开始的，90 年代之后基本普及了 150 MHz/450 MHz 列车无线调度通信，无线通信在铁路其他部门也得到了广泛应用，但是由于落后的组网技术限制了无线列调在铁路通信中发挥更大的作用。20 世纪 90 年代以来，铁道部引进 GSM-R 铁路移动通信系统并得到广泛应用。随着铁路通信技术和设备的发展，在通信安全监测方面，GSM-R 网络监控、通信综合网管系统、铁路综合视频监控等监测设备相继研发并得到应用。自 2008 年第一条高铁线路——京津城际铁路开通以来，综合检测列车每月对高铁沿线的轨道、弓网、GSM-R 网络、信号系统等基础设施运行状态进行检查。其中，对 GSM-R 网络的检测项目主要有场强覆盖、语音服务质量检测和列控数据传输服务质量检测。除综合列车动态检测外，铁路局核心网机房还配备了 GSM-R 网络接口监测设备，对实际运营列车车地通信过程进行全面监测，以便即时发现网络设备故障和车地通信异常等。通信综合网管系统是在一个平台上完成多个通信子系统集中管理、运行监控的网络管理系统，可以通过分析 GSM-R 设备产生的原始性能文件，实现 GSM-R 网络性能、数据传输速率、呼叫建立失败概率等指标的统计和监控，铁路综合网管系统建设始于 2008 年京津城际铁路工程，铁道部运输局于 2008 年 8 月颁布了《铁路通信综合网管系统技术条件（V1.0）》，对综合网管系统的构架、组成结构、实现的各项功能进行了规定，随后在武广、京沪、哈大、郑西高铁等新建铁路项目中，各铁路局开始建设路局级通信综合网管系统，并陆续把新建铁路线路的综合网管纳入到铁路局的统一综合网管平台。铁路综合视频监控系统从 2008 年京津城际铁路起开始发展，先后经历了从标清到高清，从模拟到数字，从采集点位少到采集点位密集，从系统功能单一到系统功能不断丰富完善，从单独的视频系统到与其他系统不断互联，视频资源作为一项重要的数据为其他系统提供信息。

4. 电务系统安全监控技术体系建设

为充分发挥监测监控设备在铁路安全生产过程中动态监测监控和超前预防作用，进一步整合既有监测资源、优化完善监测功能和手段，更好地保障电务系统安全，2014 年，铁路总公司运输局制定了《电务系统安全监控技术体系发展规划》，构建以电务段、通信段调度指挥中心系统为核心，集中整合和完善各类监测子系统，覆盖主要行车设备、关键作业过程、安全生产外部环境的安全监测技术体系。

广铁集团率先开发了基于大数据分析的电务安全监控技术体系（简称 8D 系统）。8D 系统总体涵盖“人员管理”“设备管理”两大体系，“调度指挥、集中监测、过程盯控”三大功能，八大子系统模块（8D）。1D 为信号设备集中监测系统，包含信号集中监测、列控地面设备监测、安全数据网管、电务综合监督系统等；2D 为车载设备监测系统，包含 ATP 动态监测系统（DMS）、LKJ 设备运行监测系统（LMD）、机车信号远程监测、CIR 设备监测、GYK

设备监测系统（GMD）；3D 为轨旁设备监测系统，包含道岔缺口综合监测（含缺口视频、油压、油位、温度、湿度、震动监测）、ZPW－2000 室外监测、电缆在线监测、室外箱盒环境监测；4D 为作业卡控系统，包含 LKJ 版本监测预警系统、LKJ 检测作业质量卡控系统、信号检修作业监控系统、机械室门禁控制、视频监控（包含信号机械室、通信综合、移动单兵视频监测）、工机具清点卡控及机械室动环监控等；5D 为通信综合网管系统，包含 GSM－R 系统网管、数据通信系统网管、传输系统网管、调度通信系统网管、数据网流量监测；6D 为通信设备监测系统，包含 GSM－R 网络接口监测、光纤监测、动环监测、通信电源在线监测、铁塔监测；7D 为电务安全生产指挥系统，包含施工盯控、生产调度、故障管理、问题库管理、监测数据分析、应急处置指挥；8D 为 CTC/TDCS 查询及综合维护系统。1D、2D、3D、5D、6D 实现通信、信号设备的集中监测，4D 实现生产作业过程盯控，7D、8D 实现生产管理、安全管理、应急处置等调度指挥功能。8D 系统通过整合和完善既有电务设备的监测监控资源，统一电务设备数据的存储，统一各子系统数据接口，统一信息处理平台达到数据信息共享，实现安全生产全程监控、设备故障智能诊断、设备隐患综合分析评判、应急处置可视化的调度指挥。电务安全监控系统总体框架如图 6－1 所示。

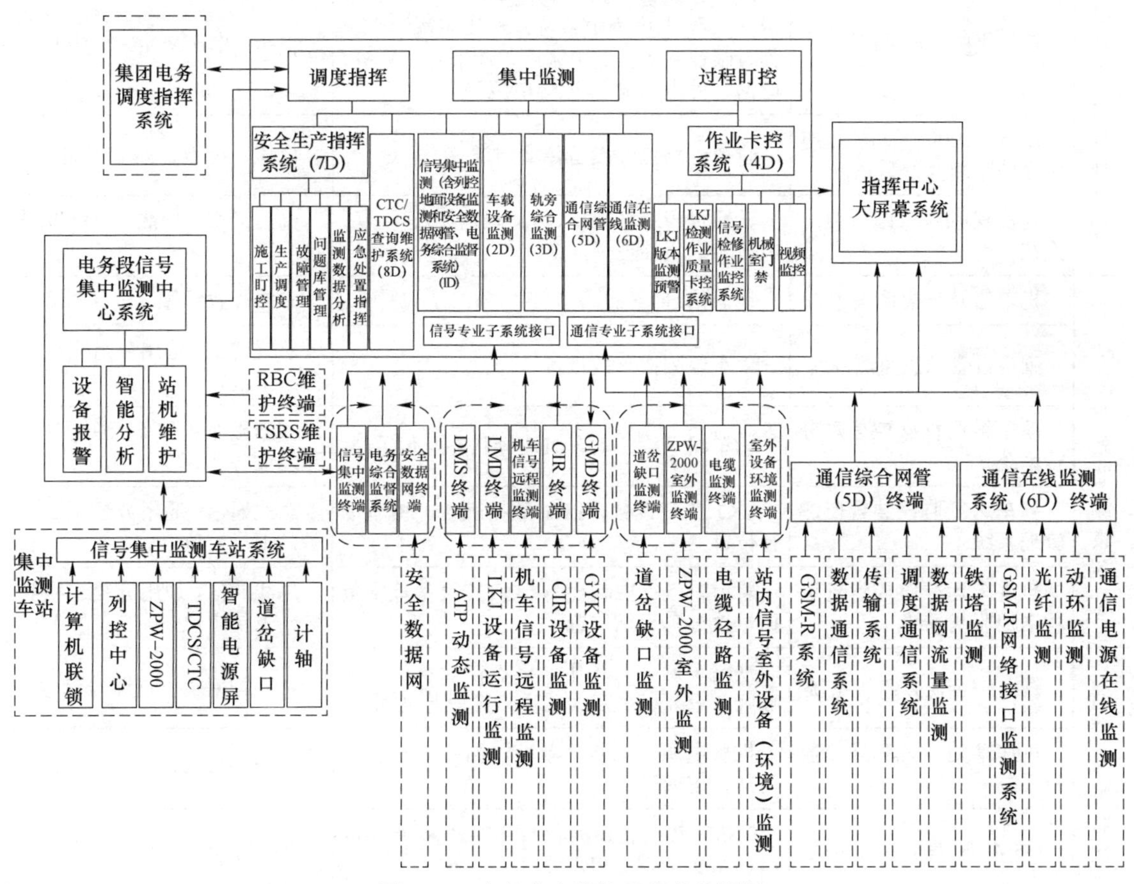

图 6－1 电务安全监控系统总体框架

6.2　电务安全监测设备概述

6.2.1　电务安全监测方式

电务安全监测分为信号安全监测和通信安全监测。信号安全监测按照监测设备类型的不同又分为信号地面监测设备和信号车载监测设备，其监测的主要方式通过电压、电流采集，利用高速摄像、拍照、总线通信、通用分组无线业务（GPRS）、卫星定位、温湿度监测等技术方法对铁路信号设备运行状态进行实时监测。通信安全监测的方式主要通过音视频采集、通用分组无线业务、传感器等技术方法对铁路通信设备及网络运行状态进行实时监测。表 6－1 为电务安全监测方式。

表 6－1　电务安全监测方式

设备名称		监测对象	监测方式
信号地面监测设备	信号集中监测系统	联锁、轨道电路、列控中心、列车调度指挥系统\调度集中系统、无线闭塞中心、临时限速服务器、电源屏、计轴、信号机、道岔、外电网输入电压\电流等	电压、电流采集，总线通信
	ZPW－2000 区间轨道电路室外监测及诊断系统	轨道电路室外设备传输通道	电压、电流、温度采集
	道岔视频缺口综合监测系统	转辙机表示杆缺口、转辙机内温度\湿度、电液转辙机油位	高速摄像、拍照，温湿度采集
信号车载监测设备	机车信号车载系统	地面信号	双路接收线圈、译码处理
	列控设备动态监测系统	动车组列控车载设备	总线通信，通用分组无线业务，卫星定位
	动车组司机操控信息分析系统	动车组司机、动车组运行状态及位置	高速摄像、录音，通用分组无线业务
	列车运行监控装置监测管理系统	LKJ 车载设备，LKJ 数据版本，机车运行位置	总线通信，通用分组无线业务，卫星定位
	轨道车运行监控设备远程维护监测系统	轨道车运行控制设备，GYK 设备基本数据，轨道车运行位置	总线通信，通用分组无线业务，卫星定位
通信安全监测设备	铁路综合视频监控系统	铁路车站公共场所、重点作业场所、咽喉区、重要机房及线路重点区段等处所	音视频采集、铁路专网
	机房动力设备和环境监控系统	机房电源、烟雾、湿度、温度、水浸、门禁、空调等	视频、传感器
	GSM－R 通信监测系统	GSM－R 网管监测和 GSM－R 系统 A 接口、Abis 接口、PRI 接口	通用分组无线业务
	铁路通信铁塔安全监测系统	铁路通信铁塔	感应器，无线数据网

6.2.2　电务安全监测内容

1. 信号地面监测设备监测内容

信号地面监测设备是监测地面信号设备状态、发现地面信号设备隐患、加强地面信号设备结合部管理、分析地面信号设备故障原因、辅助故障处理、指导现场维修、反映设备运用质量、提高电务部门维护水平和维护效率的重要信号设备。这些监测设备通过采用标准、安全的采集方案，实现对转辙机、轨道电路、信号机、计轴等信号设备的状态信息和报警信息的采集，通过采用标准的对外接口，获取自身具备采集子系统的信号设备（智能电源屏、列控中心 TCC、无线闭塞中心 RBC、临时限速服务器 TSRS、计算机联锁设备 CBI、ZPW－2000 系列无绝缘自动闭塞系统等）的状态信息和报警信息。表 6－2 为电务安全监测内容。

表 6－2　电务安全监测内容

监测设备	被监测设备	监测项点
信号集中监测系统	外电网	外电网输入相电压、线电压、电流、频率、相位角、功率等
	交流连续式轨道电路、25 Hz 轨道电路、高压不对称脉冲轨道电路、JWXC－2.3 型轨道电路	交流连续式轨道电路轨道继电器交流电压、直流电压；25 Hz 相敏轨道电路接收端交流电压和相位角；高压不对称脉冲轨道电路接收端波头、波尾有效值电压，峰值电压，电压波形；JWXC－2.3 型驼峰轨道电路轨道继电器工作电流
	转辙机	转辙机动作电流、功率和时间；道岔表示电压
	电缆	电缆绝缘
	电源	电源对地漏流
	列车信号机点灯回路	列车信号机点灯回路电流
	移频轨道电路	发送端功出电压、发送电流、载频及低频频率，接收端主轨电压、小轨电压、载频及低频频率
	半自动闭塞	半自动闭塞设备的直流电压、电流，硅整流输出电压
	环境状态监测	机房内温度、湿度，空调电压、电流和功率，烟雾、明火、水浸、门禁、玻璃破碎等传感器状态
	防灾异物监测	异物侵限继电器状态
	站（场）间联系电路	联系电路直流电压、场间联系电压、自闭方向电路电压、区间监督电压

续表

监测设备	被监测设备	监测项点
信号集中监测系统	站场运用状态	按钮状态、道岔及信号机表示状态、轨道电路表示状态、关键继电器状态
	计算机联锁	轨道区段、道岔、信号机、按钮、报警信息、其他表示灯及设备状态等信息
	列控中心	列控平台设备工作状态和系统通信接口状态、车站列控中心业务数据流信息
	ZPW-2000 监测子系统	轨道电路设备数量及设备状态信息、轨道电路模拟量、报警信息
	调度集中系统	CTC 系统工作状态、通信状态、报警信息
	智能电源屏	智能电源屏模块状态、模拟量监测内容、UPS 状态、报警信息
	智能灯丝报警单元	列车信号机主灯丝断丝报警信息
	临时限速服务器	TSRS 工作状态、报警信息、重要记录信息
ZPW-2000 区间轨道电路室外监测及诊断系统	ZPW-2000 轨道电路设备及传输通道	发送端、接收端电缆侧电流；发送端、接收端钢轨引接线电流；温度
道岔视频缺口综合监测系统	转辙机	转辙机动、静态缺口；转辙机内温湿度；电液转辙机油缸油位

2. 信号车载监测设备监测内容

信号车载监测设备是以列车行车安全监控、车载信号设备运行状态在线检测监测、智能化故障诊断、司机操控监测及操作信息分析为监控重点，以国家公共移动通信网或铁路专用通信网为无线数据传输平台，向各级调度指挥、行车安全监控、电务专业管理部门提供列车在途运行状况的实时信息、在线预警信息的重要信号设备。表 6-3 为信号车载监测设备监测内容。

表 6-3　信号车载监测设备监测内容

监测设备	被监测设备	监测项点
机车信号车载系统	地面信号	复示地面信息，并为监控装置提供可靠的地面信息
列控设备动态监测系统	列车超速防护系统、机车综合无线通信设备、动车组运行途中列控系统相关地面设备	列车超速防护系统机车综合无线通信设备、动车组运行途中列控系统相关地面设备等实时工作状态、版本信息、工作日志等；动车组实时运行信息

续表

监测设备	被监测设备	监测项点
动车组司机操控信息分析系统	列控设备动态监测系统、机车综合无线通信设备、无线数据传输装置、司机室	列控设备动态监测系统、机车综合无线通信设备、无线数据传输装置实时状态信息；动车组司机室音视频；动车组实时运行图示信息
列车运行监控装置监测管理系统	列车运行监控装置	列车运行监控装置实时运行状态、换装数据版本、工作日志；机车运行位置
轨道车运行监控设备远程维护监测系统	轨道车运行监控设备	轨道车运行监控设备实时运行状态、设备软件及数据远程更换和版本信息；轨道车运行位置

3. 通信安全监测设备监测内容

铁路综合视频监控系统主要是对铁路车站公共场所、重点作业场所、咽喉区、重要机房及线路重点区段等处所安装前端设备进行音视频采集。机房动力设备和环境监控系统可实现对机房电源、烟雾、湿度、温度、水浸、门禁、空调等监控。GSM-R 网络通信接口监测系统可对 Abis、A、PRI 接口进行监测。铁路通信铁塔安全监测系统采集铁塔倾斜数据、气象数据、图像数据，汇总到中心软件处理平台进行分析管理，为铁塔的监控和数据分析提供依据。

6.3 电务安全监测设备及技术

6.3.1 信号集中监测系统

1. 信号集中监测系统简介

信号集中监测系统（centralized signalling monitoring system，CSM）对道岔转辙机、信号机、轨道电路、信号电缆、电源屏等信号设备进行实时监测，与 ZPW-2000 轨道电路及 CBI、TCC、RBC 等设备的维护机以通信接口方式连接，获取其监测信息，是防控行车安全风险、加强设备管理的重要行车设备。信号集中监测系统以主要信号设备为对象，以融合的现代传感器、现场总线、计算机网络通信、软件工程及数据库等技术为手段，监测并记录信号设备运行状态、统计分析相关数据、加强信号设备管理，具有检测、报警、信息储存、状态再现等功能，为电务维护管理部门掌握设备当前状态、进行故障分析、指导现场作业和管理提供科学依据，从而提高信号设备维护效率和维护水平。

2. 信号集中监测系统结构

信号集中监测系统以站、段为基础，实行“三级四层结构”，“三级”是指实行国铁集团、铁路局集团公司、电务段三级体系结构，“四层”是指形成以国铁集团电务监测中心、铁路局集团公司电务监测中心、电务段监测中心及车站监测网的四层网络，整个系统是基于 TCP/IP 协议之上的广域网络模式。 信号集中监测系统总体结构如图 6-2 所示。

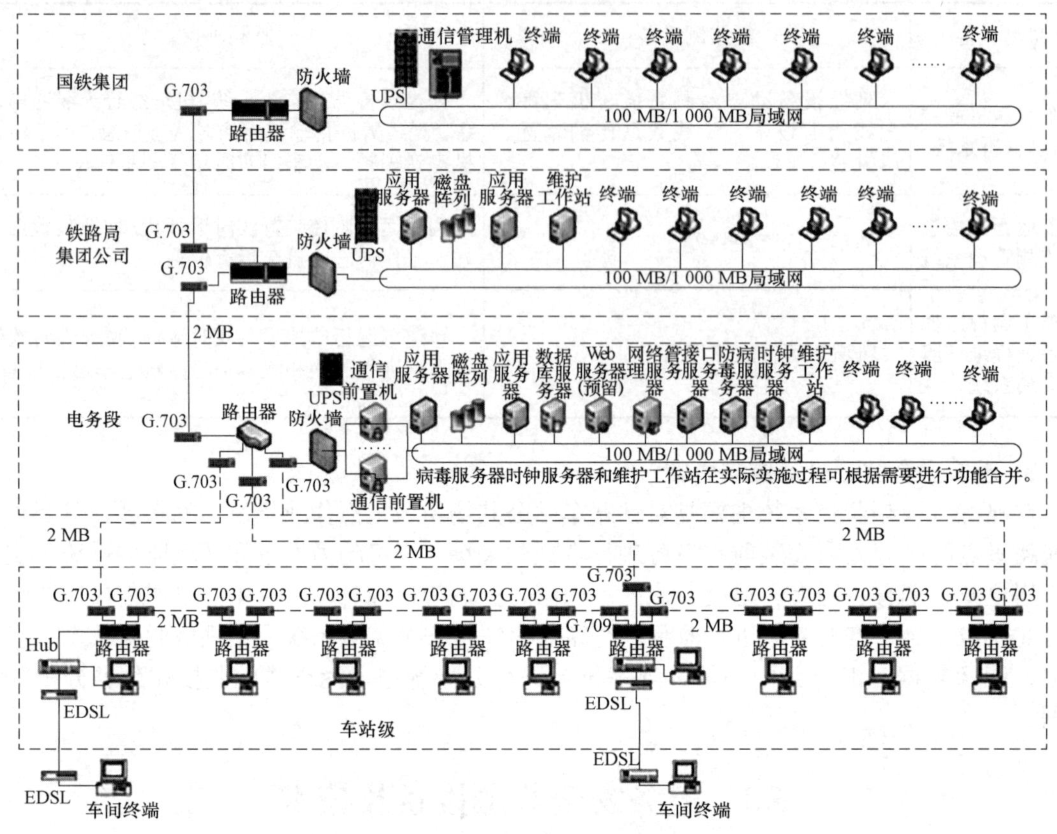

图 6-2 信号集中监测系统总体结构

信号集中监测系统由车站子系统、服务器子系统、终端子系统、维护工作站子系统组成。

1）车站子系统（车站站机设备）结构

车站子系统设置在车站信号机械室内，是整个信号集中监测系统的基础部分，主要负责数据信息的采集、处理、存储、回放、界面显示及通信，由 1 套采集设备、1 台 IPC 工控机、1 台显示器、网络通信设备及通信防雷器件等组成。采集设备主要负责对监测数据进行采集和预处理，按功能划分为综合采集分机、道岔电流采集分机、接口通信分机及各类采集单元，完成对车站信号设备状态和信息的采集。其他设备，如信号电源系统、计算机联锁系统、列控系统、ZPW-2000A 轨道电路、智能灯丝报警仪均采用通信接口的方式同站机相连，实现对此类相关信息的监测。车站子系统设备结构如图 6-3 所示。

车站子系统网络通信设备包含路由器、交换机、协议转换器、通道防雷和配套线缆，它们安装在站机综合柜内，用于站机和服务器、邻站站机的网络通信。依据通信的需求，车站配置的网络设备会存在不同。车站子系统网络通信设备如图 6-4 所示。

站机综合柜
绝缘漏流组合柜
道岔采集分机1
道岔采集分机2
轨道采集分机
综合采集分机
显示器
工控机
网络设备
转辙机采集分机
8U显示器
键盘
鼠标
2U路由器
1U协议转换器
1U交换机
3U接口电源层
4U电源零层
2U补空板
说明：采样模块就近安装在采集点附近
转辙机电流/功率采样模块、列车信号机点灯回路电流采样模块、开关量采集器等

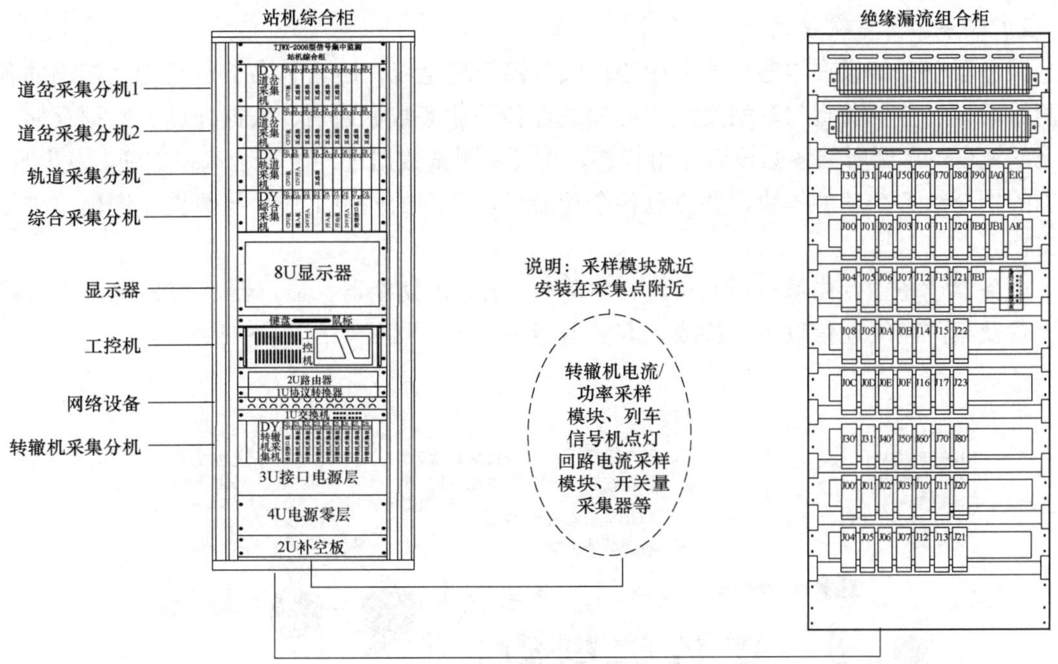

图6-3 车站子系统设备结构

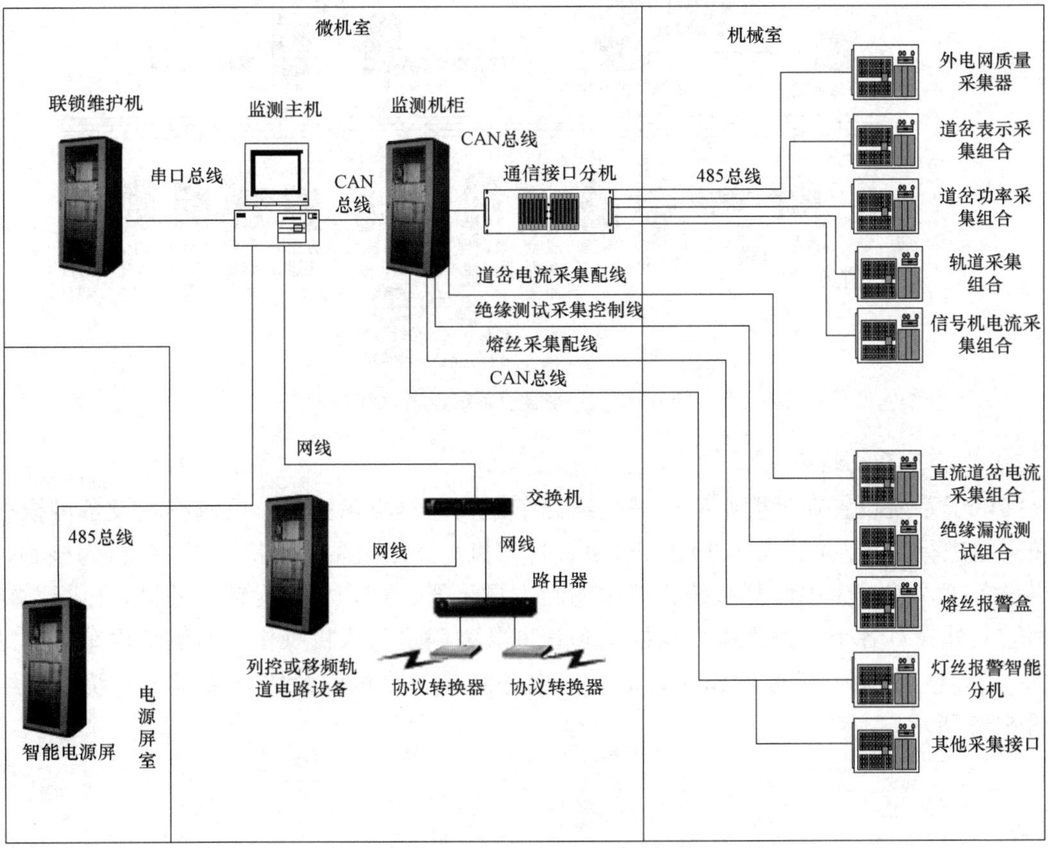

微机室
机械室
联锁维护机
监测主机
监测机柜
串口总线
CAN总线
CAN总线
通信接口分机
485总线
外电网质量采集器
道岔表示采集组合
道岔功率采集组合
轨道采集组合
信号机电流采集组合
道岔电流采集配线
绝缘测试采集控制线
熔丝采集配线
CAN总线
网线
交换机
网线
网线
路由器
485总线
列控或移频轨道电路设备
协议转换器
协议转换器
直流道岔电流采集组合
绝缘漏流测试组合
熔丝报警盒
灯丝报警智能分机
其他采集接口
智能电源屏
电源屏室

图6-4 车站子系统网络通信设备

2）服务器子系统结构

服务器子系统设在电务段监测中心，服务器管理全线内所辖车站节点及与之相连的各类监测终端。它主要负责与车站及监测终端进行各种业务数据通信、数据处理、数据存储、数据流的调度；掌握所辖各站设备运用状态，并根据测试数据进行逻辑运算和判断，发出合理、适当的指令给各个功能模块，并协调各个功能模块之间的同步工作，与数据库通信，进行数据交换。

服务器设备主要由服务器双机、磁盘阵列、KVM 切换器、显示器、UPS 电源、线路防雷设备及相关网络通信设备等构成。服务器子系统设备接线如图 6-5 所示。

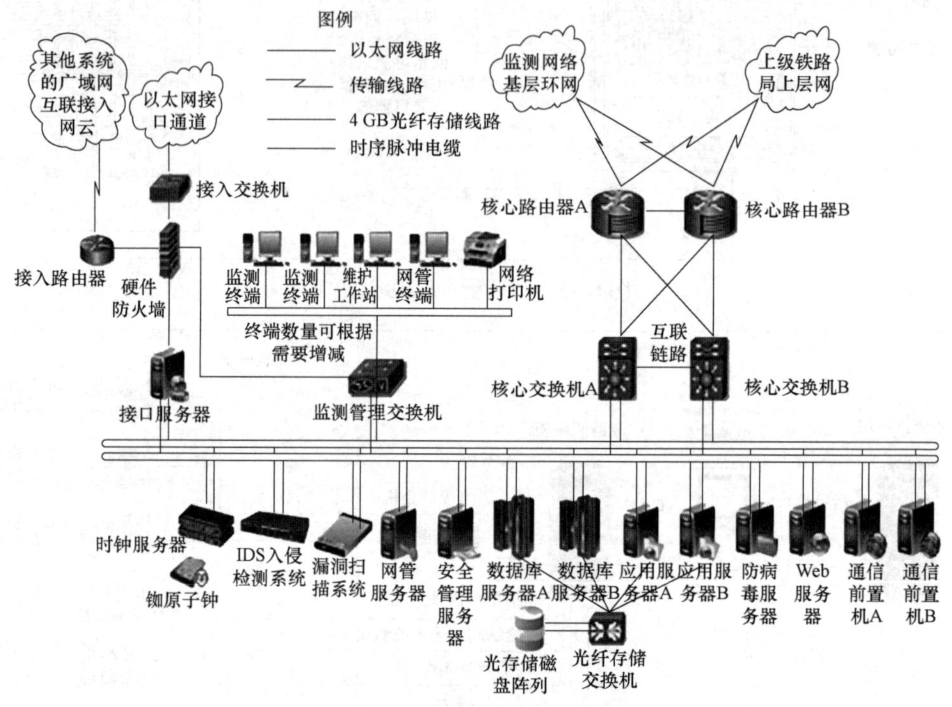

图 6-5 服务器子系统设备接线

3）终端子系统结构

终端子系统设置在调度中心、综合维修车间、保养点工区等。监测终端设备可根据需要和类型进行部署及配置，一般由 PC 机、打印机、网络设备等组成，以 PC 机为核心，用网络设备接入信号集中监测系统数据传输网，显示器、打印机作为输出外设，鼠标、键盘作为输入外设。各个监测终端根据控制和管理其权限进行人机操作，监测管内车站的站场信息、各类开关量、模拟量和报警信息、电务测试与维修信息等。终端子系统设备结构如图 6-6 所示。

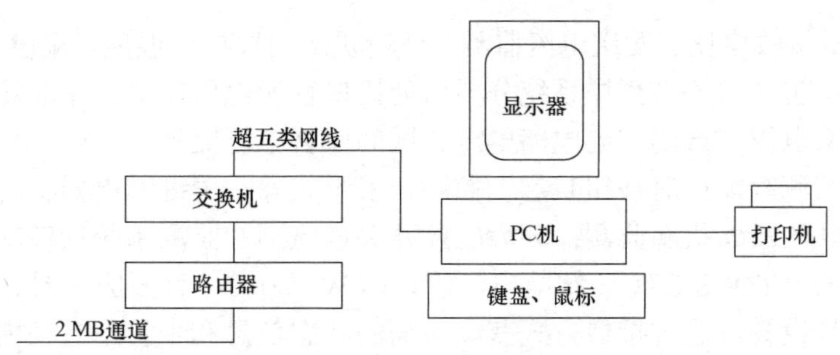

图6-6 终端子系统设备结构

4）维护工作站子系统结构

维护工作站子系统由商用PC机和打印机构成，通过TCP/IP网络协议接入监测系统网络。PC机安装网络管理软件、远程维护管理、杀毒服务器等软件，方便工作人员对系统进行操作维护。根据需要可以在网络维护工作站上配置系统的操作方式，功能包括网管、系统操作、实时监视操作和历史信息查询等。维护工作站子系统设备结构和终端子系统设备结构基本相同。

5）信号集中监测组网结构

信号集中监测系统网络通道采用2 MB专用数字通道。车站之间，车站至中继站、中间站，车站至电务段监测终端，车站至保养点均采用2 Mbps专用数字传输通道（通信系统与信号系统的接口位于信号设备机柜内）。监测系统网络通道如图6-7所示（以津秦客专为例）。

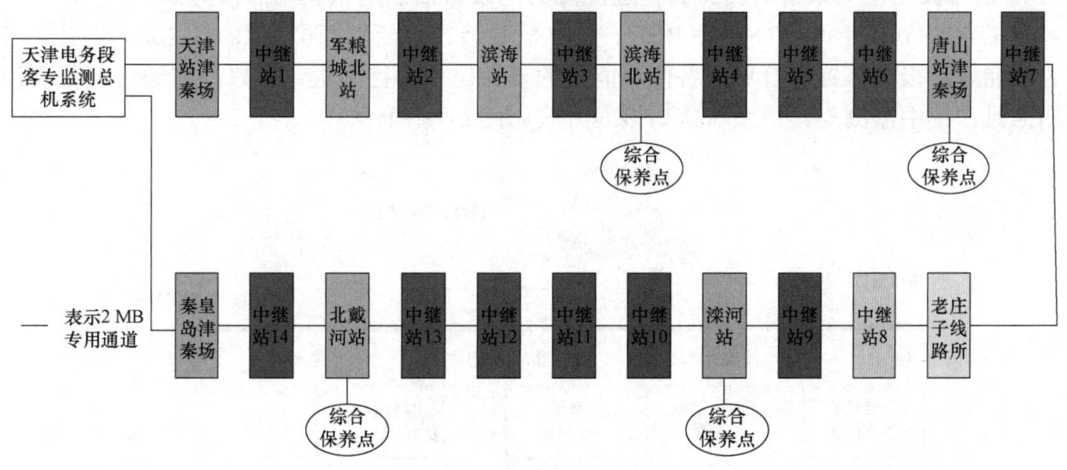

图6-7 监测系统网络通道图

3. 信号集中监测系统功能

（1）模拟量监测功能。外电网输入相电压、线电压、电流、频率、相位角、功率监测；电源屏输入电压、电流、输出电压、电流监测；25 Hz电源输出电压、频率、相位角监测；电动转辙机道岔转换过程中转辙机动作功率、电流、动作时间、转换方向监测；道岔表示交、直流电压监测；电缆绝缘监测；电源对地漏泄电流监测；列车信号机点灯回路电流的监测；集中式有、无绝缘移频自动闭塞区间移频发送器发送电压、电流、载频、低频，区间移频接收器轨入（主轨、小轨）电压，轨出1、轨出2电压、载频、低频，区间移频电缆模拟网络电缆侧发送电压、接收电压、发送电流监测；环境状态的模拟量温度、湿度、民用空调电压、电流、功率监测；防灾系统与列控系统分界口处接口直流电压监测；站（场）间联系线路直流电压、场间联系电压、自闭方向电路电压、区间监督电压监测。

（2）开关量监测功能。对按钮状态、控制台表示状态、关键继电器状态等开关量进行监测；列车信号主灯丝断丝状态监测；环境监控开关量监测；监测系统接口功能，满足对计算机联锁、列控中心、TDCS/CTC、智能电源屏、ZPW－2000、有源应答器、道岔缺口等具有自诊断功能的信号设备，通过接口方式获取所需的状态信息和报警信息功能。

（3）故障报警功能。监测系统根据设备故障性质产生三级报警和预警。一级报警指涉及行车安全的信息报警；二级报警指影响行车或设备正常工作的信息报警；三级报警指电气特性超限或其他报警。预警指根据电气特性变化趋势，设备状态及运用趋势等进行逻辑判断并预警。

（4）其他特色功能。从单一的对设备故障进行捕捉转向全方位的对设备状态进行监控，当设备发生异常（包括设备电气特性的突降、波动变化等）时通过声光报警通知维修人员对设备进行检修，防患于未然；知识库系统的集中维护及分布升级，知识库在电务段进行集中维护，站机可自动从服务器下载最新的知识库，然后站机可利用新的知识库进行新的分析，而站机程序无须升级；以维护为主线的人机界面展现，铁路信号集中监测系统以设备维护为导向，作为一个“有经验”的信号工能自动地发现设备的故障和异常，从而大大地减轻维护人员的工作量。

4. 信号集中监测系统对自身具备监测能力的设备信息的采集与连接方式

对 CTC、列控中心、TSRS、RBC、计算机联锁、智能电源屏、ZPW－2000 轨道电路设备、智能灯丝报警装置等自身具备监测能力的设备信息进行采集，通过接口通信，获取相关监测信息。集中监测与其他系统接口接线方式如图 6－8 所示。

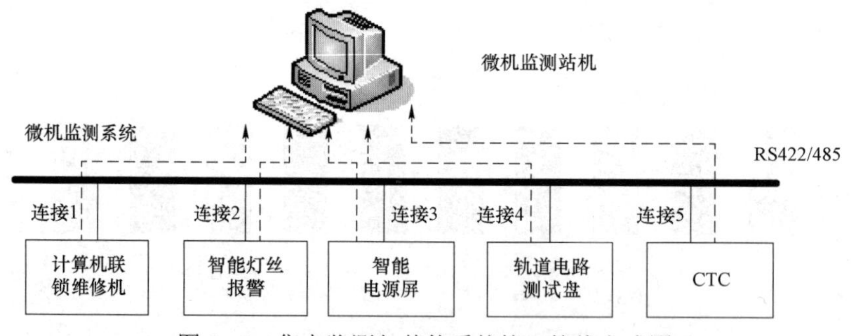

图 6－8　集中监测与其他系统接口接线方式图

（1）与外电网的监测接口。外电网采集是通过外电网监测单元实现的。外电网监测单元安装在信号机械室电力配电箱内。由采集机柜的 C0 层配一对 12 V 电源线到外电网监测单元；外电网监测单元的采集信息输出到主机是通过一根 RS485 串口屏蔽线实现的，两端做好标记，一端直接插接到外电网监测单元的串口连接处，另一端直接插接监测主机 COM3 端口。

（2）与智能电源屏接口。智能电源屏与信号集中监测主机之间只有一对屏蔽的 RS485 串口线即可，两端做好标记，一端直接插接到智能电源屏监测单元的串口连接处，另一端直接插接在主机 COM4 端口。

（3）与联锁接口。全线车站计算机联锁通过电务维护机将联锁的开关量信息和系统报警信息传至信号集中监测系统；联锁电务维护机通过串口与集中监测的数据通道，采用一根四芯屏蔽的 RS422 串口通信线，根据《信号集中监测与计算机联锁通信协议》与集中监测进行信息交互。两端均需做好标记，主机端接 COM7 端口。

（4）与 CTC 的接口。CTC 系统与信号集中监测设备的接口设置在各 CTC 车站，CTC 系统通过 CTC 维护机与信号集中监测站机连接，采用一根 RS422 四芯屏蔽的串口线通信，交互 CTC 设备状态信息和报警信息等。两端均需做好标记，主机端接 COM8 端口。

（5）与列控中心的接口。列控中心监测维护机通过以太网接口和信号集中监测设备通信，列控维修机与信号监测主机之间通过一根 RJ45 屏蔽网线连接，两端均需做好标记，监测主机端接口直接接到监测机柜内交换机。需要根据由全路全局统一分配的网络 IP 地址分配规划分别给监测主机和列控维修机配置 IP。

（6）与 ZPW–2000 接口。ZPW–2000 轨道电路通过 CAN 总线与列控中心机柜内的轨道维护机连接，将轨道电路监测信息汇入轨道维护机，再由轨道维护机将相关信息统一提供给信号集中监测系统。

（7）与无线闭塞中心（RBC）系统接口。与 RBC 的通用协议适配器 VIA 之间采用以太网接口，通过专用数据网的通用协议适配器与信号集中监测系统进行连接。

（8）与临时限速服务器（TSRS）接口。TSRS 向信号集中监测系统主要传送 TSRS 设备的运行状态信息。TSRS 用以太网通过临时限速服务器维护终端和集中监测系统连接。采用 STP CAT5e/6 网线连接，物理接口为 RJ45，水晶头应采用金属屏蔽层并和网线屏蔽接合。

5. 信号集中监测系统对分散安装设备的模拟量、开关量的采集监测

对分散安装设备的模拟量、开关量进行采集，主要采用传感器、模入板、开入板来采集，设备相互之间需采用标准电气接口，遵循国铁集团统一的 CAN 通信协议。

（1）信号机点灯回路电流采集。信号机回路电流采集是通过综合分机的模入板来采集的。由采集机柜的 C0 层配一对 12 V 电源线到信号机模块的首位，模块与模块之间使用环线连接，另外，需要把开关电源的地线和综合分机的 12 V 地线连接起来，形成回路后才能采集上数值。信号机点灯回路电流采集如图 6–9 所示。

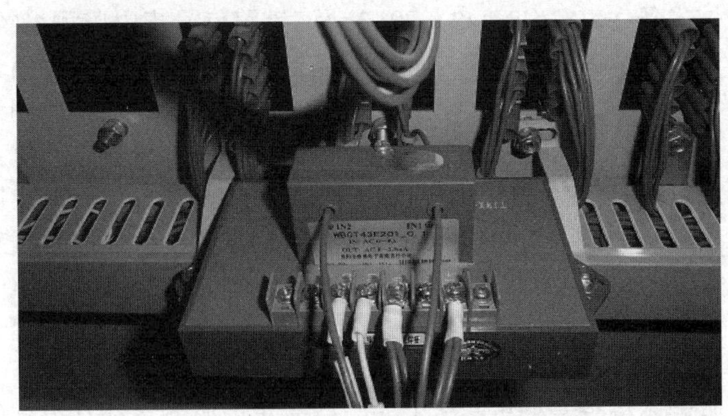

图 6–9　信号机点灯回路电流采集图

（2）熔丝报警采集。熔丝报警采集是通过综合分机的开入板来采集的。

（3）绝缘漏流采集。绝缘漏流采集通过综合分机的绝缘接口板来采集，测试绝缘时通过开出板控制继电器动作选路，由绝缘表产生 500 V 直流电压通过继电器选路后加载到电缆上来测量绝缘值的大小。对于漏流部分，在测试漏流的组合里面增加了一个漏流盒。漏流盒一般是在绝缘组合柜就近安装，根据图纸配线到控制层。

（4）道岔动作电流采集。道岔动作电流采集是通过转辙机分机的转辙机采集板来采集的。动作和功率曲线通过道岔功率模块传送到转辙机采集板，1DQJ 状态通过开关量采集器输出到转辙机采集板，定反表示通过采集 DBJ 和 FBJ 的空吸起状态接点来采集。功率模块和开关量采集器安装在道岔组合的后面，工作电源 12 V 由机柜的开关电源提供。道岔表示电压采集通过道岔分机的道岔互感器板来采集。轨道电压采集通过轨道分机的轨道互感器板来采集。轨道继电器状态通过轨道分机的开入板来采集，采集点是轨道继电器的一组空落下接点。

6. 制度标准

《铁路信号集中监测系统维护管理办法》（TG/XH 209—2014）；

《列控中心接口规范》（TB/T 3510—2018）；

《铁路信号集中监测系统技术条件》（Q/CR 442—2020）；

《铁路信号集中监测设备》（Q/CR 573—2017）；

《铁路信号集中监测系统接口规范》（Q/CR 780—2020）；

《轨道电路动态检测系统标定》（Q/CR 605—2017）；

《列控系统临时限速服务器（TSRS）接口规范》（Q/CR 620—2017）；

《CTCS-3 级列控系统无线闭塞中心（RBC）接口规范》（Q/CR 621—2017）；

《车站计算机联锁间通信接口暂行技术规范》（TJ/DW 186—2016）；

《高速铁路 ATO 系统临时限速服务器相关功能及接口暂行技术条件》（TJ/DW 219—2019）；

《高速铁路 ATO 系统列控中心相关功能及接口暂行技术条件》（TJ/DW 220—2019）。

7. 运用管理

铁道部电务部于 2010 年 9 月发布了《关于印发〈铁路信号集中监测系统技术条件〉的通知》（运基信号〔2010〕709 号），在原有“信号微机监测系统技术条件”的基础上，补充针对高速铁路信号设备维护的相关内容。随着高速铁路运营规模的不断扩大，计算机技术、网络技术、电子信息技术的不断发展，铁路总公司又组织相关厂家先后修改并发布了《铁路信号集中监测系统技术条件》（Q/CR 442—2017）及《铁路信号集中监测系统技术条件》（Q/CR 442—2020），进一步完善了铁路信号集中监测设备的相关技术条件。铁路信号集中监测系统作为铁路地面信号设备维护监测平台的代表，正在向综合化、智能化、网络化、专家系统方向不断完善和发展。国铁集团认证采信的铁路信号集中监测系统设备厂家主要有卡斯柯信号有限公司、河南辉煌科技股份有限公司、北京全路通信信号研究设计院集团有限公司、北京铁路信号有限公司、上海铁大电信科技股份有限公司、北京交大微联科技有限公司、南昌铁路勘测设计院有限责任公司、上海铁路通信有限公司、深圳市长龙铁路电子工程有限公司、沈阳铁路信号有限责任公司、四川网达科技有限公司、天津铁路信号有限责任公司、铁科华铁经纬（天津）信息技术有限公司等。

（1）信号集中监测系统查看分析基本要求。信号集中监测系统是提高信号设备运用质量和维护水平的重要设备，现场各级信号集中监测设备实行电务段、车间、工区三级分析制度，并且设有专（兼）职人员负责数据、信息的收集分析工作，填写相关记录并建立问题台账，对于发现的问题实行闭环管理。电务段应制订安全生产调度指挥中心、车间、工区信号监测设备查看分析计划，并按计划认真执行。对于发生的设备故障。需对故障前 30 min、故障时和故障后 30 min 的监测数据进行专门存储。同时，对于信号集中监测系统的查看分析质量，铁路局集团公司电务部及电务段实行月度通报制度，现场各级监测查看分析部门每月对集中监测设备的运行情况进行总结。涉及新建、大修改造、修改变更联锁关系施工开通后，电务段应安排专人利用监测设备进行不少于 24 h 的盯控，一旦发现设备异状和问题及时进行处理。

（2）信号集中监测系统查看内容及周期要求。表 6-4 为信号集中监测系统查看内容及周期。

表 6-4　信号集中监测系统查看内容及周期

<table>
<tr><th rowspan="2">分类</th><th rowspan="2">分析内容</th><th colspan="4">分析周期及要求</th><th rowspan="2">备注</th></tr>
<tr><th>工区</th><th>现场车间</th><th>调度中心</th><th>信号检修车间</th></tr>
<tr><td rowspan="10">日常分析</td><td>各站各种模拟量日曲线</td><td>每日查看 3 次，早晚按要求全部查看分析，中午对站内轨道电压、相位角，移频轨道功出电压、主轨接收电压、小轨（调接入）接收电压曲线进行查看分析，发生曲线异常分析</td><td rowspan="5">每 3 天内对管内设备全面分析一遍，发生超限分析</td><td rowspan="5">管内每月分析不少于 2 遍</td><td rowspan="10">管内每季对监测运用功能浏览分析不少于 2 遍，对车间上报监测设备异常信息，核查跟踪，及时解决监测设备存在的问题</td><td rowspan="5">1. 移频轨道电路只查看功出电压、主轨接收电压、小轨（调接入）接收电压曲线，其他曲线故障进行分析。
2. 其他设备曲线全部查看分析</td></tr>
<tr><td>各站各种模拟量月曲线</td><td>每月 1 日对上月的各种设备月曲线进行查看分析</td></tr>
<tr><td>各站道岔动作电流、功率曲线</td><td>每日查看 3 次，发生曲线异常分析</td></tr>
<tr><td>各站模拟量日报表</td><td rowspan="2">每日查看 3 次，发生数据异常分析</td></tr>
<tr><td>模拟量实时值</td></tr>
<tr><td>一、二级报警</td><td rowspan="3">每日查看 3 次，各项报警实时分析</td><td>实时分析</td><td>实时分析</td><td rowspan="3"></td></tr>
<tr><td>三级报警</td><td rowspan="2">抽样分析</td><td rowspan="2">抽样分析</td></tr>
<tr><td>道岔缺口报警</td></tr>
<tr><td>站机站场显示状态观察</td><td>每日查看 1 次</td><td>每 3 天内对管内设备全面查看一遍</td><td>管内每月查看不少于 2 遍</td><td></td></tr>
<tr><td>站机站场显示与实际核对</td><td colspan="2">每年对管内开关量显示核对一遍</td><td>做好检查指导</td><td></td></tr>
</table>

续表

分类	分析内容	分析周期及要求				备注
		工区	现场车间	调度中心	信号检修车间	
日常分析	模拟量检测数据测试核对	每年对管内模拟量测试数据核对一遍，调整误差	做好检查指导	做好检查指导	大修、站改施工负责	
	设置模拟量检测报警上、下限	按照段发标准合理设置，严禁随意调整				
	时钟同步检验	每日查看 2 次	每日 1 次	管内每周查看 1 次	发现误差及时调整	
设备故障	分析“日常分析”的相关内容	保存设备故障前 30 min 至故障恢复后 30 min 内的相关记录	设备故障后积极组织分析	及时分析信号设备发生故障原因		在工区机械室集中监测站机 D 盘建立专用文件夹，名称为故障存储，用于文件存储使用
	再现设备故障发生过程					
	开关量、模拟量状态检查					
	报警统计检查					

（3）信号集中监测系统检修维护。现场信号集中监测系统实行预防修、故障修和关键设备委托修的维护方式，保证设备正常运用。表 6–5 为信号集中监测维护内容及周期。

表 6–5　信号集中监测维护内容及周期

修程	工作项目	单位	周期	工作内容及标准
日常养护	检查信号集中监测系统及网络设备	站	有人值守站每日 1 次，无人值守站和区间中继站每月 1 次	1. 各系统机柜、机箱风扇运转正常，通风良好；系统内安装的 UPS 电源风扇运转正常，面板指示灯显示正常 2. 交换机、路由器、协议转换器等设备工作正常，指示灯显示正确 3. 信号集中监测系统与其他关联设备间通信正常 4. 电源适配器及电缆、电线、接地线连接、插接良好，无异状 5. 系统防雷单元正常，无劣化指示
	检查信号集中监测系统配套的设备			1. 继电器、断路器、调整器、各采集模块等器材工作正常，无异状，表示灯显示正常 2. 插接式器材不歪斜，防脱落固定措施良好 3. 电缆、电线、接地线连接、插接良好，无异状 4. 系统防雷单元正常，无劣化指示 5. 室内各种器材铭牌、标识齐全
	信号集中监测系统查看终端及记录分析			1. 集中监测系统终端设备工作正常，键盘、鼠标、打印机作用良好，铭牌标识齐全 2. 集中监测系统终端报警信息分析处理 3. 终端时钟无误差

续表

修程	工作项目	单位	周期	工作内容及标准
集中检修	检查信号集中监测系统及网络设备	站	每年1次	1. 机柜安装螺丝紧固，不松动，柜内模块、板件、网络设备、电源适配器、断路器等安装、插接牢固，防护措施良好 2. 接线端子紧固、不松动，电缆、电线焊接、插接及接地、等电位连接牢固，防雷单元正常、无异状 3. 设备配线无异常、不老化，绑扎、防护措施良好 4. 机柜及柜内终端防尘过滤网、风扇清洁干净、无粉尘 5. 机柜内光纤弯曲符合标准，光纤遮光防护措施良好（含备用光纤） 6. 按周期更换到寿命周期或轮修期设备、器材及状态不良器材 7. 交换机、路由器、协议转换器等设备工作正常，指示灯显示正确 8. 系统配备的 UPS 主、备切换试验正常，电池性能良好 9. 信号集中监测系统与其他关联设备间通信正常
	检查信号集中监测系统配套的设备			1. 机架、机柜安装牢固，不倾斜，安装螺丝紧固，不松动，继电器、变压器、断路器、调整器、采集模块等器材插接安装牢固，防脱措施良好 2. 接、配线端子紧固，不松动，电缆、电线焊接、插接及接地、等电位连接牢固 3. 设备器材配线无异常、不老化，走线平顺、整洁，绑扎、防护措施良好 4. 机柜及设备、器材清洁干净、无粉尘 5. 按周期更换到寿命期或轮修期设备、器材及不良器材 6. 继电器、变压器、断路器、调整器、采集模块、防雷单元等器材工作正常，无异状 7. 防雷器件检查、测试正常
	信号集中监测系统查看终端及记录分析			1. 信号集中监测系统查看终端设备防潮、防水、防尘措施良好 2. 信号集中监测系统查看终端电源、电缆、电线、接地线、插接良好、无异状；键盘、鼠标、打印机作用良好 3. 相关配线无异常、不老化，绑扎、防护措施良好

6.3.2　ZPW-2000 区间轨道电路室外监测及诊断系统

1. ZPW-2000 区间轨道电路室外监测及诊断系统简介

ZPW-2000 区间轨道电路室外监测及诊断系统是实现对轨道电路设备和传输通道的故障定位，并给出现场可操作的维修建议，辅助现场维修的技术装备。该系统通过对室内和室外监测点上传的数据进行逻辑判断、综合分析和处理，当判断轨道区段出现电压、电流值异常变化或出现异常红光带时，启动故障诊断算法逻辑，对故障点进行定位，并向控显设备输出故障诊断结果和处理建议，对于现场维护人员压缩故障延时，减轻故障处理压力有很大的帮助。监测系统采用模块化、网络化结构，具备有效的隔离措施、雷电防护及抗干扰能力，主要由轨道电路诊断主机和室外数据采集设备两部分构成，ZPW-2000 区间轨道电路室外监测及诊断系统结构图如图 6-10 所示。

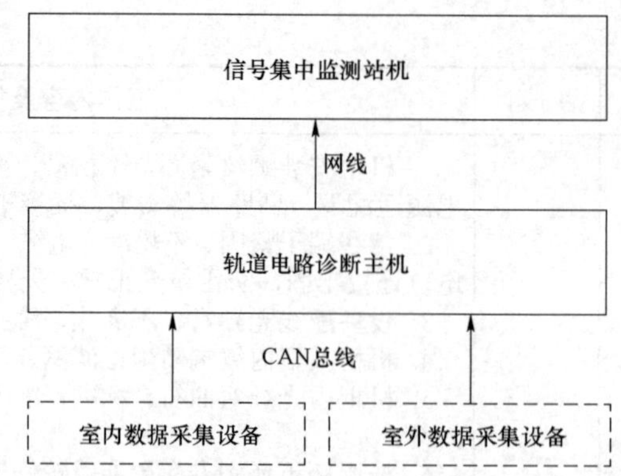

图 6-10　ZPW-2000 区间轨道电路室外监测及诊断系统结构图

其中室外数据采集设备包括室外监测通信处理机、电源设备、通信分机、采集分机、电流传感器，每条电缆需要 2 芯电缆。隔离电源为采集分机提供工作电源，通信分机与采集分机数据通信，并将数据传递给室外监测通信处理机，室外监测通信处理机将采集数据送至轨道电路诊断主机。室外数据采集设备结构如图 6-11 所示。

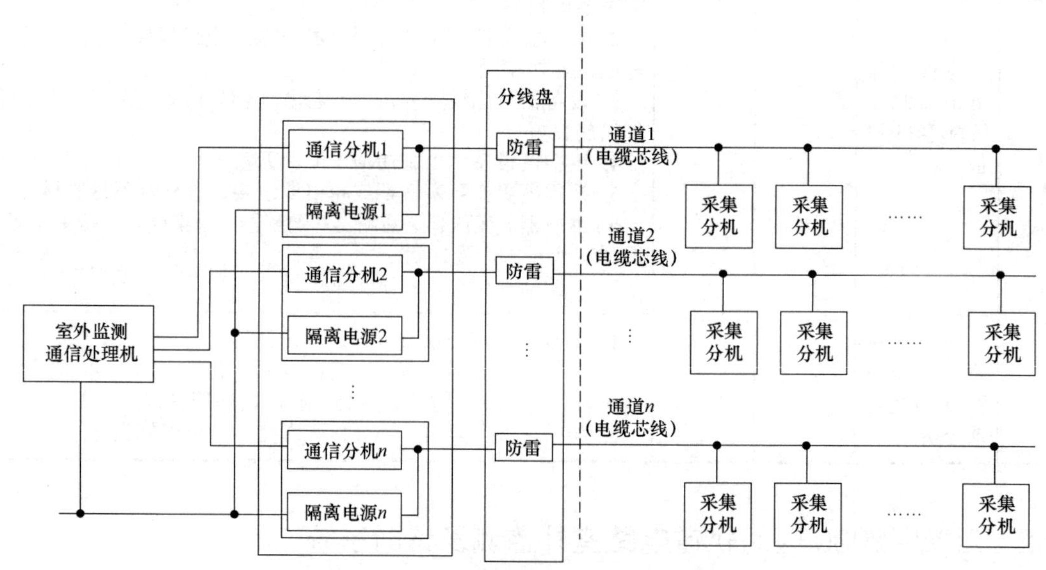

图 6-11　室外数据采集设备结构图

室外数据采集设备主要功能如下。

（1）室外监测系统具备预警功能，当区段控显条件下出现电压、电流异常变化时，自动分析确定出引起电压、电流异常的隐患区域，并给出维修建议。

（2）室外监测系统具备报警功能，当区段出现异常红光带时，自动分析确定出引起红光带的故障区域，给出维修建议。

（3）室外监测系统具备在回放条件下的故障诊断再现功能。

2. 制度标准

《区间轨道电路室外监测及诊断系统暂行技术条件》（TJ/DW 197—2017 ZPW-2000）。

3. 运用情况

ZPW-2000区间轨道电路室外监测及诊断系统属于近几年新发展出的监测设备，它在部分新开通运营线路上已逐步推广使用，但在对于已开通的既有线路，需进行单独改造施工。

国铁集团认证采信的ZPW-2000区间轨道电路室外监测及诊断系统设备厂家主要有北京华铁信息技术有限公司、北京交大微联科技有限公司、上海铁大电信科技股份有限公司、上海铁路通信有限公司、北京全路通信信号研究设计院集团有限公司、深圳市长龙铁路电子工程有限公司、宁波思高信通科技有限公司、沈阳铁路信号有限责任公司、河南辉煌科技股份有限公司。ZPW-2000系列无绝缘轨道电路设备（含室外监测及诊断功能）厂家主要有北京全路通信信号研究设计院集团有限公司、北京铁路信号有限公司、上海铁路通信有限公司、黑龙江瑞兴科技股份有限公司、北京和利时系统工程有限公司、固安信通信号技术股份有限公司、沈阳铁路信号有限责任公司。

6.3.3 道岔视频缺口综合监测系统

1. 道岔视频缺口综合监测系统简介

道岔视频缺口综合监测系统采用高像素红外摄像头采集道岔缺口位置图像，由图像采集处理器对原始图像进行处理和参数提取、计算，实现表示缺口偏移量的精确监测，系统还能够监测道岔扳动过程、过车时缺口变化状态及转辙机震动强度、缺口位置信息、机内温度、湿度、电液转辙机油箱油位等数据。道岔视频缺口综合监测系统直接提供转辙机缺口的图像和视频，非常直观地反映出实际缺口视频动态图像及实际缺口的变化动态过程，同时能够对道岔扳动过程和过车过程作视频记录，实时记录道岔振动的数据，准确反映道岔的动态质量，为现场故障处理，检修作业，工、电联合整治等都提供了很好的依据。系统主要由缺口监测主机、采集分机、传感器、通信传输设备、电源设备等组成。道岔视频缺口综合监测系统结构图如图6-12所示，ZYJ7型转辙机缺口传感器安装示意图如图6-13所示。

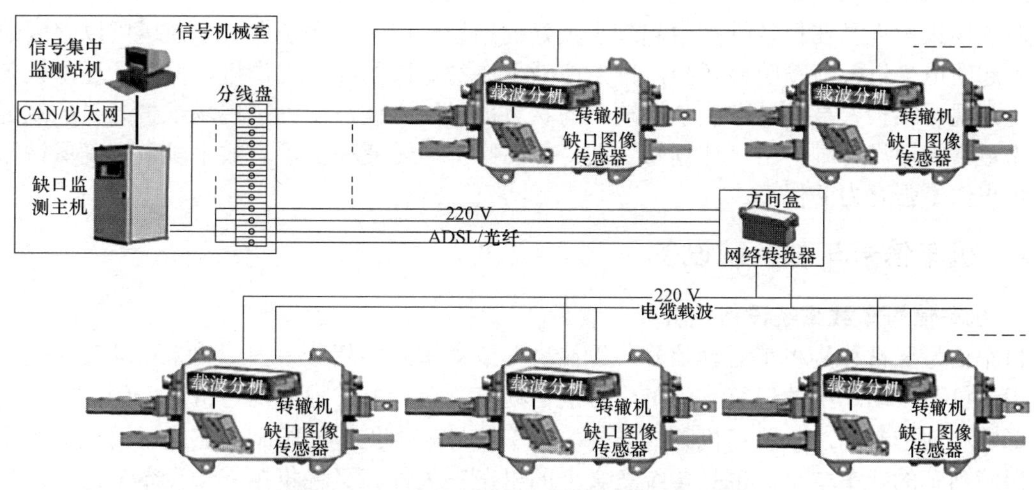

图6-12 道岔视频缺口综合监测系统结构图

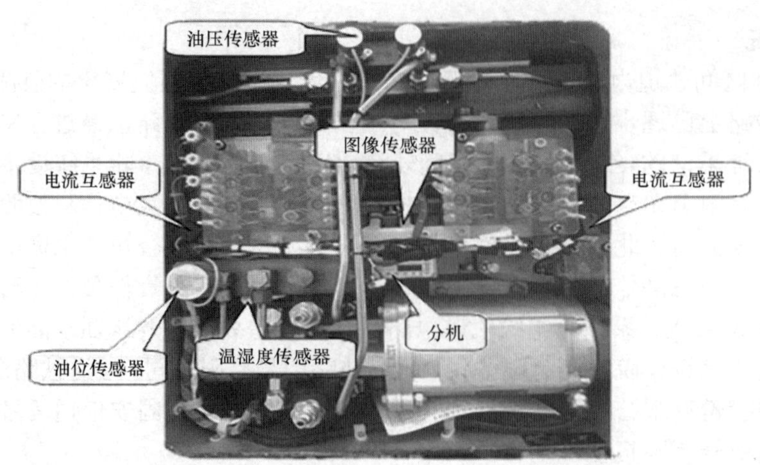

图 6-13　ZYJ7 型转辙机缺口传感器安装示意图

道岔视频缺口综合监测系统主要功能如下。

（1）实时拍摄缺口间隙或缺口标记，供系统判断、记录、显示。

（2）实时反映缺口量值，供系统判断、记录、显示。

（3）系统具有自诊断功能，能实时监控硬件设备工作状态，同时，系统故障不影响被监测设备的正常工作。

（4）系统具有实时查看功能，在站场平面图上能实时显示道岔位置和缺口状态。

（5）系统能监测电液转辙机油箱内的油位高度，同时，可以将油位显示出具体数值并图形化显示。

（6）系统能监测转辙机内温湿度数据，并生成曲线。

2. 制度标准

《道岔缺口监测系统技术规范》（TJ/DW 183—2015）。

3. 运用情况

对现场维护人员在日常维护中起到了很好的指导作用，该系统自大规模运用以来因缺口变化引起的道岔设备故障明显减少，极大地减少道岔缺口的维护工作量，保障了道岔设备的安全，为现场维护人员及时准确掌握缺口的状态提供了方便，受到了现场维护人员的欢迎。为铁路道岔转辙设备维护由“计划修”向“状态修”的转变提供了有效手段，为确保铁路运输安全提供了强有力的保障。

6.3.4　机车信号车载系统设备

1. 机车信号车载系统设备简介

机车信号又被称为机车自动信号，设在机车或动车组的驾驶室内，用来自动反映运行条件，指示机车或动车组的运行。机车信号能自动复示运行前方地面信号机显示的内容，克服天气影响和地形影响，改善司机瞭望条件。机车信号就像机车的眼睛，它指示司机的操纵运行，保障列车的行车安全，也是传统意义上的机车三大件（又称机车三项设备）之一。当机车靠近地面的信号机时，感应器线圈接收到轨道电路中发射的地面信号信息，经过机车上的滤波器、译码器、放大器等设备的处理，通过安装在驾驶室内的机车色灯信号机显示出来。同时，机车信号设备作为列车运行指令的信息源，会把运行指令输出到监控装置，作为控车的基本条件。JT-C 系列机车信号车载系统设备采用多项先进技术，能满足铁路信号故障导向安全原则，具有数据记录功能，在地面信号具备条件时可作为主体化机车信号应用，由机车信号主机（含机车信号记录器）、机车信号机、双路接收线圈、连接电缆等构成。机车信号主机是设备的核心部分，主要作用是对接收信号进行处理、解码、译码，得到机车信号信息。将信息结果输出给机车信号机，构成机车信号各种显示。同时还将信息结果输出给列车运行监控记录装置 LKJ，作为控制列车运行的条件。机车信号车载系统示意图如图 6-14 所示。

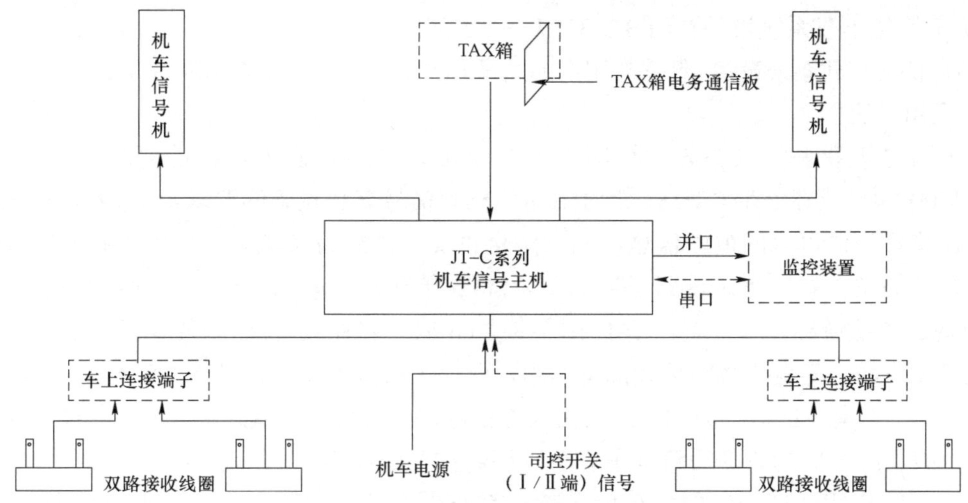

图 6-14 机车信号车载系统示意图

JT1-CZ2000 型机车信号车载系统设备是在《JT-C 系列机车信号车载系统设备技术规范（暂行）》实行后制造的，根据“故障-安全”原则设计，关键部分采用容错安全结构，设备应用采用双套热备方式，提高了整个系统的可靠性。主要外部特征是用 XC 系列卡口电缆连接器代替螺口电缆连接器，取消接线盒，机车信号机和上下行开关盒可以一体化。系统通过安装在机车第 1 轮对前面的双路接收线圈感应接收轨面信息，送给机车信号主机；主机板通过模数变换、频谱分析等一系列译码处理过程，将译码结果输出显示于司机室的显示器上；主机还将信息结果输出给机车信号机，构成机车信号各种显示。主机同时对机车信号运行过程中的有关动态信息进行记录，并可通过地面处理系统对记录的信息进行读取显示分析。JT1-CZ2000 型机车信号车载系统设备如图 6-15 所示。

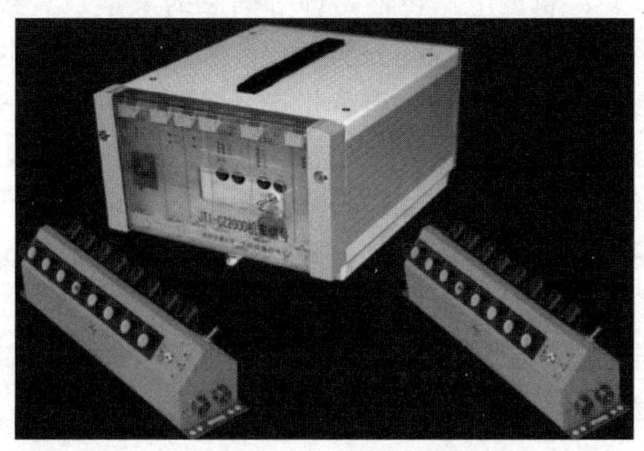
图 6-15 JT1-CZ2000 型机车信号车载系统设备

2. 制度标准

《主体机车信号系统技术条件（暂行）》（科技运函〔2004〕114 号文件）；

《JT－C 系列机车信号车载系统设备技术规范（暂行）》；

《JT－C 系列机车信号车载系统设备安装规范（暂行）》（运基〔2006〕243 号）；

《机车信号设备运用维护管理办法》（TG/XH 216—2015）；

《JT－C 机车信号车载系统设备检修规程 V1.0》（TG/XH 205—2013）；

《机车信号车载系统设备》（TB/T 3287—2013）；

《机车信号车载系统设备－铁路专用产品质量监督抽查检验实施细则》（GTCC－057—2018）。

3. 运用情况

机车信号车载系统设备先后经历了 JT1－A\B、JT1－C 系列，目前现场应用的主要为 JT1－CZ2000 型，能够满足 CTCS1 级对主体化机车信号车载设备的要求，完整复示地面信息，并为监控装置提供可靠的地面信息，两者结合再加上点式设备填补了中国铁路 CTCS1 级车载列控系统的空白。为满足铁路运输需要，2005 年开始研究机车信号远程监测技术，并于 2006 年通过了铁道部技术审查。基于中国移动 GPRS 网络的远程监测装置已在南昌铁路局、呼和浩特铁路局、济南铁路局正式批量运用，取得了很好的效果。基于 GSM－R 网络的远程监测装置，在大秦线试运行成功，并已在成都铁路局、乌鲁木齐铁路局、广铁集团批量使用，机车信号的不断发展为我国铁路行车安全发挥着重要的作用。

目前国铁集团认证采信的机车信号车载系统设备厂家主要有哈尔滨市科佳通用机电股份有限公司、北安庆华科技开发有限公司、北京交大思诺科技股份有限公司、北京铁路信号有限公司、北京希格诺科技有限公司、高新兴创联科技有限公司、山西润泽丰科技股份有限公司、上海铁路通信有限公司、深圳市长龙铁路电子工程有限公司、沈阳铁路信号有限责任公司、西北铁道电子股份有限公司等。

6.3.5 列控设备动态监测系统

1. 列控设备动态监测系统简介

列控设备动态监测系统（dynamic monitoring system of train control equipment，DMS）是在动车组运行过程中完成对列车超速防护系统（ATP）运用状态、机车综合通信无线设备（CIR）、应答器位置及报文、轨道电路传输特性等信息的采集，其数据通过 GPRS/GSM－R 无线方式传回地面数据中心，经过处理、分析、统计后，通过铁路生产网传给地面数据中心及各数据查询终端，配以地面网络传输管理分析设备，从而实现动车组运用过程中，对涉及行车安全和效率的 ATP、CIR、应答器、轨道电路等设备进行实时监测和分析。

2. 列控设备动态监测系统构成及结构

列控设备动态监测系统由车载设备和地面设备两部分组成，车载设备包括车载数据采集设备和车载监测信息综合传输平台（MIT）；地面设备包括国铁集团 DMS 数据中心设备、铁路局集团公司 DMS 数据中心设备、电务段 DMS 分析管理中心设备及数据查询终端等。列控设备动态监测系统结构图如图 6－16 所示。

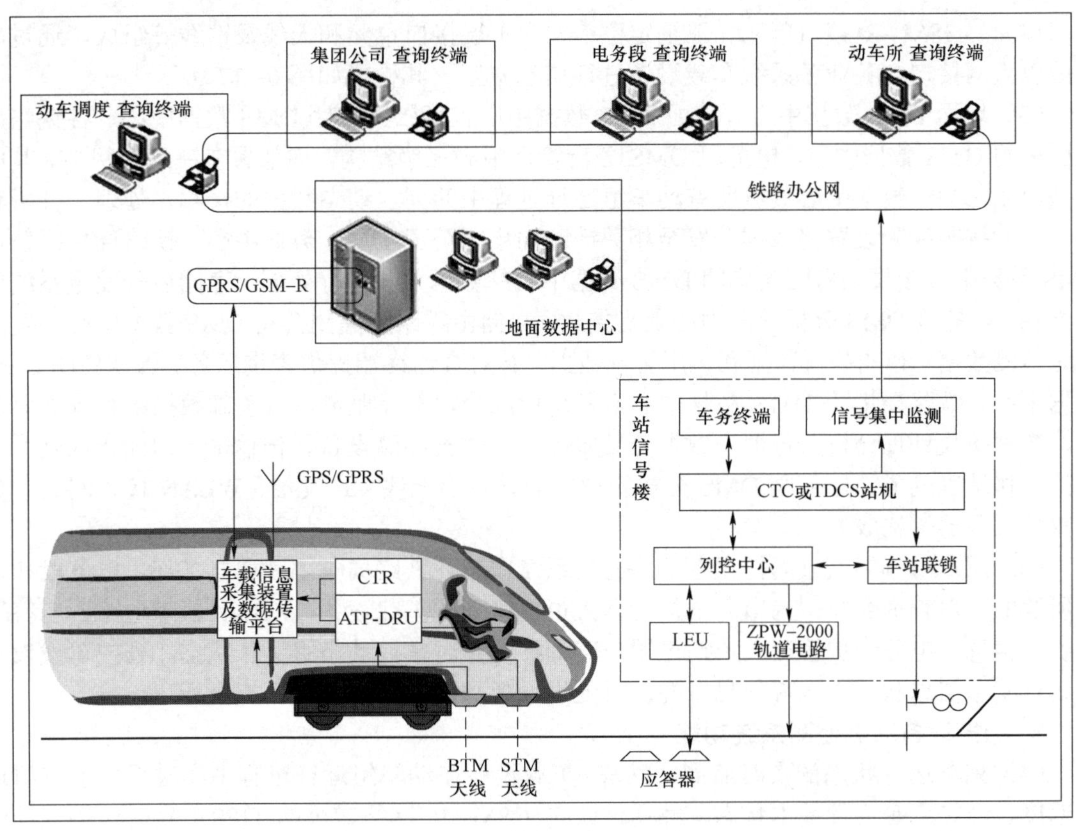

图 6-16　列控设备动态监测系统结构图

（1）车载数据采集设备（DMS-T）。车载数据采集设备主要由 CPU 核心处理单元、TCR 接口单元、CIR 接口单元、ATP 接口单元、EOAS 接口单元、隔离采集接口单元和电源接口单元组成。 车载数据采集设备与 MIT 如图 6-17 所示。

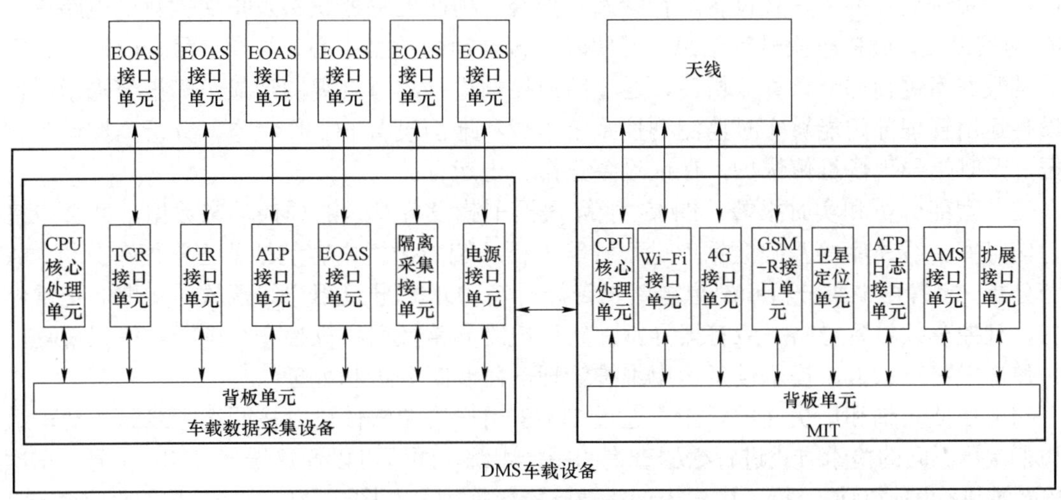

图 6-17　车载数据采集设备与 MIT

（2）车载信息综合传输平台（MIT）。MIT 由 CPU 核心处理单元、Wi-Fi 接口单元、4G

接口单元、GSM-R 接口单元、卫星定位单元、扩展接口单元和天线及馈线等组成，通过串口或以太网接口与各业务系统车载设备进行信息交互。其构成如图 6-17 所示。

（3）地面 DMS 数据中心。地面 DMS 数据中心包括国铁集团 DMS 数据中心、各铁路局集团公司 DMS 数据中心、电务段 DMS 分析管理中心三级结构，均部署在铁路内网中。其中国铁集团 DMS 数据中心负责所有动车组运行过程中的列控动态数据的接收、处理、分析和存储，并按照权限设置将数据分发至相关铁路局集团公司 DMS 数据中心。铁路局集团公司 DMS 数据中心接收来自国铁集团 DMS 数据中心的数据，并进行处理、存储后分发至系统用户终端。电务段 DMS 分析管理中心负责接收、存储由铁路局集团公司 DMS 数据中心分发的实时监测数据、智能分析数据和运用管理数据，并对查询终端提供查询服务。国铁集团 DMS 数据中心、铁路局集团 DMS 数据中心设备均由综合数据库服务器、基础数据维护管理服务器、数据接收处理分析服务器、数据分发服务器、数据存储设备、传输平台地面接入网关、维护工作站等构成。电务段 DMS 分析管理中心设备由无线 AP 设备、WLAN 接入网关、分析管理服务器等构成。

（4）用户查询终端。列控设备动态监测系统安装在铁路局集团公司电务部、电务段和动车所等的用户查询终端，为电务维护管理人员提供列控车载设备、RBC、轨道电路、应答器等实时信息。电务维护管理人员通过用户查询终端实时掌握动车组运行状态、列控车载设备的运行状态信息和故障报警信息，并及时处理设备故障和隐患，保证安全行车。

3. 列控设备动态监测系统功能

（1）列车运行状态的实时监测。DMS 车载设备在动车组运行过程中实时采集动车组运行速度、经纬度等运行基本状态，并通过铁路 CSM-R 网络或公网 GPRS 实时传输至地面 DMS 数据中心，结合各类线路基础数据库获取列车运行线路、里程、上下行、前方车站、前方信号机、所属路局、始发/终到等运行状态信息，通过用户终端软件进行实时的直观图形显示，实现铁路运输调度、电务、机务等部门用户对动车组运行状态信息的实时监测。

（2）列控设备实时监测。DMS 车载设备在动车组运行过程中通过与列控车载设备、CIR 等接口，实时采集列控车载设备运行状态及报警、地面应答器状态及报文、轨道电路信息、RBC 通信报文、CIR 车次号等信息，并实时传输至地面数据中心，结合信号、应答器库等电务基础数据库进行综合计算分析后，通过用户终端进行实时直观图形显示和报警提示，使列控设备运用管理部门能够实时监测列控系统车载和地面设备的工作状态，分析列控设备相关数据，及时指导现场维修维护，保证设备正常稳定运行。

（3）智能分析和实时报警。DMS 能够根据车载设备发送的列控动态数据，结合应答器库、信号库、线路库等基础数据库进行智能分析。智能分析内容包括非正常停车分析、ATP 报警分析、应答器报警分析和轨道电路报警分析等。DMS 通过用户终端软件实现非正常停车信息、列控车载设备异常、应答器异常、轨道电路异常及司机操控安全项异常等报警功能，实时弹出报警对话框，提示设备运用维护管理部门及时分析和处理。

（4）快捷查询和历史回放。用户通过 DMS 用户终端软件可以按照运行线路、动车组编号和车次号不同的检索方式进行数据查询和图形跟踪，同时可以通过选择日期、车号、车次对历史数据进行图形回放分析。用户查询终端支持数据列表、图形及应答器数据的查询和导出。

4. 制度标准

《列控车载动态监测及传输系统技术规范》（Q/CR 724—2019）；

《CTCS-3 级列控车载设备测试规范》（TB/T 3538—2018）；

《CTCS-3 级列控车载设备 Igsm-r，Um 接口监测系统技术条件（V1.0）》（TJ/DW 182—2016）。

5. 运用情况

目前，DMS 已经在全路电务相关维护部门进行运用，为电务部门维修、维护动车组列控车载设备及相关地面设备、及时掌握设备状态信息提供有效的技术手段。同时，根据机务、运输调度等相关专业对动车组运用、管理和行车指挥部门的需求，利用已有的 DMS 数据信息有针对性地开发了相关的专业维护、管理的运用功能，并逐步投入使用。

6.3.6　动车组司机操控信息分析系统

1. 动车组司机操控信息分析系统简介

动车组司机操控信息分析系统（EMU operation analysis system，EOAS）是分析动车组司机操作的技术平台，是实现司机操作规范化管理的重要技术手段。EOAS 系统全程记录动车组运行过程中的司机操控相关的信息，并采集记录司机室音视频信息和动车组运行前方视频信息，实现重要关键信息实时传输、其他大量数据通过记录卡带传至地面数据中心，经处理后实现对动车组司机操控全过程分析。

EOAS 设备由车载设备和地面设备两部分组成。车载设备包括主机、数据转储装置、司机室摄像头、线路摄像头和拾音器等，主要负责采集列控设备动态监测系统（DMS）、机车综合通信无线设备（CIR）、无线数据传输装置（WTD）和音视频信息，实现车载信息的综合采集处理；地面设备包括国铁集团数据中心、铁路局集团公司数据中心、机务段数据转储终端、音视频文件处理工作站及存储设备、用户分析终端、转储卡和读卡器等，主要负责数据存储、集中存储、统一管理和分析运用，动车组司机操控信息分析系统结构图如图 6-18 所示。

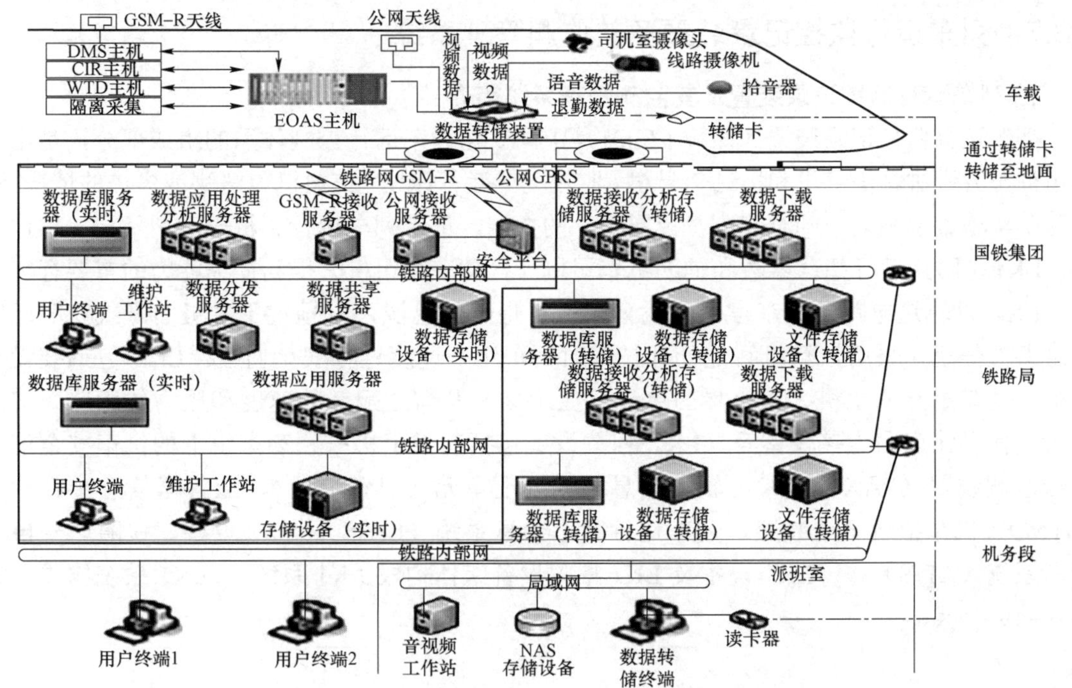

图 6-18　动车组司机操控信息分析系统结构图

该系统主要功能如下。

（1）具有实时监测分析功能，能对动车组运行信息进行实时监测，对动车组运行安全项点进行实时智能分析，同时对各类信息进行实时查询和历史查询，提供报表自动统计和打印功能。

（2）具有数据转储分析功能，能自动生成文件列表并进行展示，能对全程数据及数据图形进行查询，能自动提交退勤分析、安全分析意见的功能。

（3）具备音视频检索分析功能，能对司机室音频、视频信息进行分析，并结合里程、车站、信号机、分相区等位置进行智能定位，同时具备本地数据的自动检索和列表功能。

2. 制度标准

《动车组司机操控信息分析系统（EOAS）运用维护管理规则》（TG/JW 226—2106）；

《动车组司机操控信息分析系统技术规范》（Q/CR 845—2021）；

《动车组司机操控信息分析系统（EOAS）暂行技术条件》（TJ/DW 159—2014）。

3. 运用情况

动车组司机操控信息分析系统（EOAS）作为在列控设备动态监测系统（DMS）运用平台上为机务部门掌握动车组运行状况及动车组司机的操作情况而研发的监测系统，为机务部门规范司机操作和提高司机驾驶水平提供了有效手段。利用该系统，机务部门能对动车组途中运行情况进行实时动态分析，对重点人员、重点车次、重点任务进行定向盯控，对系统的报警信息、司机报告的重要情况进行实时分析，对司机的操作进行远程指导等操作，对规范动车组实际操作，确保动车组司机精神状态良好及车机联控、呼唤（确认）应答等操作标准化有极大的实际意义。

6.3.7 列车运行监控记录装置及其监测管理系统

1. 列车运行监控记录装置及其监测管理系统简介

列车运行监控记录装置（简称 LKJ）是中国铁路列车运行控制体系的组成部分，是用于防止列车冒进进站信号机和出站信号机，监控列车运行速度，在司机欠清醒或失控的情况下，对列车实施紧急制动。同时起到“黑匣子”的作用，记录列车运行、机车运用及司机操作状况。LKJ 是防止运行超速事故和辅助机车司机（含动车组司机）提高操纵能力的重要行车设备。LKJ 以轨道电路及机车信号作为列车运行指令信息源，以预置于主机的方式获取运行线路参数信息，采用计算机智能处理技术对列车运行速度进行安全监控。LKJ 包括装设于机车、动车组上的主机、人机界面单元（显示器）及与之配套的速度和压力传感器、信息输入、信息输出和连接设备等。LKJ 相关设备包括装设于机车、动车组上的机车安全信息综合监测装置（TAX 装置）、轨道信息接收处理单元（机车信号）、应答器信息接收单元（BTM）、机车语音记录装置、列车运行状态信息系统（LAIS）、车载设备、铁路车号自动识别系统（ATIS）等。LKJ 设备及 LKJ 相关设备整体构成 LKJ 系统。LKJ 系统构成图如图 6–19 所示。

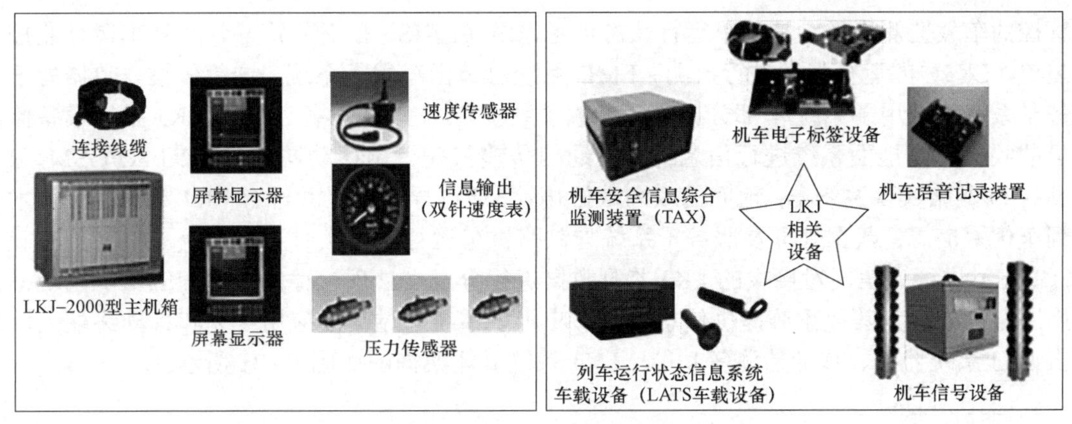

图 6-19 LKJ 系统构成图

目前，我国机车全面换装由河南思维自动化设备有限公司、株洲电力机车研究所、北京交通大学联合研发的新型“LKJ-2000 型机车运行监控记录装置”。该装置是在第一代、第二代 JK-2H 型、LJK-93 型监控装置基础上，借鉴国外先进的 ATP 及 ATC 技术，采用了 32 位微处理器、数字信号处理技术发展而成。装置采用彩色液晶显示器，显示机车运行线路、运行参数等信息，记录列车运行及乘务人员操纵等数据，可有效防止列车运行超速及“冒进、冒出”等事故的发生。JK-2H 型、LKJ-93 型及 LKJ-2000 型列车运行监控记录装置如图 6-20 所示。

图 6-20 JK-2H 型、LKJ-93 型及 LKJ-2000 型列车运行监控记录装置

LKJ-2000 型监控装置包括 1 台主机、2 台显示器及用于机车状态信息采集的传感器。列车行车命令通过轨道传送给机车，地面线路数据存储在监控主机中。主机完成列车运行速度、机车牵引工况、列车管道压力、机车信号色灯条件及地面线路参数的判断、计算，及时发出相关指令，控制列车安全运行。主机箱是系统的控制中心，其内部由 A、B 两组各 7 个完全相同的控制单元组成，插件排列顺序依次为监控记录、地面信息、通信、模拟量输入/输出、数字量输入/输出、电源。显示器采用 10 英寸高亮度彩色液晶显示屏，以屏幕滚动方式显示实际运行速度曲线及限制速度曲线，以图形、符号和文字显示地面信号机的位置、种类及线路曲线、坡道、桥梁、隧道等信息，同时可显示优化操作曲线。传感器主要包括速度传感器、压力传感器、电流传感器等。

列车运行监控设备监测管理系统（LMD）是基于电务车载设备数据采集，结合无线数据传输技术实现电务车载设备远程监测，同时通过技术手段结合管理理念实现电务车载设备作业管控的车载监测系统，是列车运行状态信息系统（LAIS）的升级产品，对列车运行监控记录装置（LKJ）的运行状态进行监测。LMD 系统总体由车载子系统、通信传输、数据处理及服务子系统和应用子系统 4 部分构成。车载子系统利用 TCS 设备，实现 LKJ 系统设备监测信息的收集、与地面系统进行信息传输；通信传输依托公用移动通信网（2G/3G/GSM–R）和 Wi–Fi 网络实现系统车–地间的双向数据传输，通过导航卫星并结合 LKJ 数据定位技术获取列车位置信息；数据处理及服务子系统与铁路机车运行状况实时查询系统（LAIS）车载设备（TCS）进行通信，对接收的 LKJ 监测数据进行分发、处理、存储，并为应用子系统提供应用服务，同时为其他系统提供信息接口；应用子系统通过桌面应用终端和移动终端为用户提供 LKJ 系统监测、作业监测等功能。LKJ 系统总体架构图如图 6–21 所示。

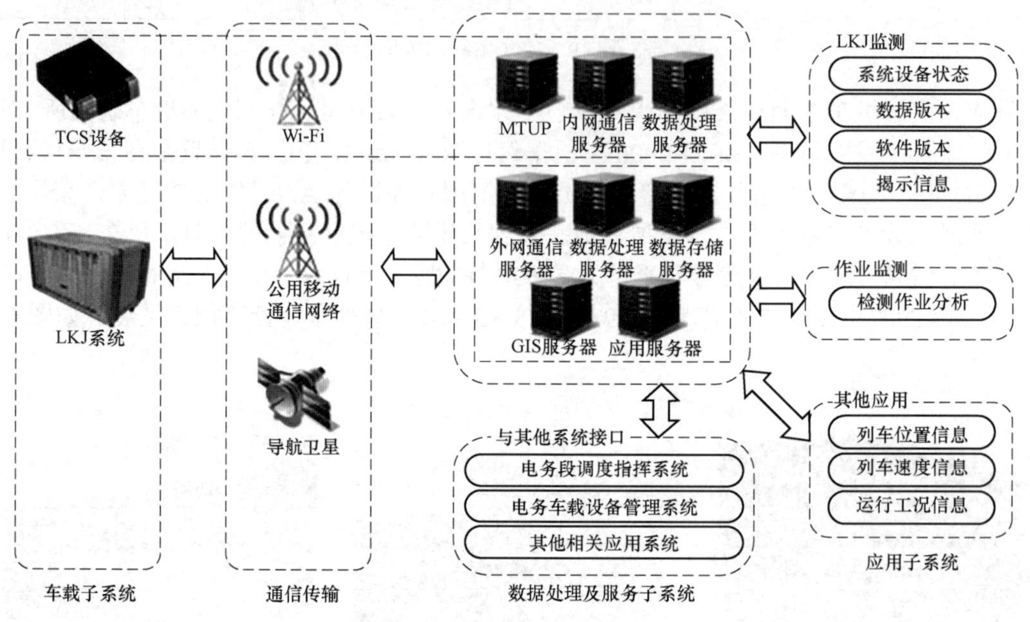

图 6–21　LKJ 系统总体架构图

2. LKJ–2000 型列车运行监控记录装置的特点

LKJ–2000 型列车运行监控记录装置是国内新一代列车超速防护设备，能准确地记录列车运行状况、信号设备状况及机车乘务员操纵状况，并采用双机热备冗余工作方式，工作性能更加可靠。

LKJ–2000 型列车运行监控记录装置基于获取线路参数的成熟技术之上，预先存储了列车运行的所有有关线路设施等资料。在运行过程中具有高效省时的优点，另外，该装置还具有自动更新存储功能，可以时刻为车站数据库加载、更新线路资料。

LKJ–2000 型列车运行监控记录装置会依据线路设施计算出固定限速、闭塞指令限速等各种控制要求。同时再按照运行里程刻画出连续平滑的速度曲线来指导记录列车的全过程运行策略，充分提高了运行效率、可靠性与控制精度。

LKJ–2000 型列车运行监控记录装置的系统主机采用了 32 位 CPU，比上一代装置具有更高的运行速度、控制精度和更强的数据处理能力。该装置会依据实际情况实时计算随机变化因素，然后返回控制系统进行分析，生成实施的控制方案。

LKJ-2000型列车运行监控记录装置采用模块级主机，可靠性大为提高。同时其显示器具有显示直观、认读性好、交互性好的优点，屏幕显示器以图形、曲线、文字等方式来显示前方线路状况、运行情况等信息，并在列车超速、冒进信号等危险情况时自动采取紧急制动，保障铁路运输安全。

3. 制度标准

《列车运行监控装置（LKJ）运用维护规则》（TG/XH 208—2014）；

《列车运行监控装置》（TB/T 2765—2015）；

《列车运行监控装置（LKJ）技术规范（V1.0）》（TJ/DW 070—2008）；

《LKJ 车站编码暂行规范》（TJ/DW 192—2017）；

《LKJ-15 型列车运行监控系统暂行技术条件》（TJ/DW 193—2017）；

《列车运行监控装置（LKJ）调车监控接口盒暂行技术要求》（TJ/DW 169—2014）；

《列车运行监控装置（LKJ）调车监控人机界面及运行记录暂行技术要求》（TJ/DW 170—2014）；

《列车运行监控装置（LKJ）控制模式设定规范（2015 版）》（TJ/DW 173—2015）；

《列车运行监控装置（LKJ）数据文件编制规范》（TJ/DW 174—2015）；

《列车运行监控装置》（GTCC-059—2018）；

《列车运行状态信息系统（LAIS）技术规范（V2.0）》（TJ/DW 137—2010）。

4. 运用情况

列车运行监控装置与机车信号、无线列调一起并称机车“三大件”。自 1996 年全路在机车上安装列车运行监控装置替代原自停装置以来，通过不断探索、开发软件功能、扩大信息容量、增加配套设施，并经过多次更新换代，从 JK-2H 型到 LKJ-93 型再到 LKJ-2000 型、LKJ15 型，其智能化程度大大提高，能对列车（含调车作业）运行状态进行全程记录和控制，并能通过微机自动检索及运用管理人员利用地面处理软件对该装置记录信息进行人工检索，分析行车事故，规范和纠正机车乘务员的操纵行为，已成为机务部门防止险性事故、确保列车运行（调车作业）安全的一件利器。目前，LKJ 广泛运用于 160 km/h 以下的线路，以及在采用 CTCS-2 级的线路作为后备设备使用。《列车运行监控装置（LKJ）运用维护规则》（铁总运〔2014〕107 号）对 LKJ 的运用维护做了明确的规定。列车运行监控装置被纳入铁路产品认证目录，国铁集团认证采信的生产厂家有河南思维自动化设备股份有限公司、株洲中车时代电气股份有限公司、北京铁路信号有限公司、北京交大思诺科技股份有限公司、北京华铁信息技术有限公司、湖南中车时代通信信号有限公司、西北铁道电子股份有限公司。

列车运行监控设备监测管理系统（LMD）自运用以来通过实时掌握电务机车车载设备运行状态，并且运用技术手段实现电务机车车载设备异常情况实时报警，对车载设备异常情况从报出、分析、销记实现全过程管理。同时，对各类作业业务数据实现从上到下可查、可控，真正避免了电务机车车载设备管理的灰色地带。

6.3.8 轨道车运行控制设备及其远程维护监测系统

1. 轨道车运行控制设备及其远程维护监测系统简介

轨道车运行控制设备（简称 GYK）是中国列车运行控制系统的组成部分，是防止轨道车冒进信号、运行超速并辅助司乘人员提高操纵能力的重要行车设备，是接触网作业车的重要组成部分。GYK 设备采用速度分级控制模式，监控轨道车安全运行，包括装设于作业车上的主机、人机交互界面（DMI）、机车信号接收线圈、机车信号机、专用速度传感器、专用压力传感器、警惕按钮、制动装置（电磁阀）、熄火装置、故障隔离装置、轴温监测、无线列调的接口等。GYK 具有正常监控模式、目视行车模式、调车模式、区间作业模式和非正常行车模式 5 种基本控制模式。在运行和作业时，作业车须正确选用信号制式和控制模式，按规定设置各种限速等行车数据，正确调用线路基本数据，并严格遵照操作手册操作。

轨道车运行监控设备（GYK）远程维护监测系统（GMS）是用于解决 GYK 设备基础数据换装难度大、运行数据回传不及时、分析滞后、设备故障不能及时处置、数据版本管理不便捷和无法实时获取轨道车位置等问题发展的一套远程维护监测系统。GMS 系统由车载设备、地面服务器和用户终端 3 部分组成，采用铁路专用通信网（GSM-R）和公共移动通信网作为业务数据传输通道，通过铁路既有接口服务器（M-GRIS）平台、移动数据传输平台（MTUP）及网络安全设备实现数据车地传输，GYK 系统结构图如图 6-22 所示。

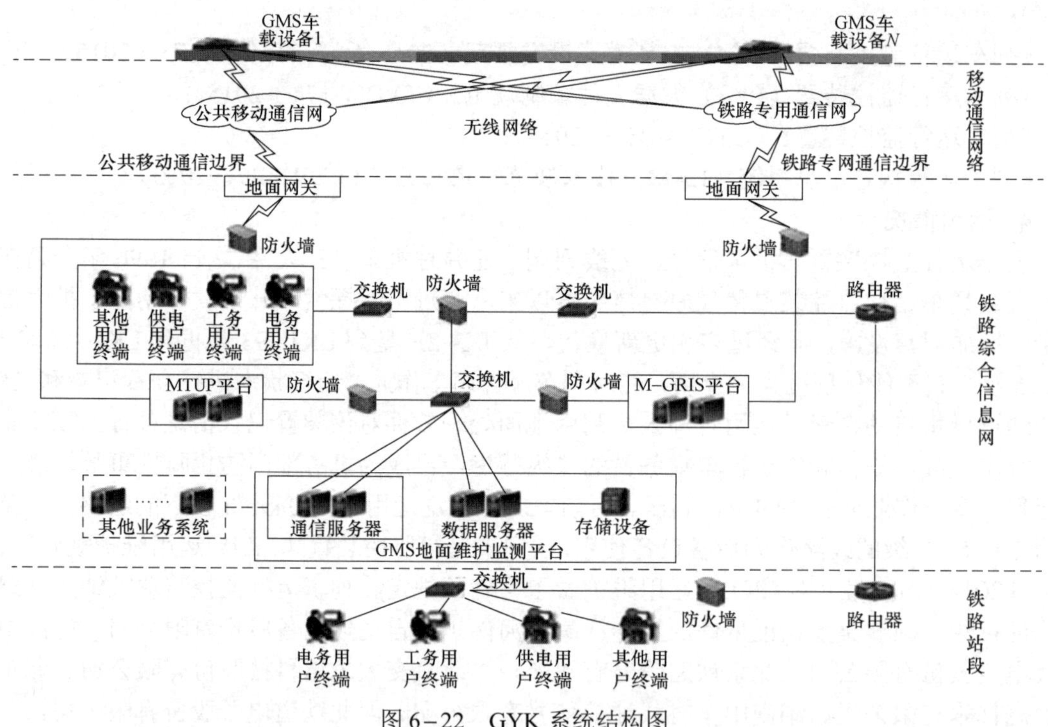

图 6-22　GYK 系统结构图

该系统主要功能有：实现 GYK 设备运行状态实时监测及报警；实现 GYK 设备基本数据、控制软件、运行揭示的远程更换；实现 GYK 运行记录数据文件远程回传及分析；实现 GYK 设备软件、数据版本信息校核、统计和管理；实现轨道车运行位置实时定位；为轨道车其他车载设备提供无线传输通道。

2. 制度标准

《轨道车 GYK 远程维护监测应用总体方案》（运信规划函〔2016〕424 号）；

《轨道车运行控制设备运用维护管理办法》（TG/XH 214—2015）；

《轨道车运行控制设备远程维护监测系统（GMS）运用维护管理办法》（TG/XH 218—2019）；

《轨道车运行控制设备暂行技术条件》（TJ/DW 046—2014）；

《轨道车运行控制设备远程维护监测系统（GMS）暂行技术条件》（TJ/DW 196—2017）；

《轨道车运行控制设备应用应答器信息暂行技术条件》（TJ/DW 161—2014）；

《轨道车运行监控设备远程维护监测系统（GMS）暂行技术条件》（TJ/DW 196—2017）；

《轨道车运行控制设备》（GTCC－058—2020）。

3. 运行情况

《轨道车运行控制设备运用维护管理办法》规定，在国家铁路营业线上运行的轨道车、接触网作业车、大型养路机械等有自运行能力的自轮运转特种设备须安装 GYK 设备。国铁集团认证采信的轨道车运行控制设备（GYK）厂家主要有高新兴创联科技有限公司、西北铁道电子股份有限公司、陕西西北铁道电子有限公司、杭州创联电子技术有限公司等。GYK 设备的运用管理由工务和供电部门负责，工务段、供电段负责使用，GYK 设备的技术管理和设备管理由工电务部门负责，电务段负责设备维护。

轨道车运行监控设备远程维护监测系统（GMS）的有效使用，实现了 GYK 设备基础数据、控制软件的更换及数据版本的有效监控，提高了 GYK 设备运用维护管理工作质量和效率。GMS 系统由于能够实时监测 GYK 设备的运用状态，对设备报警信息进行及时回传分析，从而实现异常信息的及时有效处置，因此也提升了设备运用质量，强化了现实安全，节约了大量人力资源，进一步提高轨道车运用管理水平，对促进专业融合发挥了积极作用。

6.3.9　铁路综合视频监控系统

1. 铁路综合视频监控系统简介

铁路综合视频监控系统是根据铁路行车指挥、生产组织、客货运输服务、作业监控、抢险救援及治安防范等需要，应用音视频监控、通信、计算机网络等技术，构建的具有音视频数据采集、传输、交换、控制、显示、存储、处理功能的监控系统。该系统对铁路车站公共场所、重点作业场所、咽喉区、重要机房及线路重点区段等处所安装前端设备进行音视频采集，经共用的业务平台实现音视频的存储和分转发，供铁路调度（车务）、客货运、工务、电务、供电、机务、车辆、信息和公安等多专业用户使用。

铁路综合视频监控系统的摄像机通过同轴视频电缆、网线、光纤将视频图像传输到控制主机，控制主机再将视频信号分配到各监视器及录像设备，同时可将需要传输的语音信号同步录入到录像机内。通过控制主机，操作人员可发出指令，对云台上、下、左、右的动作进行控制及对镜头进行调焦变倍的操作，并可通过控制主机实现在多路摄像机及云台之间的切换。利用特殊的录像处理模式，可对图像进行录入、回放、处理等操作，使录像效果达到最佳。

铁路综合视频监控系统组成部分包括监控前端、管理中心、监控中心、PC 客户端等。监控前端用于采集被监控点的监控信息，并可以配备报警设备；管理中心承担所有前端设备的管理、控制、报警处理、录像、录像回放、用户管理等工作，各部分功能分别由专门的服务器各司其职；监控中心用于集中对所辖区域进行监控，包括电视墙、监控客户终端群，系统中可以有一个或多个监控中心；PC 客户端在监控中心之外，由 PC 机接到网络上进行远程监控。综合视频前端设备如图 6－23 所示。

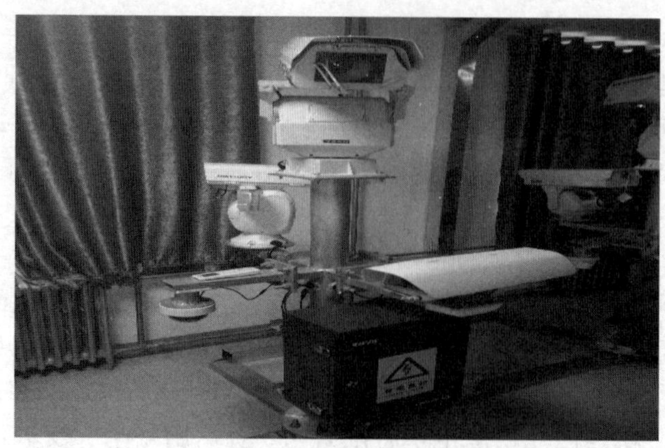

图 6－23　综合视频前端设备

铁路综合视频监控系统主要设备包含 IP 摄像机、模拟或 IP 红外成像仪、镜头、云台、防护罩、音视频编码设备、音视频解码设备、服务器、视频终端、设备支架、室外设备箱盒、光缆终端盒、视频矩阵等。其中，普通摄像头可以是模拟摄像头，也可以是数字摄像头，原始视频信号传到视频服务器，经视频服务器编码后，通过网络传至其他设备。网络摄像头是融摄像、视频编码、Web 服务于一体的高级摄像设备，内嵌了 TCP/IP 协议栈，可以直接连接到网络。视频监控系统设备的组网如图 6－24 所示。

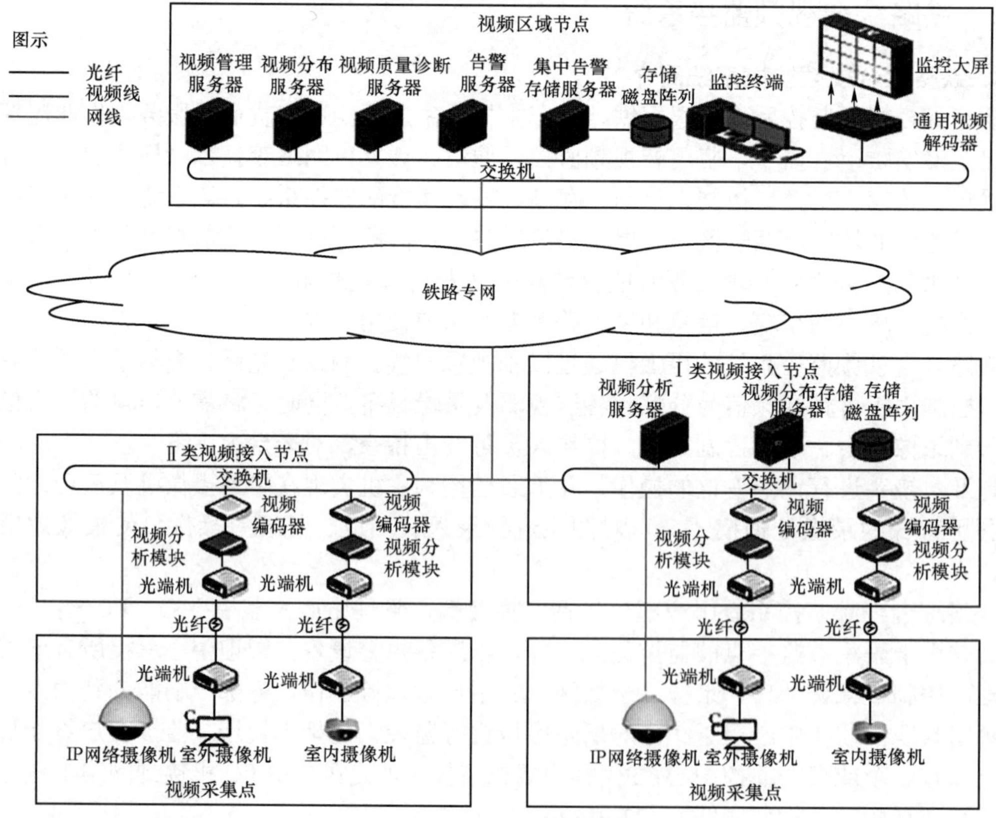

图 6－24　视频监控系统设备的组网图

铁路综合视频监控系统结构由视频节点（包括视频核心节点、视频区域节点、Ⅰ类视频接入节点和Ⅱ类视频接入节点）、视频汇集点、视频采集点、承载网络和终端设备组成。视频监控接口包括A、B、C、D、E、F、H、Na接口，其中A、B、H是视频监控系统外部接口，C、D、E、F是视频监控系统内部接口，Na是设备管理接口。视频监控系统逻辑结构及接口图如图6-25所示。

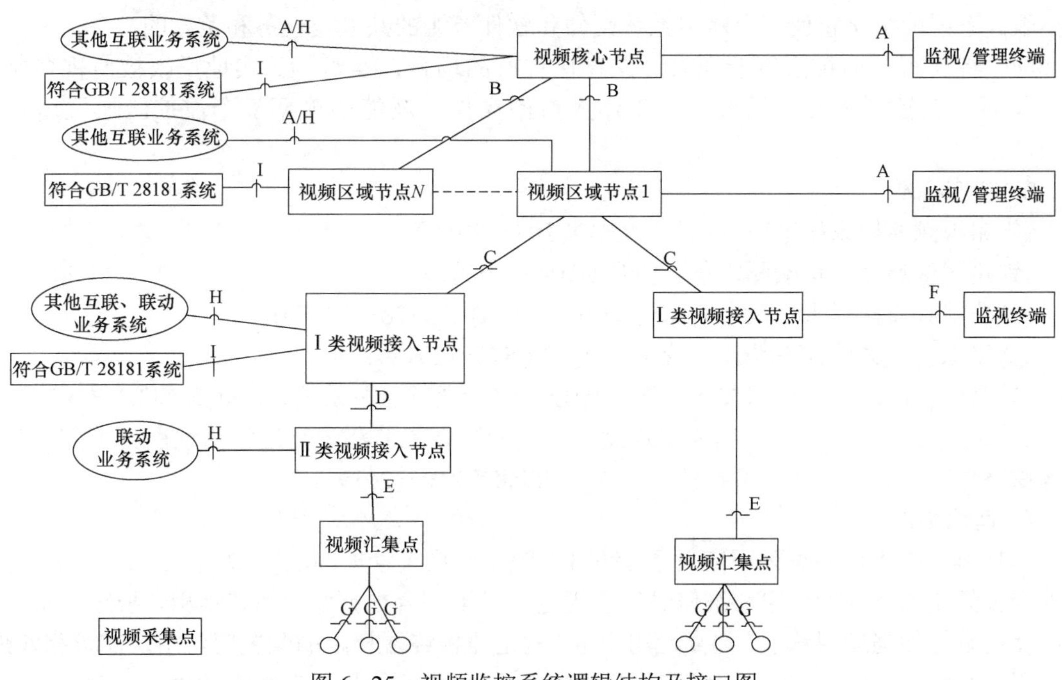

图6-25 视频监控系统逻辑结构及接口图

视频接入节点是具有视频信息的接入、存储、分发及转发、调用、控制、系统管理、告警处理及与其他业务系统互联和联动等功能的节点，根据管理需要，分为Ⅰ类和Ⅱ类接入节点；视频区域节点是具有对本区域视频信息的存储、分发及转发、调用、控制、系统管理及与其他业务系统互联等功能的节点；视频核心节点是具有视频信息的分发、调用、控制、系统管理及与其他系统互联等功能的节点。

2. 主要功能及特点

综合视频监控系统具有音视频采集、编码、解码、实时监视、回放、存储、分发及转发、视频内容分析、云台控制、网管、故障管理、性能管理、图像质量诊断、设备安全及网络通信安全管理、网页浏览、公告、地理信息辅助、后台联动及视频节点、汇集点、采集点设置功能。

（1）系统中信息流（包括视频、音频、控制等）从模拟状态转为数字状态，这将彻底打破“经典闭路电视系统是以摄像机成像技术为中心”的结构，从根本上改变视频监控系统从信息采集、数据处理、传输、系统控制等的方式和结构形式。信息流的数字化、编码压缩、开放式的协议，使智能网络视频监控系统与安防系统中的各个子系统间实现无缝连接，并在统一的操作平台上实现管理和控制。

（2）系统的结构由集成式向集散式系统过渡，集散式系统采用多层分级的结构形式，具有微内核技术的实时多任务、多用户、分布式操作系统，以实现抢先任务调度算法的快速响应，组成集散式视频监控系统的硬件和软件采用标准化、模块化和系统化设计，综合视频监控系统设备的配置具有通用性强、开放性好、系统组态灵活、控制功能完善、数据处理方便、人机界面友好及系统安装、调试和维修简单化，系统安全，容错可靠等功能。

（3）综合视频监控系统的网络化在某种程度上打破了布控区域和设备扩展的地域与数量界限。系统网络化将使整个网络系统硬件和软件资源的共享及任务和负载的共享。

（4）综合视频监控系统能在人无法直接观察的场合，实时、真实地反映被监视控制对象的画面，在控制中心，只要一个工作人员的操作，就能够观察多个被控区域及远距离区域。

3. 制度标准

《铁路视频监控系统管理办法》（TG/TX 209—2016）；

《铁路图像通信工程检测规程》（TB/T 10431—2019）；

《铁路视频监控需求规范　铁路公安用户》（TB/T 3478—2017）；

《铁路综合视频监控系统技术规范》（Q/CR 575—2017）；

《铁路通信网络安全技术要求　第 4 部分：综合视频监控系统》（Q/CR 783.4—2021）；

《铁路综合视频监控、高速铁路自然灾害及异物侵限监测、高速铁路地震预警监测数据接入铁路数据服务平台接口暂行技术要求》（TJ/XX 010—2019）。

4. 运用情况

2016 年，中国铁路总公司印发了《铁路视频监控系统管理办法》（铁总运〔2016〕80 号），对综合视频监控系统的运用和维修进行了规定。对于综合视频监控系统运用，要求电务部门会同使用单位加强运用管理，提高运用质量。规定监控终端权限的配置应与用户需求相匹配，多个用户对同一路图像同时具有云镜控制权时，高优先级用户具有优先调用或云镜控制权。按照“谁维护、谁优先”的原则，主使用单位为最高优先级，其他用户优先级排序依次为行车指挥、应急处置、治安防范、生产作业、检修试验。在处理治安、火灾突发事件时，应保证铁路公安等部门的优先调用和控制权限。综合视频系统摄像机的守望位和预置位由主使用单位设定。其他单位需调整既有摄像机监视场景或改变守望位时，应与主要使用单位协商办理。对于综合视频监控系统的维护管理，综合视频节点设备和通信网络由电务部门负责维护，前端接入设备由电务部门维护，前端采集设备按照“谁使用、谁管理、谁维护”的原则由使用部门负责维护；监控终端由电务部门负责维护、使用部门负责日常保养。

目前，国铁集团采信认证的铁路综合视频监控系统设备厂家主要有北京中智润邦科技有限公司、北京佳讯飞鸿电气股份有限公司、北京经纬信息技术有限公司、北京世纪东方智汇科技股份有限公司、北京世纪瑞尔技术股份有限公司、北京中智润邦科技有限公司、杭州海康威视数字技术股份有限公司、河南辉煌科技股份有限公司、华为技术有限公司、集百优技术有限公司、通号通信信息集团有限公司、银江技术股份有限公司、浙大网新系统工程有限公司、浙江大华技术股份有限公司、中创智维科技有限公司、中国软件与技术服务股份有限公司、中国铁路成都局集团有限公司科学技术研究所。

6.3.10 通信机房动力设备和环境监控系统

1. 通信机房动力设备和环境监控系统简介

通信机房动力设备和环境监控系统（简称动环监控系统）维护的目标是保证系统所有设备处于最佳运行状态，使其运行质量满足对动力设备及机房环境远程监控的需求，为各级维护人员提供动力设备及机房环境实时信息，是集中管理、集中监控、分级维护的支撑平台。通信机房动力设备和环境监控系统示意图如图 6-26 所示。

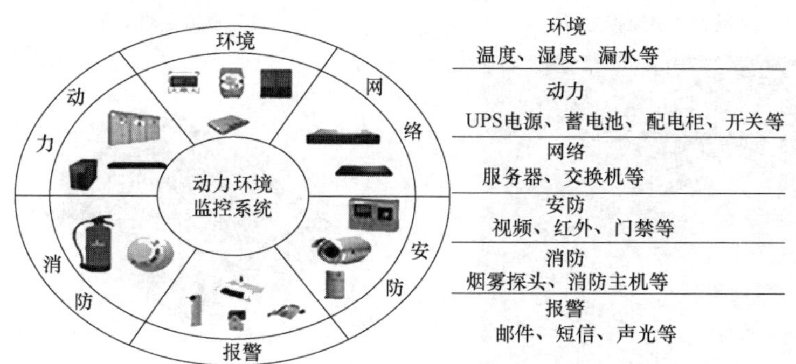

图 6-26 通信机房动力设备和环境监控系统示意图

动环监控系统由监控中心、监测站、监控终端和通信通道组成。其中监控中心是对所辖监控站进行监控管理的中心，设备包括服务器、网络通信设备等。通信机房动力设备和环境监控系统组网如图 6-27 所示。

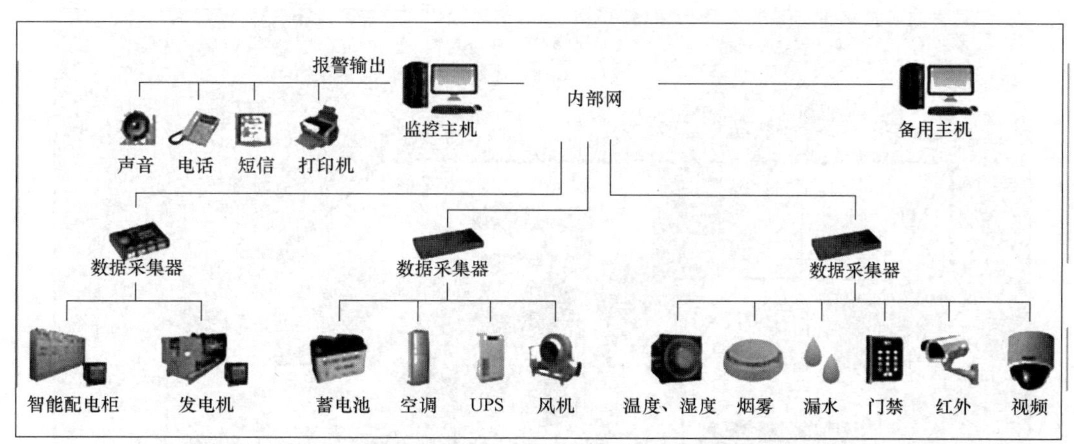

图 6-27 通信机房动力设备和环境监控系统组网图

监控站是通信、信号机房等节点设置的所有现场监控装置的统称。监控终端是对通信、信号机房进行监控管理的用户终端设备。监控站设备包括监控单元、监控模块、通信单元、传感器等，其中监控单元、监控模块、通信单元可合设，实现对机房电源、烟雾、湿度、温度、水浸、门禁、空调等监控。监控站设备如图 6-28 所示。

（a）动力环境监控主机

（b）电流监测单元

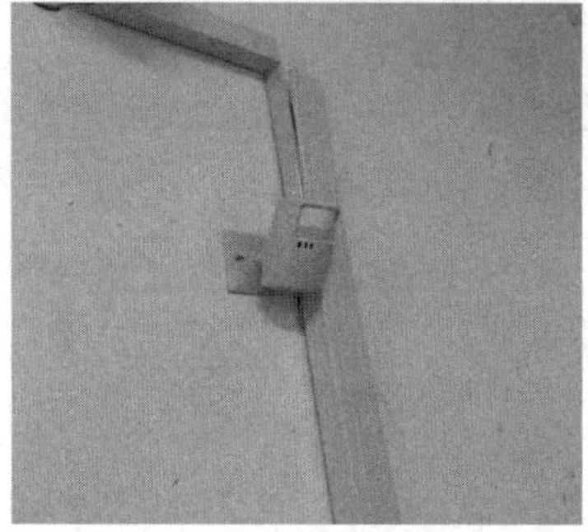

（c）湿度传感器

（d）温度传感器

图 6–28　监控站设备

具备视频监视功能的监控站，可设置视频监控单元，包括图像采集、处理单元等。通信机房动力设备和环境监控点位如图 6–29 所示。

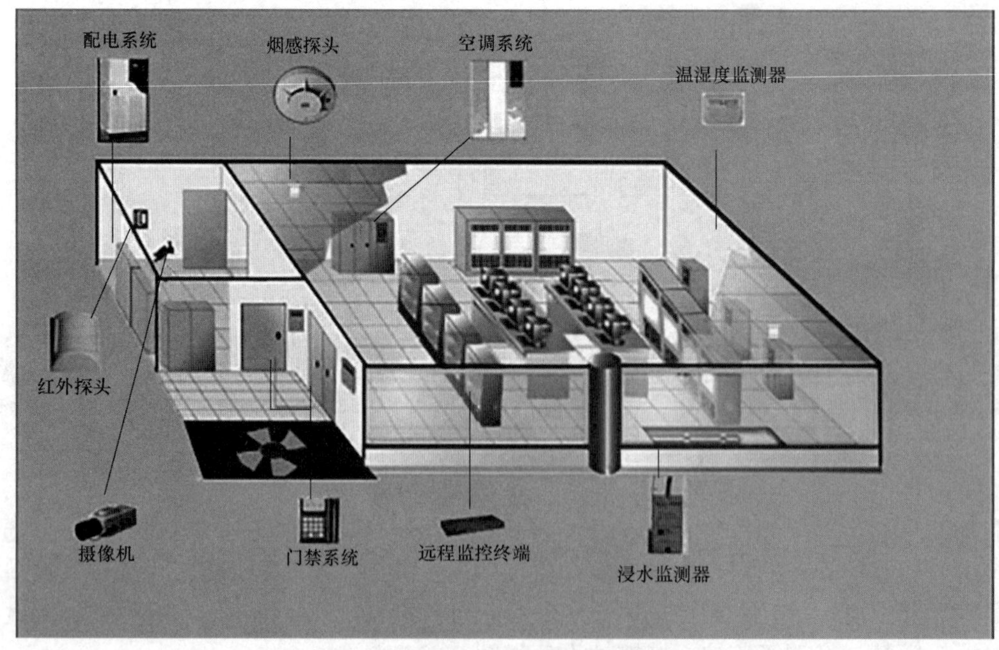

图 6–29　通信机房动力设备和环境监控点位图

1）机房环境监控

机房环境监控包括温度、湿度监控，红外入侵探测，门磁、玻璃破碎监控，烟感探测，水浸监测和灯控。

（1）温度、湿度监控，一类机房为枢纽机房，温度保持在18～28℃，相对湿度为30%～75%；二类机房为传输网骨干层节点、数据网汇聚节点、GSM-R网BSC节点等设备所在机房，温度保持在18～28℃，相对湿度为30%～75%；三类机房指除一、二类以外的其他机房，温度保持在5～30℃，相对湿度为15%～85%。当机房出现超限时，温度传感器、湿度传感器产生报警，动环网管告警。

（2）红外入侵探测，监测机房人员活动事件。当机房有人员活动时，红外传感器闪烁，动环网管告警。网管出现此告警时，有计划地进入机房可作为试验数据，当机房出现无人告知的红外告警视为非法侵入。

（3）门磁、玻璃破碎监控，当机房门窗打开或被监测玻璃破损时，传感器动作，动环网管告警。当网管出现此告警时，有计划地进入机房可作为试验数据，当机房出现无人告知的门禁（门磁、窗磁）告警时视为非法侵入。

（4）烟感探测，机房烟雾浓度监测，此装置需安装在电源设备或动力配电箱上方的天花板上。针对机房出现异常的烟雾浓度，烟雾传感器闪烁，动环网管告警。此告警为机房监控火灾的重要信息，平常机房维护人员必须按照周期用专用烟雾发生器试验。

（5）水浸监测，机房浸水监测传感器需安放在机房门口、电缆沟入口、窗台下、空调室内机下等容易造成漏水的地面上，当有积水时，传感器触点连通，动环网管告警。平时用金属片连通传感器触点，与动环网管试验告警。

（6）灯控，机房动环监控系统应具备远程机房灯控功能。

2）交流配电监控

交流配电监控具备监测交流引入电源电压、电流、频率的功能。当外电电压超限时，动环网管上报过压/欠压告警。当外电电压变为“0 V”，上报交流停电告警。当频率超限时，上报频率过高/过低告警。当缺相时，上报缺相告警。

3）电源设备监控

电源设备监控用于监控智能电源设备（包括高频开关电源、UPS、智能防雷箱、智能交/直流分配柜、具备管理单元的蓄电池等），使用电源设备的通信接口与监控站相连接，通过监控协议全面管理电源设备。包括电源设备参数设定、硬件（板件）配置及监测、电源设备输入/输出（电流、电压）监测、电源设备故障上报等。监控非智能电源包括蓄电池、非智能交/直流分配柜等，使用电压、电流检测传感器与监控站相连接，通过动环监控系统传感器进行监控。仅包括非智能电源设备输入/输出（电流、电压）、内阻监测。

4）空调设备监控

空调设备监控具备监控空调回风温度、回风湿度、压缩机工作状态、风机工作状态，能够远程对空调进行开/关机、温度设定、改变除湿/加湿/制冷/制热工作模式。动力环境监控终端管理界面如图6-30所示。

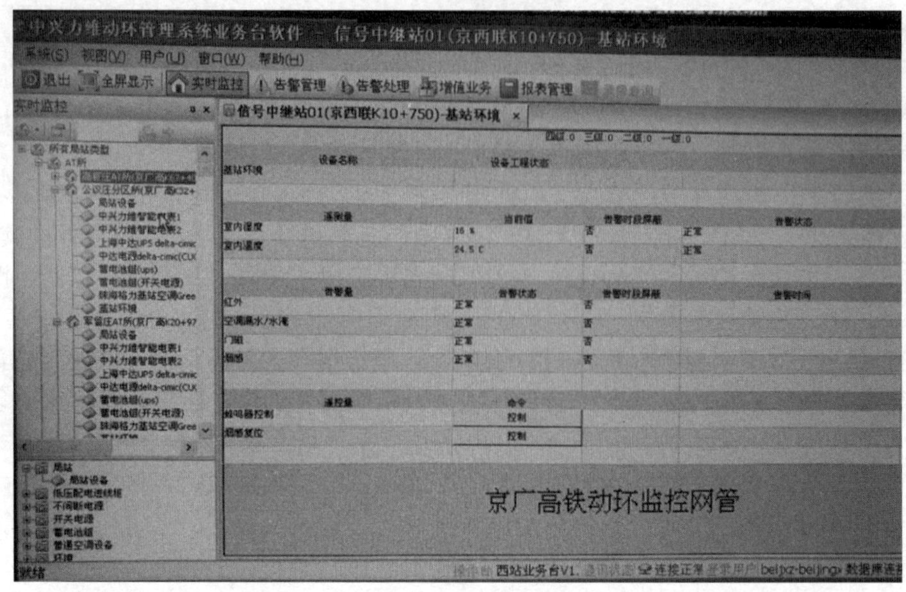

图 6-30　动力环境监控终端管理界面图

2. 制度标准

《铁路无人值守机房环境远程监控系统工程设计规范》(TB/T 10034—2005);

《铁路信息机房电源及环境集中监控系统技术条件》(Q/CR 578—2017);

《铁路通信电源及机房环境监控系统技术条件》(Q/CR 10—2014)。

3. 运用情况

目前动力及环境监控系统已经在全路范围内得到了广泛的应用，总体而言，技术已经比较成熟。通信带宽已不再是限制动环监控系统的瓶颈，随着接口标准的建立，越来越多的动环监控功能得到开发运用。现在的动环监控系统可以采用 IP 技术、光电接口等多种技术为传输载体，逐步实现实时的监控查询，同时语音、视频、空调门锁智能控制等功能也得到开发运用。铁路车站无人机房随着动环监控功能的不断完善，实现了智能化管理。

6.3.11　GSM-R 通信监测系统

1. GSM-R 通信监测系统简介

GSM-R 是一种基于公共无线通信系统 GSM 平台上的、专门为满足铁路应用而开发的数字式的无线通信系统，具有调度指挥、列车控制、综合业务、信息服务等功能。主要包括移动交换子系统(SSS)、基站子系统(BSS)、通用分组无线业务系统(GPRS)、智能网系统(IN)、固定用户接入交换子系统(FAS)、终端系统、运行与维护子系统、传输系统及配套的电源系统设备等。GSM-R 网络动态检测和接口监控数据是评估铁路通信网络运行质量的基本保障。GSM-R 通信监测采用综合分析和联合诊断技术、多层协议分析与解码技术、多用户实时跟踪与查询技术等关键技术，主要包括 GSM-R 网管监测和通信接口监测。GSM-R 网管监测可实现安全管理、配置管理、告警管理、故障管理等功能，实时监测系统设备的工作状态，并实现设备故障定位；GSM-R 系统接口监测对 GSM-R 网络重要接口进行实时监测，跟踪网络接口的信令和业务数据，提供 GSM-R 在线用户监测、网络状态监测、网络异常分析、历史数据查询和综合报表生成等功能，实现 CTCS-3 级列控数据传输业务的信令和数据的跟踪。GSM-R 网络通信接口监测系统由 Abis 接口监测、A 接口监测、PRI 接口监测、综合分析、网关及网管等子系统组成。GSM-R 通信监测系统网络图如图 6-31 所示。

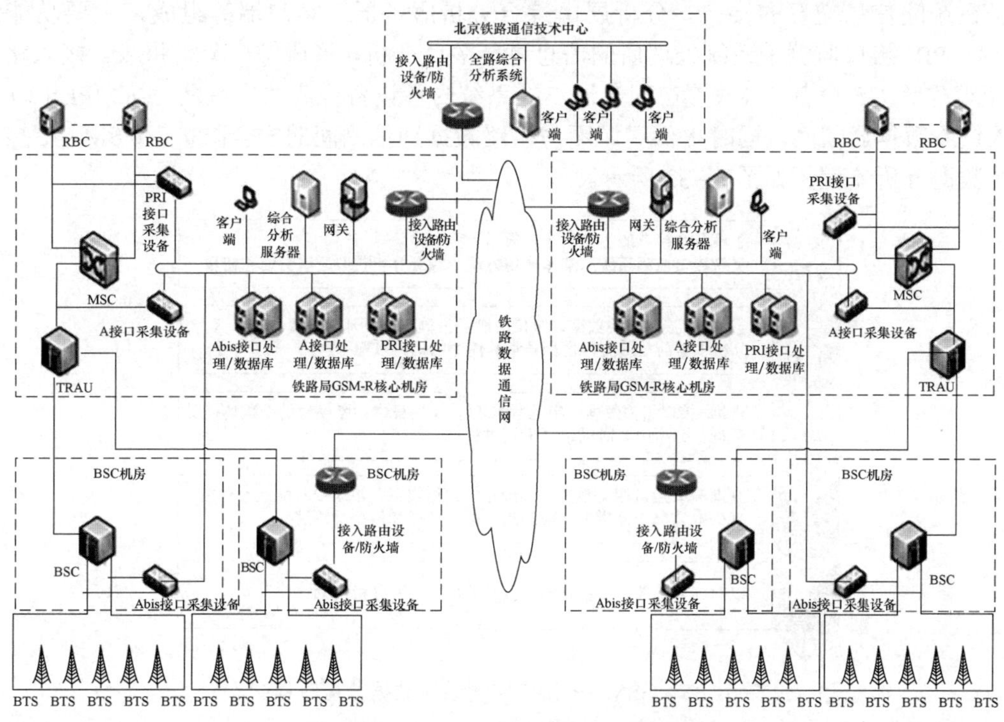

图 6-31 GSM-R 通信监测系统网络图

该系统采用分层结构、模块化设计，可平滑扩展且易于维护，监测信息按接口类型集中处理。系统结构分为采集层、处理层和分析层三层。GSM-R 通信监测系统结构图如图 6-32 所示。

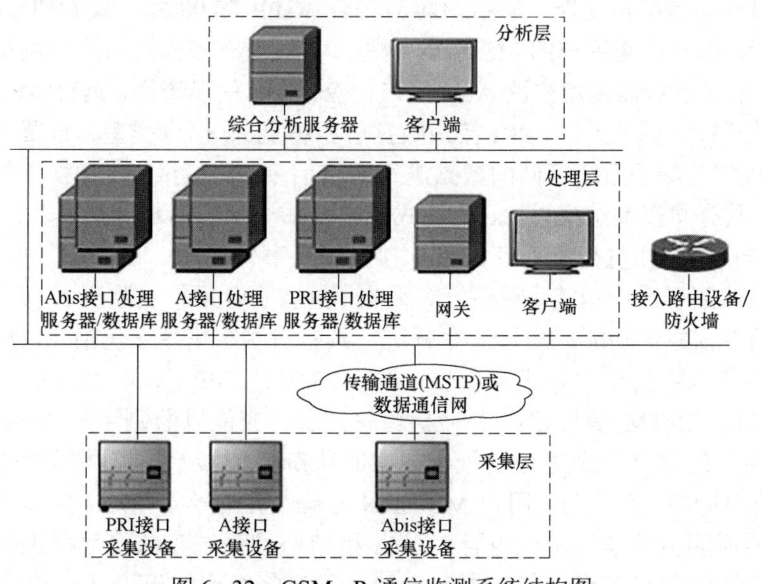

图 6-32 GSM-R 通信监测系统结构图

采集层由 Abis、A、PRI 接口采集设备组成，主要功能是实时采集被监测接口的网络信令、业务数据等信息。处理层由 Abis、A、PRI 接口处理服务器/数据库、网关、客户端等组成，主要功能是处理和存储从采集层获得的信息，按接口类型形成报表，并提供相邻局接口监测子系统间信息交互的接口。分析层由综合分析服务器、客户端等组成，主要功能是对 Abis、A、PRI 接口监测子系统处理后的信息进行关联分析，形成综合分析报表。接入路由设备/防火墙作为 CE 设备，将放置在同一地点的系统内各设备构成的局域网，以 MPLS VPN 方式接入铁路数据通信网，同时提供局域网与铁路数据通信网间的安全防护，GSM-R 接口监测系统数据分析流程图如图 6-33 所示。

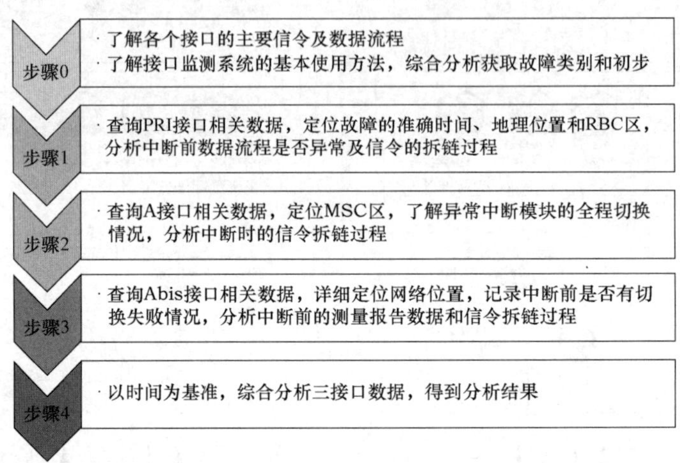

图 6-33　GSM-R 接口监测系统数据分析流程图

2. 系统功能

（1）Abis 接口监测子系统功能。网络信令采集，具有实时采集被监测 Abis 接口信令时隙上被监测用户网络信令信息的功能；网络信令解析，具有对网络信令（包括 LAPD 及以上所有层信令）进行正确解析功能，解析内容应符合 3GPP TS 08.58、3GPP TS 04.08 等规范；实时监测与显示，以被监测用户的 MSISDN 为标识，对所有被监测用户的网络信令进行全程在线实时跟踪，能显示被监测用户的 Abis 接口信令信息；信息查询，具有将时间段、车次号、用户 MSISDN 号码、机车号（从 PRI 接口数据解析得到）、信令类型、位置信息等条件进行组合，对 Abis 接口监测子系统存储的数据进行网络信令、测量报告、切换事件等信息查询功能；报表功能，具有将查询结果以 Excel 格式导出并形成报表的功能，报表包括 Abis 接口网络信令列表、Abis 接口测量报告列表、Abis 接口切换事件列表。

（2）A 接口监测子系统功能。网络信令采集，具有实时采集被监测 A 接口信令时隙上被监测用户网络信令信息的功能；网络信令解析，具有对网络信令（包括 MTP 及以上各层信令）进行正确解析功能，解析内容应符合 3GPP TS 08.08、3GPP TS 04.08、LSSU、MSU、SCCP、BSSMAP、DTAP、SNTM 等协议；实时监测与显示，应能以监测用户 MSISDN 为标识，对所有被监测用户的网络信令进行全程在线实时跟踪，能显示被监测用户的信令信息；信息查询，具有将时间段、车次号、用户 MSISDN 号码、机车号（从 PRI 接口数据解析得到）、信令类型、拆链原因值等条件进行组合，对 A 接口监测系统存储的数据进行网络信令、切换事件、拆链原因等信息查询功能；报表功能，具有将查询结果以 Excel 格式导出并形成报表的功能，报表包括 A 接口网络信令列表、A 接口切换事件列表、A 接口拆链原因列表等。

（3）PRI 接口监测子系统功能。信令与数据采集，具有实时采集被监测 PRI 接口上所有网络信令和业务数据功能；信令与数据解析，具有对采集的网络信令和业务数据进行正确解析功能，网络信令解析应符合 Q.921、Q.931，数据原码解析应符合《CTCS-3 级列控系统　系统需求规范（SRS）》，实现链路层、网络层、传输层、安全层及应用层 PDU（协议数据单元）的完全解析；实时监测与显示，具有对被监测的列控用户进行全程在线实时监测与显示功能，PRI 接口监测子系统以被监测用户 MSISDN 为标识，实时显示被监测用户的 MSISDN、CTCS ID、车次号、机车号、位置信息、速度、ATP 时间戳、监测时间等信息，遇有不能正确解析的数据应显示其原始码；信息查询，具有将时间段、车次号、用户 MSISDN、CTCS ID、机车号、位置信息、拆链原因值等条件进行组合，对 PRI 接口监测子系统采集的历史数据进行查询的功能；报表功能，具有将查询结果以 Excel 格式导出并形成报表的功能，报表包括 PRI 接口网络信令和业务数据列表、PRI 接口呼叫记录列表等。

（4）综合分析子系统功能。综合数据分析，能够结合 A、Abis、PRI 接口监测子系统所采集的数据对设定时间（范围）内所监测用户的行为进行分析，能按时间段、车次号、机车号、CTCS ID、MSISDN、线路、位置信息等条件对采集数据进行综合统计分析；告警功能，对被监测 Abis、A、PRI 接口的网络信令和 PRI 接口的业务数据进行实时监测，当出现异常情况时提供声光告警提示；无线性能分析功能，能够将被监测用户上下行接收电平分布、传输质量分布进行统计分析，具有根据选取的线路或区段和已输入的载频信息进行无线场强覆盖状况分析的功能，按照选取的复用频组、基站频组、可能存在邻频关系的频点，根据测量报告绘制无线场强覆盖曲线；越区切换事件统计功能，具备统计被监测用户在设定时间段、地点区段内，发生越区切换异常次数和此类切换与总切换次数的百分比等功能，具备统计设定时间段被监测用户切换发起次数、切换触发次数、切换成功次数和切换失败次数之间的相互关系的功能。表 6-6 为 GSM-R 接口监测系统告警功能。

表 6-6　GSM-R 接口监测系统告警功能

告警级别	告警项	告警方式
紧急告警	数据库软件或硬件故障	紧急告警音提示及网管界面上指示灯与文字提示
	接口处理服务器软件或硬件故障	
	网关软件或硬件故障	
	处理层各设备间网络连接中断	
	其他导致系统部分或全部功能停用的故障	
严重告警	采集设备与处理服务器之间网络连接中断	严重告警音提示及网管界面上指示灯与文字提示
	采集设备与被监测链路数据中断	
	其他影响系统正常监测并需要立即进行故障检修的告警	

续表

告警级别	告警项	告警方式
警告告警	处理层设备 CPU 占用率持续 60 秒超过 80%	网管界面上指示灯与文字提示
	处理层设备内存使用率持续 60 秒超过 80%	
	处理层设备磁盘空闲空间小于 30%	
	其他不影响系统监测但是需要注意的情况	

（5）网管子系统功能。系统监测、记录系统本身的故障及列车降级、超时、单电台工作等故障，支持各服务器 CPU 使用率、内存使用率、硬盘使用率及进程状态监测等；通过网管设备实现相邻局间接口监测子系统间的信息交互，保证被监测用户信息的连续性，支持同时与多个相邻局进行信息交互功能。

3. 制度标准

《铁路数字移动通信系统运用管理办法》（TG/TX 207—2015）；

《铁路数据通信网运用管理办法》（TG/TX 213—2015）；

《铁路通信传输网资源管理办法》（TG/TX 212—2015）；

《铁路数字移动通信系统（GSM-R）接口监测系统　技术条件》（TB/T 3372—2017）；

《铁路数字移动通信系统（GSM-R）接口监测系统　试验方法》（TB/T 3373—2017）；

《铁路数字移动通信系统（GSM-R）工程检测规程》（TB 10430—2014）；

《铁路数字移动通信系统（GSM-R）通用分组无线业务（GPRS）子系统技术条件》（Q/CR 552—2016）；

《铁路数字移动通信系统（GSM-R）接口监测系统技术条件》（Q/CR 553—2016）；

《铁路数字移动通信系统（GSM-R）地面综合测试设备技术规范》（TJ/DW 160—2014）；

《铁路数字移动通信系统（GSM-R）基站子系统设备》（GTCC-053—2018）。

4. 运用情况

GSM-R 技术在我国已经被广泛采用，通信网络覆盖里程及用户数量大量增加，组网规模日益扩大，在高速铁路区段 GSM-R 还承载 CTCS-3 级列车控制、机车同步操控等重要系统的车-地信息传输，网络的安全稳定面临越来越多的挑战。目前，GSM-R 网络监控方法主要有设备厂商提供的配套网管系统、信令消息监测分析设备、针对具体业务流程的监测记录系统和针对 GSM-R 网络接口的监测监控系统，均以测试功能为主，并不具备数据分析功能，数据分析人员需通过回放测试数据发现线路中存在的具体问题，并结合该时间、地点的多个测试项目情况进行综合分析。随着 GSM-R 铁路通信事业的蓬勃发展，GSM-R 网络监控也在不断改进和完善，正向着多样化、智能化、综合化方向发展。

6.3.12　铁路通信铁塔安全监测系统

1. 铁路通信铁塔安全监测系统简介

铁路通信铁塔安全监测系统主要用于监测通信系统铁塔安全，系统直接处于户外气候环境条件下，采用成熟的信号采集、控制、网络通信等技术，结合传感技术、智能视频分析技术，对铁塔运行健康状况及危及铁塔安全的各类自然灾害和人为破坏进行实时监测并及时预警和告警。铁塔安全防护检测单元及监测模块如图 6-34 所示。

图 6-34　铁塔安全防护检测单元及监测模块

铁塔监测装置安装在铁塔的立柱上，保证与其他监测仪的监测点处于同一现场，通过对双轴倾斜角度、三轴振动加速度的实时监测，实现对通信铁塔运行状态的实时在线监测、预警与分析决策。铁塔安全监测内容示意图如图 6-35 所示。

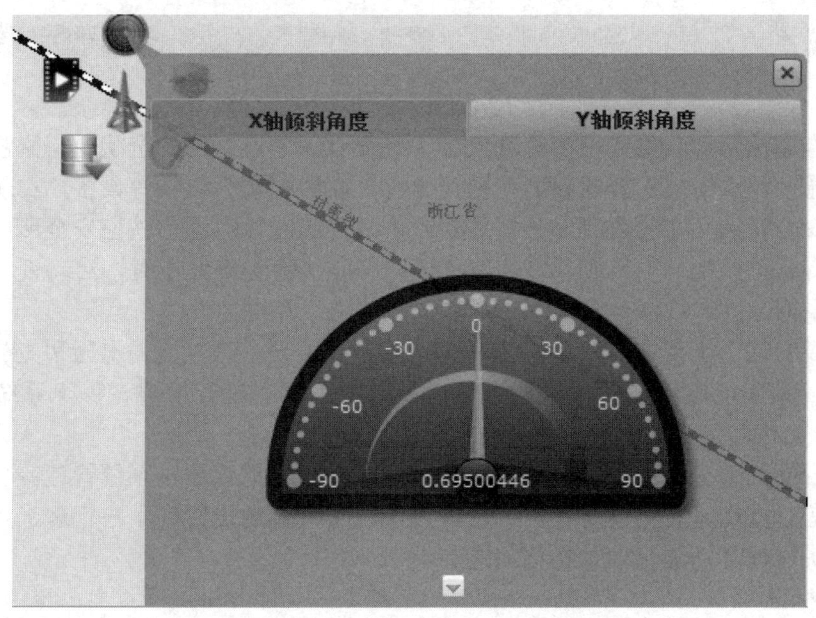

图 6-35　铁塔安全监测内容示意图

2. 主要功能

（1）铁塔实时监控管理。提供铁塔告警信息管理和预警信息管理功能。主要实现铁塔告警信息实时展现和 GIS 呈现功能。系统采集单元能够自动周期性地采集被监测铁塔的运行状态，进行处理、存储和上报。并且可随时接收并响应监测中心的查询命令，通过监测模块对相应监测指标进行查询和向监测中心传送，预警信息的目的在于为铁塔维护人员提供安全工作环境信息，包括温度安全预警和风速安全预警。提醒相关人员关注铁塔的工作状态，能够监测到铁塔的倾斜度变化，根据铁路通信工程验收规范，在考虑风荷载等外力的作用下，当铁塔的倾斜度超过预设门限值时，系统产生告警信号。

（2）铁塔基础数据管理。方便用户掌握铁塔的分布情况和基本信息。主要包括铁塔基础数据导入、添加、查询、修改、删除、统计、GIS 定位、等级评定、铁塔安全档案的添加和查询等功能。铁塔安全监测用户终端操作界图如图 6–36 所示。

图 6–36　铁塔安全监测用户终端操作界图

（3）图像监控管理。主要用于管理人员实时查看铁塔设备的安全状况，监督维护人员的工作情况。通过在铁塔上部署的高清夜视摄像机、前端视频分析仪等设备，实现对铁塔周界重点区域的安全布控，实时监测并分析侵入铁塔限界的物体对通信铁塔安全所产生的影响。视频监控具有联动功能，当有倾斜度、路基沉降、防盗等告警发生时，启动视频监控并进行预定时长的录像，同时视频信息自动传送到监控中心。

（4）电源管理。实现在监控中心能够实时查看前端设备的电流、电压和充放电情况，实时反馈前端的太阳能电池板、蓄电池、风力发电机工作和运行情况，保障系统的正常稳定运行。

（5）后台支撑管理。主要实现监测设备管理、操作维护管理、系统管理等功能，其中包含监测设备信息查询、监测设备设置、轮询设置、实时查询设置、用户管理、角色管理、日志管理、模块管理、功能管理等各项功能。

3. 制度标准

《铁路通信铁塔管理办法》（TG/TX 205—2014）；

《铁路通信铁塔监测系统》（Q/CR 851—2021）。

4. 运用情况

近年来，随着铁路无线通信技术的飞速发展，GSM–R 通信铁塔越来越多地应用于铁路通信，由于铁路移动通信系统的带状覆盖原则，通信铁塔与铁路线路的距离通常都比较近，通信铁塔的安全就对铁路的安全稳定运行起着至关重要的作用。目前的铁塔监测系统主要应用于电力输电线路铁塔、气象监测铁塔、边防监控铁塔等领域，对于通信铁塔的监测大多是在电力输电杆塔监测系统设备的基础上改进的，主要基于传感器或卫星定位系统。

现全国铁路已有多条线路设置了基于传感器的铁塔监测系统，在塔顶、塔身、塔基位置设置有多型传感器。系统在运行过程中，依靠铁塔上安装的传感器以最直观的方式对铁塔进行实时监测，监测范围广泛，内容充实。监测信息通过通信承载网实时传输至监测中心，并下发至各部门设置的监测终端，工作人员以此了解线路沿线各型通信铁塔状态。但是单纯依靠传感器对铁塔状态进行判定，判定结果受制于传感器的精度，高精度传感器的造价不菲而且使用寿命普遍不长。同时，天气、列车经过时的震动等外在因素对于传感器的判定也有很大的干扰作用。现在使用中的此类铁塔监测系统都不同程度地存在传感器老化、误报率较高的情况，严重影响系统运行，降低使用效率。

随着我国自主的北斗卫星导航系统的稳步建设，北斗卫星导航系统对铁塔监测系统提供了有力的保障，基于北斗卫星导航系统的铁塔监测系统站点间的数据传输可以不依靠外部的通信传输网络，仅仅依靠北斗卫星导航系统的短报文功能即可实现，但对于结构老化、螺栓松动等结构性安全隐患无法监测。

目前在一些领域已经开始出现综合性的铁塔监测系统，结合高精度的北斗卫星导航系统与震动、气象等各型传感器的配合，可以对铁塔从不同角度进行实时、全方位的监测，经过数据的合并分析，降低误报率，提高系统运行效率。

6.4　电务安全监测设备存在的不足

随着监测技术的发展和运用，电务系统各类设备的监测覆盖范围更加广泛，监测数据更加全面，准确性不断提高，在设备隐患排查、安全风险防范等方面发挥的作用越来越重要。但也存在一些问题和不足，制约电务安全监测设备的发展，需继续进行更加深入的研究。

1. 信号集中监测系统现场设备规格不统一

信号集中监测生产厂家众多，其设备组网方式、程序系统、数据传输和开发语言各不相同，且各厂家的设备接口互不开放，各子系统间缺少互联互通，监测数据总体上缺少关联性，不能真正实现设备间对比分析、关联分析及综合智能分析。

2. 数据共享性差

通信网管与信号设备监测数据不能共享，通信信号结合部分故障不能得到有效分析，难以对在高铁运营过程中通信无线超时、脱网等事件的故障原因（传输设备问题、无线电干扰、信号车载设备问题、信号地面设备问题等）进行准确分析和快速定位。

3. 铁路综合视频监控系统标准规范不统一、集成化和智能化程度低

铁路综合视频监控系统厂家各自制定算法，产品难以兼容，互通性不强。与入侵报警、火灾报警、门禁、动力监控等系统的融合不够，智能视频分析技术应用不充分。视频资源不能在各专业间有效利用，既有视频平台没有网管功能或网管功能存在欠缺，不能形成有效管理。

4. 未完全实现设备状态的智能分析与预测

目前信号系统各种监测设备尽管存储和记录了大量历史监测数据，但缺乏对历史数据进行有效的数据挖掘与利用，轨道电路、道岔转辙机等设备运用状态得不到准确分析、预测及预警，既有的监测故障分析工作未与电务施工计划、过程监控、处理结果反馈等各环节建立有机的联系，不能形成高效的综合监测维护及调度管理平台，不利于全面掌握电务系统相关设备状态，现场设备从“故障修”向“状态修”过渡难以真正实现。

5. 监测系统分析人员业务素质有待提高

分析人员专业技能水平偏低、实际经验不足，不适应监测技术的快速发展，故障分析效率不高影响故障处理的及时性。

6.5 新技术应用及发展趋势

1. 智能预警与故障诊断

依托目前既有的信号集中监测系统的软硬件平台和信息资源发展集中监测智能预警及诊断系统，将采集到的各项开关量、模拟量及报警数据结合系统中各类实时信息和历史信息，采用灵活的推理控制策略，进行数据挖掘和智能分析，应用专家分析的手段，从一个有经验的信号专家角度分析问题，利用大数据分布式存储集群概念，通过数据预处理和深度挖掘，对海量数据进行建模和机器学习，形成科学的预警算法，并结合历史数据实施大量的仿真计算和分析，完成预警算法的可行性及优化，进行准确的设备趋势预测和故障模型推演，实现智能分析预警、报警和突发性故障定位，为现场维护人员提供及时有效的诊断信息和解决问题的大致方向，帮助维护人员迅速发现故障点、缩短维修时间、提高维修效率，实现科学养护设备、快速处理故障、保证运输畅通。

2. 智能巡检机器人

高速铁路区间信号中继站多为无人值守车站，交通不便、夜间巡检作业对信号设备维护和应急处置带来不便和交通安全隐患。传统的电务巡检需要巡视人员定期巡视，并对设备的运行状况、运行参数进行记录，当设备或环境发生问题时，人员不能及时到场，机械室内突发的异常情况不能实时查看，可能造成安全隐患。由于电务巡检人员不可能完全实时掌握高速铁路区间无人值守信号中继站设备运行情况，定点监测很可能出现盲区。发展电务机房智能巡检机器人能够取代人工完成中继站设备的状态检查、环境监测、异物监测等工作，智能巡检机器人辅以无线充电、无线通信、本地监控、图像识别、环境监测等应用模块，实现对机房现场环境的实时监控、表计的实时识别与读取、重要设备的温度读取等，进行无人化巡查操作，实现设备巡视工作的无纸化、实时性、信息化，提高设备巡检的效率和质量，提升智能化水平，从根本上解决铁路电务系统传统人工巡检存在的缺陷。

3. 电缆及轨旁设备监测

随着信号监测设备的发展，信号监测设备已经开始向信号设备的故障预警、故障诊断、故障分析的方向延伸，但是目前地面信号监测系统缺少对电缆及电缆径路、轨旁设备固定情况的监测，这就使得故障的预警、诊断和分析缺少了一个必要的环节，从而达不到理想的效果。这也迫切需要将监测内容扩展到电缆及室外轨旁设备，完成对信号设备从控制端（室内控制电路）、电缆传输通道、设备端（实际工作设备）包括固定情况的全过程监测，进而真正实现地面信号设备工作状态的监测、诊断和故障定位。

4. 铁路安全视频监控和智能分析系统

基于视频深度学习的铁路安全视频监控和智能分析系统是铁路周界防范最直接、最有效、最可信的方式，具有全天候、无人值守、低误报率等独特优势。系统在满足日常视频监控的基础上，通过在视频画面上设置需要重点监控的周界入侵检测区域，可实现单侧线路1.5 km周界入侵检测功能。系统采用激光摄像机与红外热成像摄像机实现白天和夜晚的连续监控；采用激光摄像机与红外热成像摄像机高精度联动方式，实现区间线路、咽喉等监控的全覆盖；采用前置目标智能识别与检测技术，实现人员入侵、火警等异常情况的智能自动识别，有效克服了人员巡逻带来的巡视空隙缺点，与其他非可视化防护存在的高误报率、低可靠性等问题相比，能够有效提高防护的准确率和实效性。

5. 基于云平台的信号综合监督系统

随着铁路的快速发展，信号系统规模日趋庞大，数字化、精密化程度越来越高，对信号设备维护技术要求也越来越高，信号系统的维护需求日益迫切，需要的维护技术支持也将越来越多。综合来看，在信号系统领域，迫切需要一套具有较高智能化、信息化、网络化的基于云平台的综合运维系统，来解决系统运行维护所面临的问题。发展基于云平台的信号综合监督系统，利用云计算平台数据处理能力强、数据存储能力大、索引能力强，稳定性和可靠性高等特点实现对信号设备的状态监督、故障诊断、智能预警、设备管理和运维调度等功能，切实解决电务维修模式由传统的“车站分散自治”向“中心调度集中”转变的问题。

6. 铁路通信安全监控系统平台

充分利用通信既有监测系统的数据信息、网络资源、管理和指挥模式，通过集团公司、通信段两级调度指挥中心的建设，以车间、工区生产单位为节点，建成上下贯通、左右衔接、互联互通、信息共享、各有侧重、互为支撑、安全畅通的通信安全监控体系。充分满足了电务系统安全生产、应急管理的工作需要，实现了设备运行健康监控管理，为设备运行数据化管理提供了安全高效的平台。

第 7 章

供电安全监测设备

自 1960 年我国第一条电气化铁路宝成线开通运营以来，截至 2021 年底，我国电气化铁路营业里程已经将近 11 万千米，电气化铁路覆盖率占 73.3%。伴随着电气化铁路的发展，供电系统坚持“先进技术保设备安全的理念”，不断提升“技防”水平，各种供电安全检测监测技术及设备得到推广应用，通过多年的理论研究与实践，已初步建成科学有效、规范完整的供电安全检测监测体系，全面、准确、及时、高效地管理供电设备运行状态，为建设先进的维护保养体系提供了有力支撑，为确保供电安全发挥了重要作用。

铁路供电系统可分为铁路牵引供电系统和铁路电力系统两大部分，其中由牵引变电所亭和接触网组成的牵引供电系统，担负向动车组、电力机车提供稳定、持续、可靠、强大电力能量的任务，其供电可靠性直接影响行车安全；由配电所和电力线路组成的铁路电力系统，担负除动车组、电力机车以外所有地面行车设施的供电任务，包括运输指挥系统、通信系统、信号系统、供水系统及生产生活等铁路用电负荷，其供电的可靠性不仅直接影响铁路运输系统的正常运行，还关系到很多职能部门的正常工作。供电安全检测监测技术及设备主要用于接触网、变配电所亭设备、电力线路的检测和监测，保障供电设备运行安全可靠。为了提高对供电设备的远程实时监控与管理，铁路供电在设计时采用了基于 SCADA 技术的远动监控系统（牵引供电远动和电力远动）。近年来，随着检测监测技术的进步，在接触网方面，以供电安全检测监测系统（简称 6C 系统）为代表的供电安全检测监测得到广泛应用；在变配电方面，集各类安全监控系统于一身的变电所辅助监控系统适应无人值守模式的需要得到快速发展。

按照《铁路技术管理规程》对行车安全监测设备的分类，涉及铁路供电的主要有移动检测设备（如 6C 系统中的接触网检测车）、在线自动监测设备（如供电 SCADA 系统）、行车作业监控设备（如牵引变电所远程视频监控设备）、自然灾害综合检测预警设备（如变电所环境监控系统）。本章对 6C 系统进行重点阐述，同时对变电所辅助监控系统及远动系统、其他供电移动检测设备、在线监测设备等一并介绍。

7.1　供电安全检测监测发展历程

供电设备的检测分接触式和非接触式，监测分离线监测和在线监测。供电安全检测监测技术的发展大体上经历了由接触式检测、离线监测向非接触式检测、在线监测的演变过程。进入 21 世纪，计算机技术、多媒体技术和网络通信技术得到快速发展，检测监测在对图像、声音等多媒体信号的处理及远距离传输方面趋于成熟，各种技术高度融合，越来越多具有数字化、集成化、智能化特点的新型供电安全检测监测装置已不断地应用于生产实践中。

早期对电气设备的检测需借助各种试验仪器在停电状态下进行，不能实时监测设备状况，及早发现设备存在的安全隐患。为解决这一难题，专业人员不断探索在线监测技术，在线监测技术的研究始于20世纪五六十年代，相关研究成果推广应用大体经历了以下三个阶段。

（1）带电测试阶段。这一阶段始于20世纪70年代左右，当时人们仅仅是为了不停电而对电气设备的某些绝缘参数（主要是泄漏电流）进行直接测量。这一阶段的特点是结构简单，测试项目少，测试灵敏度较差，应用范围较小，未能得到普及应用。

（2）从20世纪80年代开始，出现了各种专用的带电测试仪器，使在线监测技术开始从传统的模拟量测试走向数字化测量，摆脱了将测试仪器直接接入测试回路中的传统测量模式，取而代之以利用传感器将被测量转换成数字仪器可直接测量的电气信号。同时还出现一些其他通过非电量测量来反映设备状况的测试仪器，如远红外装置、超声装置等。这一时期具有代表性的带电测试仪器是日本的LCD－4型避雷器泄漏电流测试仪。

（3）从20世纪90年代开始出现了以数字波形采集和处理技术为核心的微机多功能在线监测系统。利用先进的传感器、计算机、数字波形采集和处理等高新技术，实现更多的绝缘参数（如介质损失角正切值、电容量、泄漏电流、局部放电、色谱等）在线监测。这种监测系统可以在设备运行状态下实时连续地巡回监测，具有监测内容丰富，信息量大，处理速度快等特点，对监测结果可显示、存储、打印、远传及越限报警，实现绝缘监测的全部自动化，代表了当今在线监测的发展方向。

国外开展在线监测技术的研究较早，20世纪60年代美国率先开发在线监测技术，成立了庞大的研究机构，每年召开1～2次学术交流会议。20世纪70年代加拿大、日本、苏联等国家的在线监测技术开始起步，并得到迅速发展。其中加拿大于1975年研制成功油中气体分析在线监测装置，日本于70年代末研制成功油中氢气的监测装置、80年代研制了变压器局部放电的监测装置，苏联在线监测技术也发展较快，特别是电容性设备绝缘监测和局部放电的在线监测方面有较强的技术实力。

我国在线监测技术起步于20世纪80年代，之后得到了迅速发展。清华大学等高校开展了绝缘诊断技术的研究，电力部门及研究所相继研制了不同类型在线监测装置，如电容性设备监测装置、局部放电监测系统等。1985年以后，国家更是将多项电力设备在线监测技术列入重大科技项目，标志着我国电力系统在线监测技术进入全速发展阶段。

铁路供电的检测监测采用了与电力系统相同的技术，如供电远动系统、变电所辅助监控系统等。同时，由于牵引供电是电力系统中一个特殊的不对称分支，具有供电方式结构复杂、移动负荷等特点，其检测监测与电力系统又存在一定差异，特别是接触网的检测监测。接触网检测监测技术主要是检测接触网的几何参数、电气性能和力学特性，分为接触式检测和非接触式检测。从最初的使用测杆、线坠、道尺等工具进行接触式测量，到使用激光测量仪、红外线测温仪、检测车等设备进行非接触式测量。近半个世纪以来，随着世界电气化铁路及高速铁路的不断发展，接触网检测监测技术及设备的研发和使用也突飞猛进，最先运用接触网检测系统的国家是德国和日本，技术在不断完善和成熟。

德国对接触网检测技术的研究较早且较为深入，其先进的检测技术与设备被许多国家引进。20 世纪 50 年代德国在运行线路上对弓网力学特性、接触网振动及受流和空气动力学做了相关试验，对安装技术做了改进试验并取得良好的效果。该阶段的试验研究对现在的接触网系统架构有深远影响。德国高速铁路接触网检测车可以检测导线高度、拉出值、接触压力、导线接近、导线厚度、接触网弹性等相关项目。该检测车主要由两部分构成：一是动态接触压力检测系统，以运营时速对弓网进行动态性能检测；二是接触网光学检测系统，在不接触接触线的情况下对接触网进行静态检测，检测可以在低速或高速情况下进行。通过动态接触压力检测系统与接触网光学检测系统测量数据的比较，计算接触网弹性及准确判断故障类型。德国接触网检测车车顶系统如图 7-1 所示。

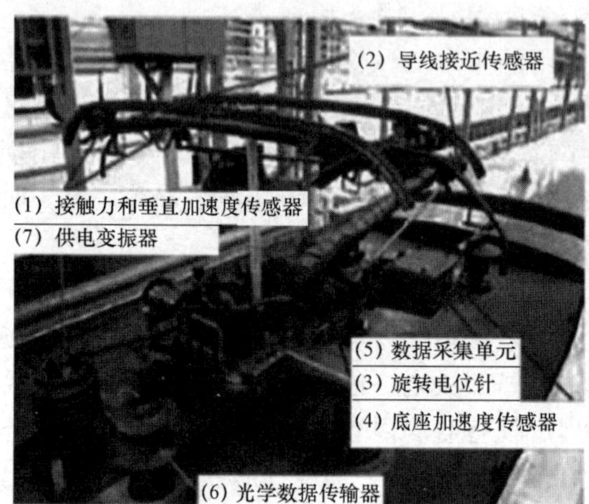

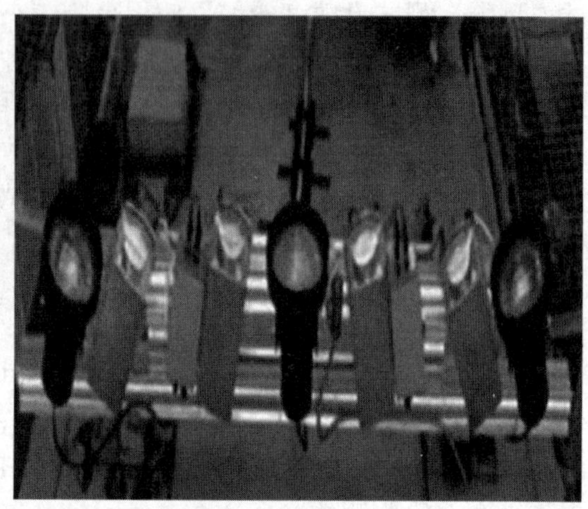

图 7-1　德国接触网检测车车顶系统

日本也是研究接触网检测车较早的国家，其典型检测车为 923 型“新型黄色医生（Doctor Yellow）”检测车。该检测车检测速度为 270 km/h，在接触网检测中以 1 500 Hz 的采样速度进行激光扫描，处理精度较高。另外，该型检测列车可同时实现对轨道状态、通信信号、弓网状态的全面检测。为了对轨道、电力、信号、通信等各种设备进行更为全面的检查、测试，21 世纪初日本又开发了当时最先进的新干线电气轨道综合检测车“East i”，取代了过去的检测车“Doctor Yellow”，2002 年开始正式投入使用。日本接触网检测车如图 7-2 所示。

图 7-2　日本接触网检测车

从系统结构上，意大利和奥地利接触网检测设备比较接近，称为非接触式检测方式，主要强调接触网几何参数的测试，日本、法国和瑞士研制的接触网检测设备与德国比较接近，称为接触式检测方式，主要强调弓网动力学参数的测试。

我国自20世纪80年代开始自主研发生产接触网检测车。通过将应力传感器安装在经过改造的客车车体上，实现了100 km/h 以下常规线路的接触线高度和拉出值等参数检测。20世纪 90 年代随着电气化铁道速度的提升及对国外先进技术的引进，相应的检测技术不断发展，接触网检测设备也有了显著的改进，典型的检测列车为JJC型接触网检测车。其中，JJC－1型安装在不带动力客车上、JJC－2型安装在不带动力的简易客车上、JJC－3型安装在自带动力的轨道车上、JJC－4型安装在接触网作业车上。随着我国高速铁路的快速发展，为适应高速铁路供电设备管理的需求，2012年铁道部下发《高速铁路供电安全检测监测系统（6C系统）总体规范》，在全路开展6C系统建设。在广泛吸收国际先进经验的基础上，目前我国高速铁路供电安全检测监测系统已基本成型并投入使用，普速铁路正在逐步推广。6C系统是集弓网综合检测装置、接触网安全巡检装置、车载接触网运行状态检测监测装置、接触网悬挂状态检测监测装置、受电弓滑板监测装置、接触网及地面供电设备监测装置6种检测装置于一身的综合检测监测系统，其主要功能是通过对接触网悬挂参数及弓网运行参数、附加线索及零部件的检测，以及其他供电设备参数的实时在线监测，从而实现对牵引供电系统进行全方位、全覆盖的综合检测监测。

7.2 供电安全检测监测概述

7.2.1 供电安全检测监测分类

铁路供电安全检测监测系统包括供电设备的移动检测、自动在线监测、视频监控、环境监测、火灾报警、安全防范及门禁等系统，主要的检测监测设备有6C系统、变电所辅助监控系统和远动系统。表7－1为供电安全检测监测设备。

表7－1 供电安全检测监测设备

<table>
<tr><th colspan="4">设备名称</th><th>检测监测对象</th></tr>
<tr><td rowspan="9">6C系统</td><td colspan="3">高速弓网综合检测装置</td><td>接触网</td></tr>
<tr><td colspan="3">接触网安全巡检装置</td><td>接触网</td></tr>
<tr><td colspan="3">车载接触网运行状态检测装置</td><td>接触网</td></tr>
<tr><td colspan="3">接触网悬挂状态检测监测装置</td><td>接触网</td></tr>
<tr><td colspan="3">受电弓滑板监测装置</td><td>接触网</td></tr>
<tr><td rowspan="4">接触网及供电设备地面监测装置</td><td rowspan="4">接触网地面监测装置</td><td>接触线的振动与抬升量监测装置</td><td>接触网</td></tr>
<tr><td>隧道接触网张力监测装置</td><td>接触网</td></tr>
<tr><td>下锚处承力索和接触线张力（坠砣在线监测）监测装置</td><td>接触网</td></tr>
<tr><td>电连接温度监测装置</td><td>接触网</td></tr>
</table>

续表

<table>
<tr><th colspan="4">设备名称</th><th>检测监测对象</th></tr>
<tr><td rowspan="4">6C系统</td><td rowspan="4">接触网及供电设备地面监测装置</td><td rowspan="2">接触网地面监测装置</td><td>电分相燃弧监测装置</td><td>接触网</td></tr>
<tr><td>接触网绝缘子在线监测装置</td><td>接触网</td></tr>
<tr><td rowspan="2">供电设备地面监测装置</td><td>变电所内油色谱、电缆测温、电气绝缘等在线监测装置</td><td>变配电设备</td></tr>
<tr><td>变电所内供电设备红外温度和可见光视频监测装置</td><td>变配电设备</td></tr>
<tr><td rowspan="5">变配电所辅助监控系统</td><td colspan="3">视频监控及巡检系统</td><td>变配电设备</td></tr>
<tr><td colspan="3">环境监测系统</td><td>变配电设备</td></tr>
<tr><td colspan="3">安全防范系统</td><td>变配电设备</td></tr>
<tr><td colspan="3">火灾报警系统</td><td>变配电设备</td></tr>
<tr><td colspan="3">动力照明控制系统</td><td>变配电设备</td></tr>
<tr><td rowspan="3">远动系统</td><td colspan="2" rowspan="2">安全监控系统</td><td>环境监控系统</td><td>变配电设备</td></tr>
<tr><td>视频监控系统</td><td>变配电设备</td></tr>
<tr><td colspan="3">电气设备在线监测系统</td><td>变配电设备</td></tr>
<tr><td rowspan="3">其他</td><td colspan="3">接触网几何参数激光测量仪</td><td>接触网</td></tr>
<tr><td colspan="3">电能质量测试仪</td><td>变配电设备</td></tr>
<tr><td colspan="3">作业车视频监控系统、轴温监测装置</td><td>作业车</td></tr>
</table>

7.2.2 供电设备检测监测方式

1. 接触网

接触网检测方式分为静态检测和动态检测。静态检测是指利用运行检测车辆在接触网静止状态下进行非接触式测量，或者人工使用仪器、工具测量接触网技术状态。动态检测是指利用弓网综合检测装置（1C）、车载接触网运行状态检测装置（3C）等手段，测量接触网技术状态及弓网接触取流状态。接触网监测方式分为移动视频监测和定点监测。移动视频监测是利用安装在检测车辆、机车或动车组上的监测设备对接触网进行外观检查。定点监测是利用安装在接触网关键处所、特殊地点的监测设备，监测列车通过时接触网或受电弓状态，接触网设备绝缘状态、温度、位移变化，以及外部环境是否存在异常。表 7–2 为接触网检测监测方式。

表 7–2 接触网检测监测方式

<table>
<tr><th>方式</th><th>内容</th><th>检测设备</th></tr>
<tr><td rowspan="2">静态检测</td><td>线岔；自动过分相地面磁感应器</td><td rowspan="2">仪器、工具（激光测量仪、红外测温仪等）或检测车</td></tr>
<tr><td>接触线几何参数（接触线拉出值、跨中偏移值、接触线高度、接触线坡度）；绝缘锚段关节、关节式电分相；轨面标准线</td></tr>
</table>

续表

方式	内容	检测设备
静态检测	非绝缘锚段关节；补偿装置	仪器、工具（激光测量仪、红外测温仪等）或检测车
	接地电阻	
	对动态检测超限处所进行静态复核、确认	
动态检测	接触线动态拉出值、高度；硬点、一跨内接触线高差；弓网接触力、接触线抬升量、燃弧；接触网电压	高速弓网综合检测装置
	接触线动态拉出值、高度、接触线的相互位置；燃弧次数、燃弧时间、燃弧率；接触网温度	车载接触网运行状态检测装置
移动视频监测	监测接触网设备有无明显的脱、断、偏移及其他异常情况，有无鸟巢、危树等可能危及接触网供电的周边环境因素，有无侵入限界、妨碍机车车辆运行的障碍等	接触网安全巡检装置
	监测接触网与受电弓运行状态、接触网温度等	车载接触网运行状态检测装置
	监测接触网设备零部件有无烧伤、缺失、断裂、松动及其他异常情况	接触网悬挂状态检测监测装置
定点监测	监测受电弓有无异常状态	受电弓滑板监测装置
	绝缘部件状态监测（监测领示点绝缘部件附近盐密度或泄漏电流）	接触网及供电设备地面监测装置
	主导电回路电气节点监测（监测供电线、加强线、捷接线、正馈线接续点、电连接线夹、隔离开关设备线夹及触头、吸上线接续点、电缆终端或中间接头状态等有无过热现象）	

2. 变配电和电力设备

变配电和电力设备的检测方式分为当地检测和在线监测。当地检测是指借助仪器对电气设备的运行参数、温度、绝缘性能、电气性能、机械性能等进行检测。分为设备带电状态下的非接触式检测、接触式检测和停电状态下的接触式检测，包括日常检测、交接试验、预防性试验等；在线监测是指在电气设备处于运行的条件下，通过远动系统对设备的状况进行连续或定时的监测，包括绝缘在线监测、红外温度及可见光视频监测等。表 7–3 为变配电和电力设备检测监测方式。

表 7–3　变配电和电力设备检测监测方式

方式	内容	检测设备
当地检测	高压电气设备、电缆发热状况	红外测温仪
	各种高低压设备的绝缘性能、电气性能、机械性能	试验车、试验仪器
	绝缘油绝缘性能、绝缘油溶解气体色谱、SF6 气体性能	试验仪器

续表

方式	内容	检测设备
在线监测	电压、电流、功率等电气参数测试	电能质量分析仪
	主变压器绝缘油气相色谱、含水量、内部温升	在线监测系统
	主变压器局部放电	
	主变铁芯接地电流	
	容性电气设备的介质损耗、电容电流、电容量	
	避雷器泄漏电流、分布电压	
	绝缘子污秽泄漏电流	
	高压电缆铠装层接地电流	
	GIS 开关柜局部放电、SF6 气体密度监测、局部过热、动作特性、接地故障	
	设备状况、主导电回路电气节点温度（监测设备线夹及触头、电缆终端或中间接头状态等有无过热现象）	红外温度和可见光视频监测装置

7.2.3　供电安全检测监测项目

供电安全检测监测的项目众多，概括而言主要涉及供电设备的电气参数、空间几何参数和机械性能，本节重点介绍移动检测和在线监测项目。

1. 接触网

拉出值、接触线高度、定位器坡度、导线高度变化率、跨距、始触点、支柱位置、跨中弛度、跨中偏移、线索张力、接触线磨耗、硬点、锚段关节导线的相对位置、接触网电压、弓网接触压力、弓头水平冲击加速度和接触线抬升等与接触网安全运营有关的状态参数。表 7-4 为接触网检测监测项目。

表 7-4　接触网检测监测项目

检测项目	检测目的
接触线高度	测试接触线距轨面高度，检查接触线的平顺度和张力
接触线坡度	测试接触线平顺度和变化率
拉出值	测试接触线与受电弓中心的距离
跨中最大偏移值	测试曲线处跨中接触线距受电弓中心的距离
锚段关节处双线水平距离	测试锚段关节处两支等高接触线水平距离
线岔处非支抬高	检查线岔工作支和非工作支的过渡是否良好

续表

检测项目	检测目的
定位器坡度	检测受电弓经过定位点时定位器的动态性能
弓网接触压力	测试接触线和受电弓间的动态接触压力，考察弓网动态关系
离线	在弓网接触运行的过程中，考察弓网受流质量
硬点	在弓网接触运行的过程中，检测受电弓受接触线的动态冲击
接触线抬升	检测接触线的波动，考察接触网的弹性及弹性的一致性
接触网电压	检测接触网电压的波动、始末端电压的高低、分相过电压
支柱位置	在动态检测过程中，对测试数据进行定位

2. 变配电和电力设备

电压及电流等电气参数、设备温度、绝缘电阻、交直流耐压、介质损耗、泄漏电流、直流电阻、局部放电、接地电阻、绝缘油气相色谱、SF6 气体等。表 7–5 为变配电和电力设备检测监测项目。

表 7–5　变配电和电力设备检测监测项目

检测项目	检测目的
电压及电流等电气参数	供电质量指标
设备温度	及时发现电气设备过热隐患
绝缘电阻、交直流耐压	测试设备的绝缘性能
介质损耗	测试变压器、互感器、电容、套管等容性电气设备的绝缘性能
泄漏电流	检查避雷器、绝缘子的绝缘性能
直流电阻、接触电阻	测试变压器、互感器、断路器分合闸线圈的电气性能及断路器动作特性
局部放电	测试变压器、互感器、断路器动作特性的绝缘性能
动作特性	测试断路器、隔离开关、GIS 柜的机械性能
接地电阻	检查设备工作接地、保护接地的状态
绝缘油水分和击穿电压	测试变压器、互感器、油断路器等含油电气设备绝缘油性能
绝缘油气相色谱	测试变压器、互感器、油断路器等含油电气设备绝缘油性能
SF6 气体	测试 SF6 断路器、GIS 组合柜密封及绝缘性能

7.3 供电安全检测监测设备及技术

7.3.1 高速铁路供电安全检测监测系统

1. 高速铁路供电安全检测监测系统简介

高速铁路供电安全检测监测系统（简称 6C 系统）是对高速铁路牵引供电系统进行全方位、全覆盖的综合检测系统，包括高速（普速）弓网综合检测装置、接触网安全巡检装置、车载接触网运行状态检测装置、接触网悬挂状态检测监测装置、受电弓滑板监测装置、接触网及供电设备地面监测装置。主要功能是对接触网悬挂参数和弓网运行参数的检测，对接触网悬挂、腕臂结构、附属线索和零部件的检测，对接触网参数的实时检测，对动车组受电弓滑板状态及接触网特殊断面和地点的实时监测，对接触网运行参数和供电设备参数的实时在线检测等。6C 系统图如图 7-3 所示，6C 系统联网监控图如图 7-4 所示，表 7-6 为 6C 系统。

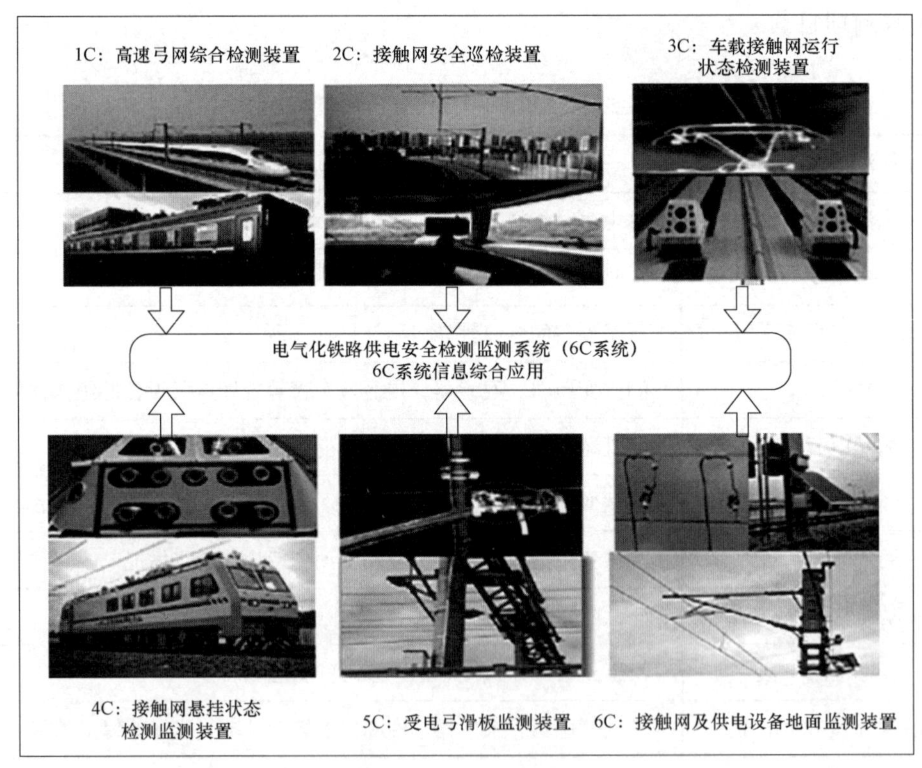

图 7-3 6C 系统图

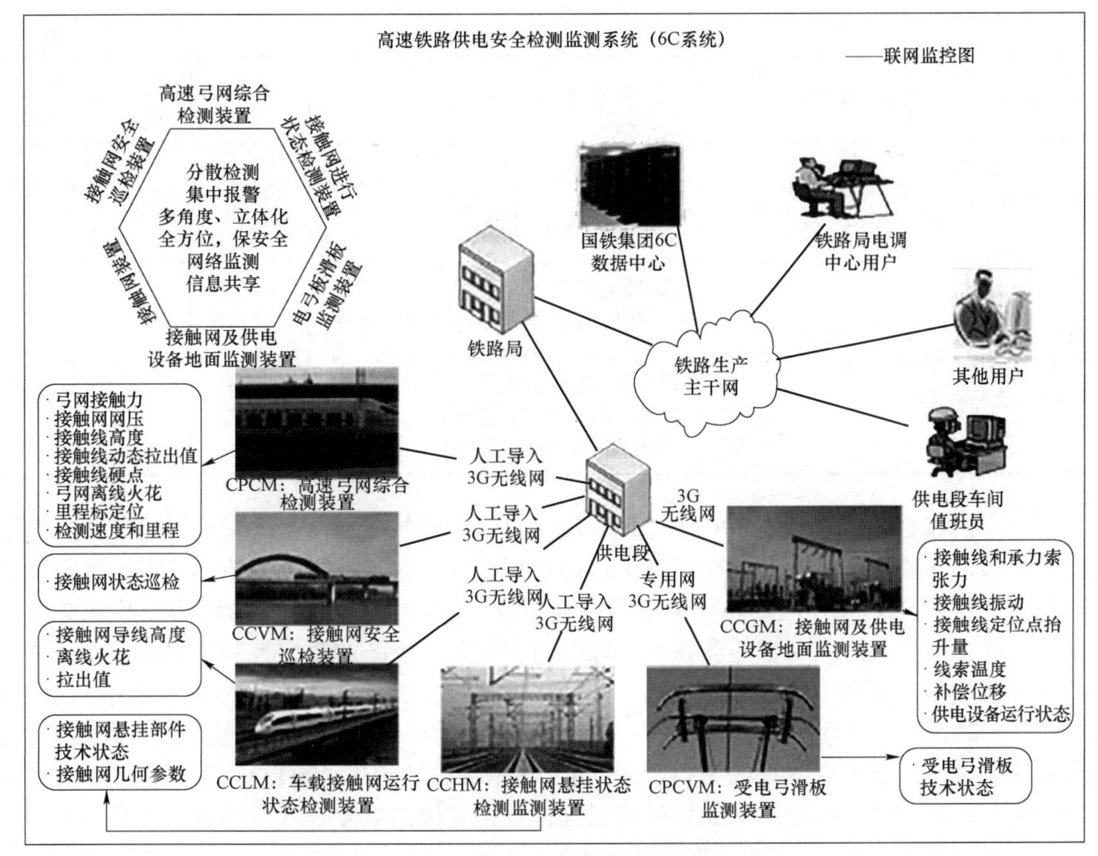

图 7-4　6C 系统联网监控图

表 7-6　6C 系统

6C 系统	系统搭载平台	主要功能	巡检周期	数据格式	管理部门
1C（高速弓网综合检测装置）	车载（国铁集团高速综合检查车）	综合检测车对接触网参数和弓网运行状态进行线路实速检测，主要检测参数有：弓网接触力、接触网网压、接触线高度、接触线动态拉出值、接触线硬点、弓网离线火花等	高速 15 天、普速 3 个月	数值类	铁路基础设施检测中心
2C（接触网安全巡检装置）	车载（运营动车组司机台）	接触网安全巡检装置指采用便携式视频采集设备，对接触网的状态进行视频采集，分析接触悬挂部件技术状态	周期为 10 天	视频、图片	铁路局供电段
3C（车载接触网运行状态检测装置）	车载（运营动车组）	在运营的动车组上加装接触网、受电弓检测设备，以实现高速铁路接触网状态的动态检测	实时或定期	数值、视频、图片	铁路局供电段
4C（接触网悬挂状态检测监测装置）	车载（接触网作业车或专用车辆）	对接触网悬挂系统的零部件实施高精度成像检测，指导接触网故障隐患的消缺	高速 3 个月、普速 6 个月	数值、视频、图片	铁路局供电段

续表

6C 系统	系统搭载平台	主要功能	巡检周期	数据格式	管理部门
5C（受电弓滑板监测装置）	地面（车站和动车库出入线）	在车站和动车库出入线采用视频图像监测受电弓及滑板技术状态	实时或定期	图片	铁路局供电段
6C（接触网及供电设备地面监测装置）	地面（接触网特殊断面、供电设备处）	为监测接触网及供电设备运行状态，在接触网的特殊断面及供电设备处设置地面监测装置，监测接触网的张力、振动、抬升量、线索温度、补偿位移及供电设备绝缘状态和温度等运行状态参数，指导接触网及供电设备的维修	在线监测实时，其他方式6个月	数值类	铁路局供电段

（1）弓网综合检测装置（CPCM，简称 1C）。1C 是安装在综合检测列车上的车载式接触网检测设备，随着综合检测列车在线路上巡回检测运行，对接触网的参数和状态、弓网关系进行综合性检测。1C 由弓网动态作用参数检测系统、接触网几何参数检测系统、供电参数检测系统、接触网电气连接状态检测系统，以及对各检测子系统的集中控制与集成软件组成，采用了传感技术及图像识别、激光扫描、红外成像、卫星定位、高压电磁干扰抑制、高压端设备供电、高低压信号隔离传输等技术，在 6C 系统中功能最全面、准确性最高。高速 1C 检测车归中国铁道科学研究院集团公司管理，可实现最高试验速度 400 km/h 运行条件下对接触线动态高度、拉出值、锚段关节处接触线相互位置、定位器坡度等几何参数，以及弓网接触力、硬点（垂向加速度）、离线状态（燃弧率）、网压、动车组侧电流等弓网动态作用参数和供电参数进行实时检测，同时能够采集并计算杆位、跨距等辅助信息，实现多源数据的集成与同步处理、数据自动存储、超限自动判断、波形分析与对比诊断等功能，满足指导高速铁路接触网联调联试及日常维修的需要。普速、高速接触网检测车如图 7-5 所示。

图 7-5　普速、高速接触网检测车

（2）接触网安全巡检装置（CCVM，简称 2C）。2C 是临时安装在运行动车组司机台上的图像采集设备，由高清摄像机、照明设备、图像处理设备等组成，2C 装置采用了图像识别、卫星定位等技术，对接触网悬挂、铁路线路全景进行实时检测。接触网安全巡检装置的组成相对简单，多为便携式设备，便于携带和在动车组上安装。该检测装置主要用于检测接触网悬挂的安全技术状态，用于检测发现比较明显的零部件断、脱等问题，同时也可对线路异物、危树、鸟窝等外部环境进行系统检测。依据《高速铁路接触网运行维修规则》和《普速铁路接触网运行维修规则》要求，2C 检测一般以 10 天为周期进行，在极寒天气、高温天气、恶劣天气或鸟害高发季节等情况由设备管理单位安排进行加密检测。接触网安全巡检装置（2C）如图 7-6 所示。

图 7-6　接触网安全巡检装置（2C）

（3）车载接触网运行状态检测装置（CCLM，简称 3C）。3C 是在运行的动车组上加装的固定接触网运行状态检测装置，随着动车组的运行监测接触网、受电弓的运行状态，以实现接触网状态的全覆盖、全天候的动态检测，由测量装置、信息定位系统、数据采集系统、检测信息传输系统、检测信息分析系统组成，3C 装置采用了图像识别、红外成像、紫外检测等技术。该设备一般在动车组出厂前就完成安装，安装位置在动车组受电弓后方 2 m 车顶处，检测重点侧重于接触网悬挂状态和弓网关系，采集数据全部为图像，可对动车组运行路径中受电弓与接触线接触区域附近接触网悬挂的技术状态进行全覆盖的检查。3C 装置最重要的功能是可直观反映接触网的技术状态，当接触网存在硬点时，可通过检测数据发现受电弓经过硬点部位所产生的异常振动、火花等问题。车载接触网运行状态检测装置（3C）如图 7-7 所示。

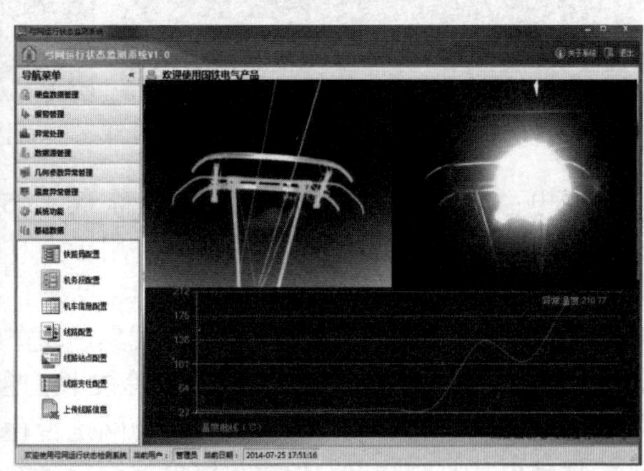

图 7-7　车载接触网运行状态检测装置（3C）

（4）接触网悬挂状态检测监测装置（CCHM，简称 4C）。4C 是安装在接触网作业车或专用检测车辆上的高清图像检测装置，是目前国内接触网机械部件检测的最重要的检测手段。周期性地对接触网悬挂系统的零部件及接触网几何参数，特别是腕臂区域的零部件进行高分辨率成像检测。整套装置主要由矩阵相机、光线补偿装置、激光脉冲触发装置、非接触式几何参数检测装置、数据采集和处理计算机组五大部分组成。4C 装置采用了应力传感、图像识别、激光扫描、红外测温、卫星定位等技术，相对于其他检测系统和装置，接触网悬挂状态检测监测装置有明显的优点：一是采用高分辨率的矩阵相机，能够对接触网悬挂装置、定位装置、附加悬挂装置 3 个区域的接触网零部件进行全方位成像检测；二是主相机组采用 2 500 W 及以上像素，所采集的图片分辨率高，清晰度高，可以直观反映接触网线索、各连接部件的状态，能够精确到零部件存在裂纹、紧固螺栓松动等其他检测装置很难发现的细微关键问题；三是系统包含光源补偿装置，检测时间不受昼夜限制，由于该装置安装在接触网作业车而非动车组上，检测一条线路需要的时间长，所以在有光源补偿的情况下，可以利用夜间天窗点对接触网进行动态检测，不会对运输秩序产生不利的影响；四是检测过程中数据采集采用脉冲触发方式，根据设定的程序，在定位处产生脉冲并同步采集设备照片，在跨中其他位置不会采集多余的照片，所以在对线路接触网检测结束后，所需要分析的数据相对较少，便于检测数据的分析。接触网悬挂状态检测监测装置（4C）如图 7-8 所示。

图 7-8 接触网悬挂状态检测监测装置（4C）

（5）受电弓滑板监测装置（CPVM，简称 5C）。5C 是安装在高速铁路的车站、动车组出入库区域、车站咽喉区处的视频监控装置，用于实时监测运行动车组受电弓及滑板的技术状态，及时发现运营动车组受电弓、滑板的异常状态，指导故障消缺，确保接触网和受电弓的运行状态良好。该检测装置由受电弓照片采集、动车组车号采集、图像处理及传输三大部分组成，5C 装置采用了图像识别、无线传输等技术，通过对局界、段界及动车组入库区域受电弓滑板状态的监测，确定某段高速铁路接触网是否存在技术参数超标，造成受电弓打碰弓的问题，根据受电弓监测结果，指导基层单位进行接触网隐患排查和故障处理工作。受电弓滑板监测装置虽然不是接触网检测的工具，但是能够间接反映接触网运行状态，对接触网检测检修具有重要的辅助作用。该设备的使用改变了既有的人工检查受电弓状态的模式，节省了一定的人力资源，同时通过对受电弓滑板实现 24 h 实时监测，提升了受电弓状态检查的效率和时间。受电弓滑板监测装置（5C）如图 7–9 所示。

图 7–9　受电弓滑板监测装置（5C）

（6）接触网及供电设备地面监测装置（CCGM，简称第 6C）。第 6C 是基于传感器技术、现代数字信号处理技术、计算机控制与检测技术、网络技术、人工智能与专家系统技术等技术的现代智能检测处理装置，安装在接触网特殊断面及牵引变电所的监测设备，用于监测接触网和供电设备的状况。

接触网地面监测装置包括接触网绝缘子状态在线监测、电连接线夹状态在线监测、27.5 kV 电缆绝缘在线监测、定位振动在线监测、张力补充装置在线监测、接触网设备视频监控等。安装在接触网隔离开关、上网电缆头、无交叉线岔、隧道出入口等关键设备和处所，用于监测接触网隔离开关状态、接触网张力变化、振动幅度、抬升量变化、补偿位移及关键设备温度参数等方面，指导接触网及设备的维修。接触网及供电设备地面监测装置（第 6C）如图 7–10 所示。

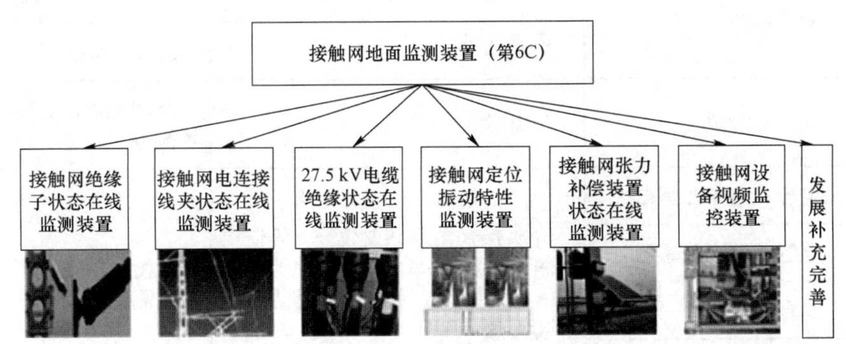

图 7–10　接触网及供电设备地面监测装置（第 6C）

供电设备地面监测装置主要包括变电所绝缘在线监测（变压器在线监测、断路器在线监测、避雷器在线监测、电容型设备在线监测等）和变电所亭温度在线监测，用于监测供电设备的绝缘状态、电缆头温度等参数。供电设备地面监测装置（第 6C）如图 7–11 所示。

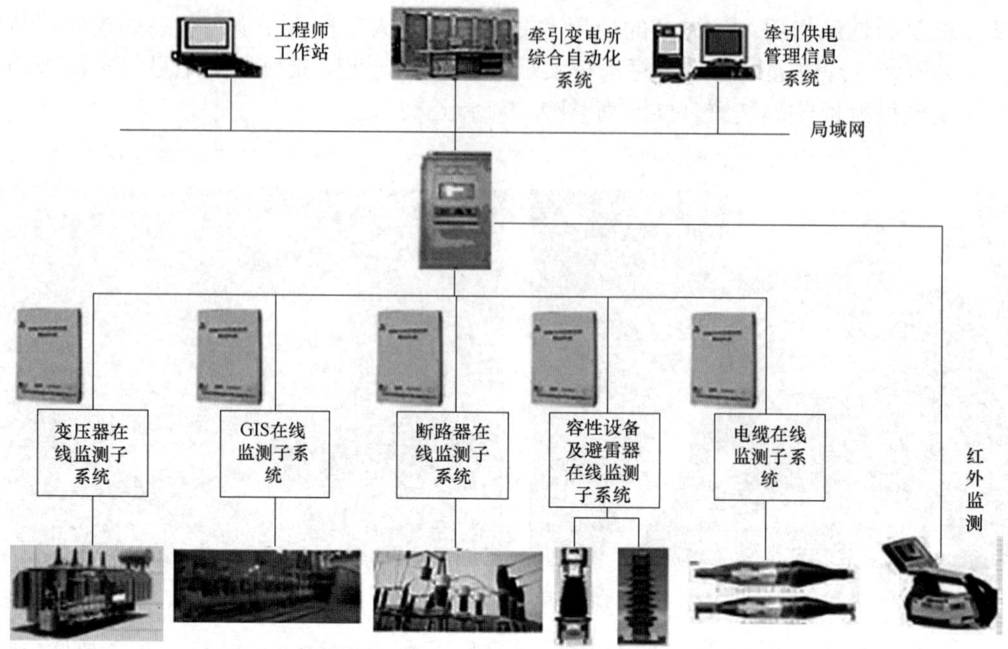

图 7－11　供电设备地面监测装置（第 6C）

变电所绝缘在线监测对象为变压器、电流互感器、电压互感器、避雷器、电容器、高压套管及高压电缆，采用了通信技术、传感器技术、数据分析及处理技术、超声波探测、远红外检测等关键技术，表 7－7 为变电所绝缘在线监测。

表 7－7　变电所绝缘在线监测

<table>
<tr><th>监测对象</th><th colspan="2">监测内容</th><th>采用技术</th></tr>
<tr><td rowspan="4">变压器</td><td>主变铁芯</td><td>接地电流</td><td>电流传感器</td></tr>
<tr><td rowspan="2">变压器油</td><td>变压器油中溶解气体色谱</td><td>油气分离技术、气体检测技术</td></tr>
<tr><td>微量水分</td><td>湿度传感器</td></tr>
<tr><td>变压器绕组</td><td>局部放电</td><td>脉冲电流法、超声检测法、射频检测法、光测法、化学法</td></tr>
<tr><td rowspan="4">电容型设备</td><td>电容式电压互感器</td><td rowspan="4">介质损耗角及其变化率、等值电容量及其变化率、末屏对地泄漏电流、运行电压、频率、环境温度、环境湿度</td><td rowspan="4">平衡电桥法、相位差法、全数字监测法</td></tr>
<tr><td>电容式电流互感器</td></tr>
<tr><td>耦合电容器</td></tr>
<tr><td>主变套管</td></tr>
<tr><td>断路器</td><td colspan="2">记录断路器开断路时的开断电流、开断次数、开断时间，分合闸的总次数，触头的剩余电寿命，分合闸线圈及储能电机线圈电流波形，通电时间，启动频度</td><td>振动信号、光电传感器</td></tr>
</table>

续表

监测对象	监测内容	采用技术
GIS 开关柜	局部放电	电气法、机械振荡法
	SF6 泄漏	气体密度、红外成像
	局部过热	温度传感器或远红外波
	断路器动作特性	振动信号、光电传感器
避雷器	总泄漏电流 I_m、阻性电流 I_r、功耗、运行电压、频率	基波法
	内部电压分布	光电测量法
绝缘子	绝缘子电压分布、污秽泄漏电流	电压分布测量法、脉冲电流法、泄漏电流法
高压电缆	电缆头温度	光纤温度传感技术（或红外测温、无线测温）、通信技术和微处理技术

变电所亭温度在线监测系统主要通过红外线测温和成像技术对变电所主导电回路和设备表面的温度进行采集、存储、监控，监测现场变电设备关键位置的发热状态和设备表面的温度分布，并通过无线或有线网络传输到监控服务器终端，以便及时了解设备的工作状态，对可见光视频监控的能力进行有效补充，无论白天黑夜或是雾霾干扰下均可随时检测出潜在的设备故障和安全隐患，一旦系统温度异常，立即报警，避免事故的发生。变电所亭温度在线监测系统如图 7–12 所示。

（a）外观

（b）可见光

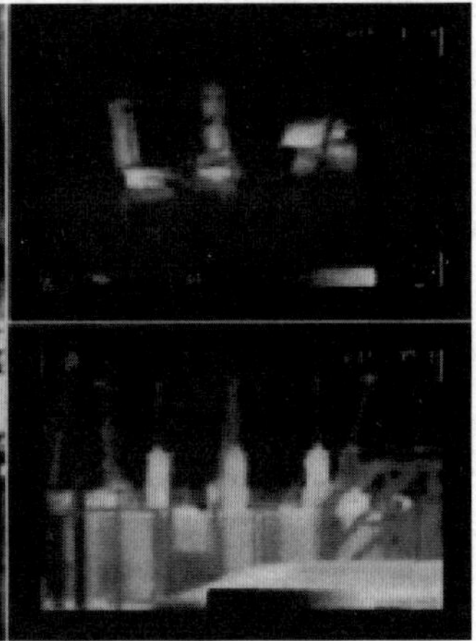

（c）红外热成像

图 7–12　变电所亭温度在线监测系统

（7）6C 系统综合数据处理中心。6C 系统综合数据处理中心部署在铁路生产内网，采用总公司、铁路局和供电段（维管段）3 级架构，在总公司、铁路局、供电段（维管段）均设置 6C 系统综合数据处理中心，各供电段（维管段）在有关科室、车间、工区设置终端。在前期各种检测设备运行基础上，通过完善功能、技术集成，形成完整的系统性、平台化的 6C 系统。6C 系统中央处理平台对各装置进行数据集中、信息共享，并通过数据库进行综合分析，为调度管理及供电运营维护人员提供维修、抢修的作业依据。供电安全检测监测系统网络架构如图 7－13 所示。

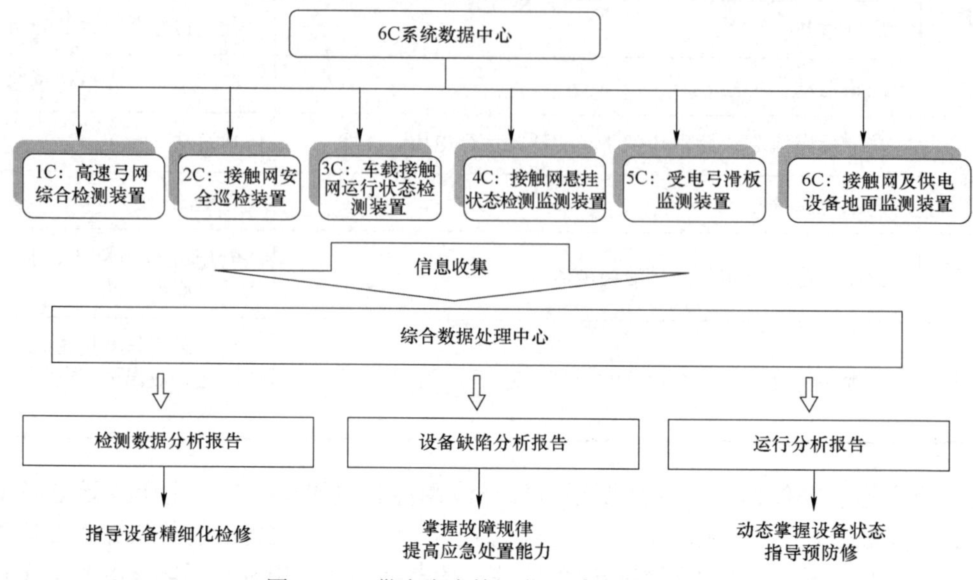

图 7－13　供电安全检测监测系统网络架构

2. 检测范围及重点

1C 检测主要突出对接触网悬挂参数及弓网关系，对接触网线高度、动态拉出值、硬点、一跨内接触线高差、弓网接触力、接触线抬升量进行检测，同时还对接触网燃弧、电压进行动态的检测。

2C 巡检的范围主要是接触网悬挂及附加悬挂、支撑装置、定位装置、线路环境及外部环境。重点监测接触网设备有无明显的断、脱、偏移及其他异常情况，有无鸟巢、危树等可能影响供电安全的环境因素，有无侵入限界、妨碍机车车辆运行的障碍等。

3C 检测的主要对象是受电弓运行的状态、动车组运行过程中接触网悬挂、参数与受电弓的匹配程度，检测接触网是否存在明显的打碰弓硬点问题。

4C 检测的范围主要是接触网悬挂、附加悬挂、定位装置，主要对每一处定位点的接触网悬挂及附加悬挂、定位装置进行静态检测，对零部件状态的检测可以精确到设备外部裂纹、螺栓松动，以及明显的接触网设备松、脱、断、缺及烧伤等问题。

5C 监测的范围为动车组或机车顶部，重点监测接触悬挂及受电弓是否存在异常现象。

6C 监测的范围主要是分散布置的接触网重点设备、接触网污秽等级领示点、变电所重点设备，重点监测接触网隔离开关、上网电缆头、接触网线岔的状态、绝缘污秽情况、变电所高压设备状态。

3. 制度标准

《高速铁路供电安全检测监测系统（6C 系统）总体技术规范》（铁运〔2012〕136 号）；

《接触网悬挂状态检测监测装置（4C）运用管理指导意见》（铁总运〔2014〕172 号）；
《动车组加装车载接触网运行状态检测装置（3C）技术方案》（运辆动车函〔2015〕339 号）；
《受电弓滑板监测装置（5C）安装指导意见》（运供供电函〔2016〕288 号）；
《接触网检测车 4C 检测装置检测效果验证技术方案》；
《铁路供电安全检测监测信息综合应用总体方案》（运信规划函〔2016〕393 号）；
《高速铁路供电安全检测监测系统（6C 系统）维修管理暂行办法》（TG/GD 302—2016）；
《接触网检测车》（Q/CR 784—2020）；
《接触网动态检测评价方法》（Q/CR 841—2021）；
《接触网静态检测评价方法》（Q/CR 842—2021）；
《高速弓网综合检测装置（1C）暂行技术条件》（TJ/GD 007—2014）；
《接触网安全巡检装置（2C）暂行技术条件》（TJ/GD 004—2014）；
《车载接触网运行状态检测装置（3C）暂行技术条件》（TJ/GD 005—2014）；
《接触网悬挂状态检测监测装置（4C）暂行技术条件》（TJ/GD 006—2014）；
《受电弓滑板监测装置（5C）暂行技术条件》（TJ/GD 008—2014）；
《接触网及供电设备地面监测装置（6C）暂行技术条件》（TJ/GD 009—2014）；
《高速铁路供电设备综合检测监测系统数据中心技术条件》（TJ/GD 010—2014）。

4. 运用情况

截至目前，各铁路局及高速铁路干线已经基本上实现了 6C 系统的整体建设和部署，6C 系统已经发展成高速铁路接触网检测监测的关键手段。按照《高速铁路供电安全检测监测系统（6C 系统）维修管理暂行办法》（铁总运〔2016〕35 号）的要求，目前全路对 6C 系统实行国铁集团、铁路局、供电段（维管段）三级组织，各铁路局集团公司所属供电段均成立了 6C 分析室（或中心），负责 6C 数据的日常统计分析，并按照“周期维护、状态检修、年鉴评定”原则开展维修，但由于国铁集团（原铁路总公司）在 2012 年才提出建设高速铁路供电安全检测监测系统（6C 系统）的思路和规划，所以各铁路局和高速铁路在 6C 系统部署的全面性和投用时间上存在一定的差异。国内相关的设备研发和生产厂家也是近年来才开始起步，部分检测监测装置的功能还不够完善，检测监测的效果还有待提升。另外，高速铁路供电安全检测监测系统（6C）从检测手段和结果来说，主要侧重于设备参数和影像两个方面，无法对主导电回路设备温度、局部关键设备的放电情况及接触网零部件内部损伤问题进行有效的检测监测，所以从理想的检测监测角度出发，高速铁路接触网还需要另外一些检测监测手段，增强接触网检测监测的全面性和准确性。

（1）弓网综合检测装置（1C）。普速 1C 检测车无动力，与其他检测车连挂组成检测列运行，检测方式为工、电、供月度联合检测；高速 1C 检测车按照国铁集团统一调度负责季度周期运行，中国铁道科学研究院集团公司专业检测人员利用综合检测列车对全路高速铁路正线接触网设备进行巡回检测，每季度完成一次全覆盖的检测，检测项目侧重于弓网关系和接触网基本参数。1C 检测装置和检测技术的运用已经很成熟，能够完全按照检测要求实现各类数据的采集和分析，接触网运行质量指数（catenary static quality index，CQI）以 1C 的检测数据为依据，量化描述区段接触网动态运行状态，接触网－受电弓动态性能指数（catenary-pantograph dynamic index，CDI）以 CQI 为基础，通过优化各项目的评价函数，并采用层次分析法对各参评项目进行赋权，完善了 CQI 存在的不足，使评价结果更加客观合理。铁路局在收到检测分析报告后，组织一线车间班组对现场数据进行人工测量复核，对接触网设备进行全面检查，复测和检查范围一般扩大两个跨距。通过检测数据和现场复测数据的核对分析发现，1C 检测装置的检测结果准确性达到了 90%以上，对基层单位接触网运营管理具有一定的指导作用。

（2）接触网安全巡检装置（2C）。相对于 3C、4C 装置，接触网安全巡检装置（2C）在高速铁路上应用较早，2013 年，相关厂家就已经完成了该装置的研发及生产，在一些高速铁路干线上进行试运行。正式的周期性检测工作于 2014 年初开始，根据设备管理的需要，检测以周为周期进行。从检测效果来看，2C 装置的使用发现了大量的设备缺陷，这些缺陷主要是一些比较明显的断、脱问题，包括吊弦载流环断裂、电气连接跳线脱落等。另外一些隐性的问题，如线索互磨、烧伤等问题较难发现，同时由于检测数据的分析是靠人工利用软件进行，所以主要还是依靠人来发现设备存在的问题，检测分析出问题的质量也在一定程度上与分析人员的业务素质相关。接触网 2C 检测受天气影响较大，在阴雨天气光线太弱或晴天正午反光太强情况下，所检测到的照片清晰度很差，基本上无法对此类数据进行有效的分析。

（3）车载接触网运行状态检测装置（3C）。由于安装位置在运行动车组的车顶表面，考虑空气动力对动车组的影响，3C 装置的安装均在动车组出厂前就完成，2013 前投运的动车组均未安装该检测装置，之后投入运行的动车组一般安装了 3C 检测装置，3C 检测装置的安装虽然实际上没有实现动车组的全覆盖，但是对于相同径路的动车组一般至少在一列动车组上安装有该检测装置，也就是 3C 检测装置的安装实际上实现了动车组运行径路，即高铁接触网线路的全覆盖。3C 装置一般安装在动车组受电弓的后方 2 m 处，主要对运行受电弓区域附近的接触网状态进行检测，受检测范围、角度等影响，检测数据很难直观反映接触网设备存在的问题，一般是在管内出现打碰弓问题后，才对该调取径路的 3C 检测数据进行分析，以协助检查和确认接触网是否存在硬点问题。3C 检测随动车组的运行每日全覆盖进行，但是数据的分析目前还没有按周期进行，是根据动车组受电弓打碰弓情况进行。

（4）接触网悬挂状态检测监测装置（4C）。与其他检测装置相比较，该装置功能完善、系统构成复杂，且安装在接触网作业车上，因此该检测装置的研发、生产和正式投运时间相对较晚。根据设备管理需求、高速铁路线路分布、4C 检测作业车运行及相关人员配置等因素，4C 检测周期定为一季度。检测数据的分析工作分两步走，首先对车站咽喉区线岔、接触网隔离开关、上网电缆、分段绝缘器等重点设备，以及危树、鸟窝等季节性重点关注问题 3 日内完成检索分析，其次 20 日内完成全线接触网悬挂、定位及支持装置的所有设备零部件的分析工作。通过对 4C 检测工作的追踪调研和对检测资料的检索分析发现，4C 检测的接触网零部件照片清晰度很高，完全能够反映出接触网设备线夹、零部件是否存在断裂、螺栓松脱甚至是零部件表面裂纹等细微问题，同时由于在接触网作业车上安装多台相机组成的矩阵相机，所以能够从正、反、侧面全方位对定位点处的设备状态进行检测。但是由于检测装置设计考虑不足、设备调试不到位等原因，4C 检测装置还存在一些明显的缺陷。主要表现在：一是采集支柱照片的照相机由于安装位置和角度受限制，当高速铁路接触网支柱号安装高度不同时，部分区段无法采集到接触网支柱号，影响检测数据分析的准确性；二是接触网几何参数检测装置只能检测距地面最低处的接触线数据，没有根据接触网锚段关节、线岔等特殊情况设定程序，对接触线工作支、非工作支数据同时进行检测，为现场设备运营管理提供更加全面、准确的检测数据支持。

（5）受电弓滑板监测装置（5C）。目前主要安装在局界、段界及动车检修所动车组运行径路上，5C 装置所采集的照片画面囊括了整列动车组的车顶表面，不但能够监测到受电弓碳板、受电弓支持部件存在的明显问题，同时也能够监测到动车组车体表面存在的异物等问题。但是根据现场情况的调研，受监测角度和照片质量的影响，不能有效监测到受电弓碳滑板出现的细微损伤情况，基层管理单位一般在接到动车检修段动车组打碰弓信息后，组织专业人员对受损的受电弓进行颜色标记，通过在受电弓上进行颜色标记，可以用 5C 装置检测到打碰弓的严重程度。

（6）接触网及供电设备地面监测装置（第 6C）。接触网 6C 装置主要安装于馈线上网隔离开关柱和道岔柱上，用于检测隔离开关、上网电缆头、无交叉线岔等关键设备的运行状态。为便于使用，在站段调度端、运管车间均设有可以调阅查看并远程操控摄像机角度的复式终端，可根据不同的需要，采用计算机远程操控视频装置转动角度，分别对隔离开关分合位置、零部件状态及上网 27.5 kV 高压电缆头及接地体状态进行实时监测，也可以对极限温度下或动车组通过情况下接触网线岔的线索晃动、弓网接触状态等情况进行实时监测。目前对接触网及供电设备地面监测装置的研发缺乏统一规划，运用上较为无序，主要原因是接触网及供电设备地面监测装置技术条件不完善，6C 系统总体技术规范及第 6C 装置技术条件仅对项目进行了简要规定，因各种第 6C 装置的技术特点不同，应用要求不同，因此需要具有针对性的第 6C 装置子技术条件，以明确技术指标、功能、安装配置标准、检验方法等内容。

（7）6C 系统数据中心。2014 年，中国铁路总公司运输局发布了《6C 系统综合数据处理中心暂行技术条件》（铁总运〔2014〕345 号），规范和统一了数据中心的应用要求、构成与功能，明确了为确保 6C 系统各检测监测装置数据的完整性、有效性及其应用效果的技术条件。在国铁集团建立高速铁路供电安全检测监测系统综合数据处理中心，在各铁路局集团公司建立数据处理中心，为整个高速铁路供电安全检测监测系统提供数据处理、信息展示、数据交换的平台，完成对高速铁路供电设备综合检测监测数据的集中存储和统计、数据融合和挖掘、预测预警，以及应急指挥等功能，为调度管理及供电运营维护人员提供维修、抢修的作业依据。在国铁集团、铁路局、各基层站段及车间设立用户终端，供电系统管理、检修人员通过终端上传与下载浏览各类检测监测数据，以满足不同供电部门对设备进行管理维修的需求。

目前，国内电气化铁路供电安全检测监测系统装置（6C 系统）获得 CRCC 产品认证的生产厂家主要有北京京天威科技发展有限公司、北京铁科英迈技术有限公司、北京中润惠通科技发展有限公司、北京南凯自动化系统工程有限公司成都唐源电气股份有限公司、成都国铁电气设备有限公司、成都交大光芒科技股份有限公司、广州科易光电技术有限公司、湖南华宏铁路高新科技开发有限公司、江苏新绿能科技有限公司、武汉奥特科技有限公司、中创智维科技有限公司、株洲中车时代电气股份有限公司、苏州华兴致远电子科技有限公司、济南铁路天龙高新技术开发有限公司等。

7.3.2　变配电所辅助监控系统

1. 变配电所辅助监控系统简介

变配电所辅助监控系统是变配电所各类辅助系统的综合管理平台，由布置在变电所场坪的辅助设备和系统平台构成，包括视频监控及巡检系统、环境监测系统、安全防范系统、火灾报警系统及动力照明控制系统等子系统，对于整个牵引变电所监控、环境监测、安防、发生火灾的报警、设备巡检及动力照明控制等功能高度集成和一体化监控，具备采集接入、数据存储、告警处理、传输通信、联动和监控等功能。此外，系统能够与相关系统进行信息交互，纵向上与供电调度系统、上级视频管理系统等进行信息交互，横向上与所内保护测控系统进行信息交互。变配电所辅助监控系统图如图 7-14 所示。

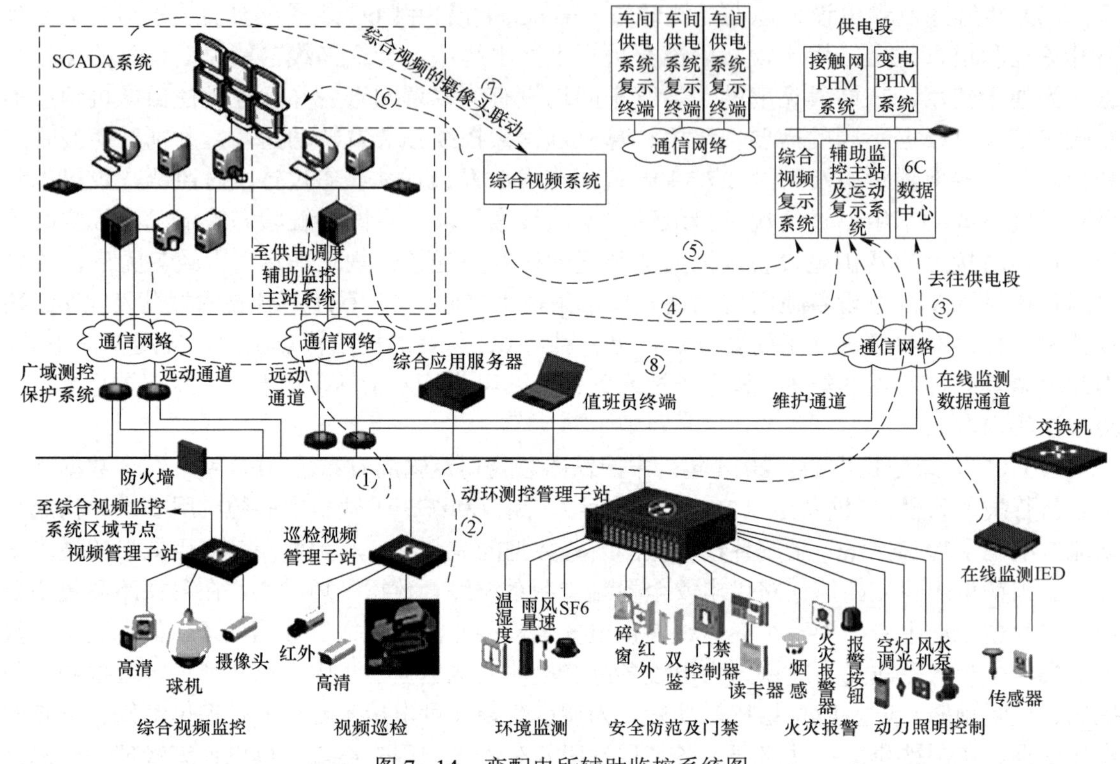

图 7-14　变配电所辅助监控系统图

（1）视频监控及巡检系统主要对变电所主要电气设备安装区域及周边环境进行全天候视频监控，在变电所配置室外全景摄像机，在大门及周界、高压场地、控制室、通信室等关键处所，配置室外球形摄像机、枪式摄像机或导轨式巡检摄像机。这些机器具有视频的显示、图像的存储及回放、视频自动/人工巡检、视频的控制、红外热成像监测及图像识别等功能。

（2）安全防范及门禁管理系统在变电所围墙四周设置激光/红外对射、脉冲电子围栏等周界入侵监测设备；控制室、高压室、通信室等出入口配置红外双鉴探测器；变电所入口大门、高压室、控制室、通信室大门配置权限管理功能的门禁；所内玻璃窗户配置玻璃破碎探测器。通过脉冲电子围栏、智能视频分析、激光对射等技术手段，对变电所周界进行 24 h 入侵监测和报警。门禁系统支持远方控制及音频、视频对话，权限设定等功能。

（3）环境监测系统在变电所室外适当区域选择布置风速、雨量、雪深等气象传感器；在高压室、控制室等重要设备间配置温度传感器、湿度传感器或组合型温湿度传感器；在含有

SF6 气体设备的高压配电室及电缆夹层内配置 SF6 探测器；电缆井/沟等易积水区域配置水浸传感器。实时采集、处理、上传牵引所内的温度、风力、湿度、水浸及 SF6 气体浓度等环境信息，支持环境实时数据的可视化展示，可设置报警阈值，查询历史数据。

（4）火灾报警子系统包括火灾报警控制器、感温感烟探测器、声光报警器及手动报警按钮等。火灾探测区域按高压室、控制室及通信机械室等独立房间划分，根据区域的不同，可配置不同类型和原理的探测器或探测器组合。

（5）动力照明控制子系统包括对变电所内空调、灯光、风机、水泵等设备的控制回路及控制器，可分组、点对点实现远程/本地控制。

2. 制度标准

《智能牵引供电系统总体技术方案（暂行）》（铁总科信〔2016〕73 号）；

《铁路视频监控系统管理办法》（TG/TX 209—2016）；

《智能变电站技术导则》（GB/T 30155—2013）；

《火灾自动报警系统设计规范》（GB 50116—2013）；

《视频安防监控系统工程设计规范》（GB 50395—2007）；

《入侵和紧急报警系统技术要求》（GB/T 32581—2016）；

《智能牵引变电所及智能供电调度系统总体技术要求》（Q/CR 721—2019）；

《牵引变电所辅助监控系统暂行技术条件》（TJ/GD 025—2018）。

3. 运用情况

目前铁路既有线变电所辅助监控系统功能单一、智能化水平不高，各子系统独立运行，设备之间接口规范不一致，呈现出设备多样化、接口多样化及厂商多样化的特点。新一代智能化的辅助监测系统在京张高铁上首次全线应用，铁路局设置辅助监控供电调度台主站系统，实现对全线各变电所亭辅助监控系统的远程监控。供电段设置供电段辅助监控主站系统（铁路局供电调度辅助监控主站系统享有调度优先权），实现对全线各变电所亭辅助监控系统的远程监控。供电车间及变配电检修车间设置复示终端，实现辅助监控数据、电气设备在线监测数据及远动数据的复示功能。为维护人员提供了自动化的监测手段，提高了牵引供电系统的可靠性，实现对牵引供电系统的状态评估，帮助运营人员优化维修策略。

7.3.3 供电远动自动监测系统

1. 供电远动自动监测系统简介

供电数据采集与监视控制（supervisory control and data acquisition，SCADA）系统，在电气化铁道中又称远动系统、供电远动自动监测系统，包括主站系统、被控站、通道和复式终端。SCADA 系统采用远程通信技术进行信息传输，实现对牵引供电和电力供电环节中各牵引变电所、分区所、开闭所、AT 所、配电所、箱式变电所、开关站等所亭的供电设备的运行状态进行实时监视和有效控制，完成遥控、遥测、遥信、遥调、遥视、保护及调度管理。供电远动自动监测是 SCADA 系统的重要功能之一，如断路器、隔离开关等分合闸的远程控制，电压、电流等遥测数据的采集，开关、报警等信号的传输，变压器、线路保护装置功能的投退及整定值设定，控制室、高压设备状态的视频监视等。

电气化铁道供电远动系统在我国 20 世纪 60 年代开始研制，80 年代才得到了广泛应用。

和电力系统远动装置一样，电铁远动系统也经历了继电器、晶体管（分立元件）集成电路和微机远动系统几个阶段，相应的远动系统也称为第一代、第二代、第三代和第四代远动系统。第一代、第二代、第三代远动系统统称为布线逻辑远动系统，第四代即为微机远动系统。目前，广泛使用的电气化铁道供电远动系统均为微机远动系统，采用了通信与网络技术、面向对象技术、神经网络技术及 Java 技术等。

SCADA 系统包含了远动系统、安全监控系统、供电维护管理系统等子系统。其中，远动系统包括牵引供电远动系统和电力远动系统；安全监控系统包括环境监控系统和视频监控系统；供电维护管理系统包括供电管理系统和电气设备在线监测系统。牵引供电远动系统和电力远动系统结构如图 7–15 所示。

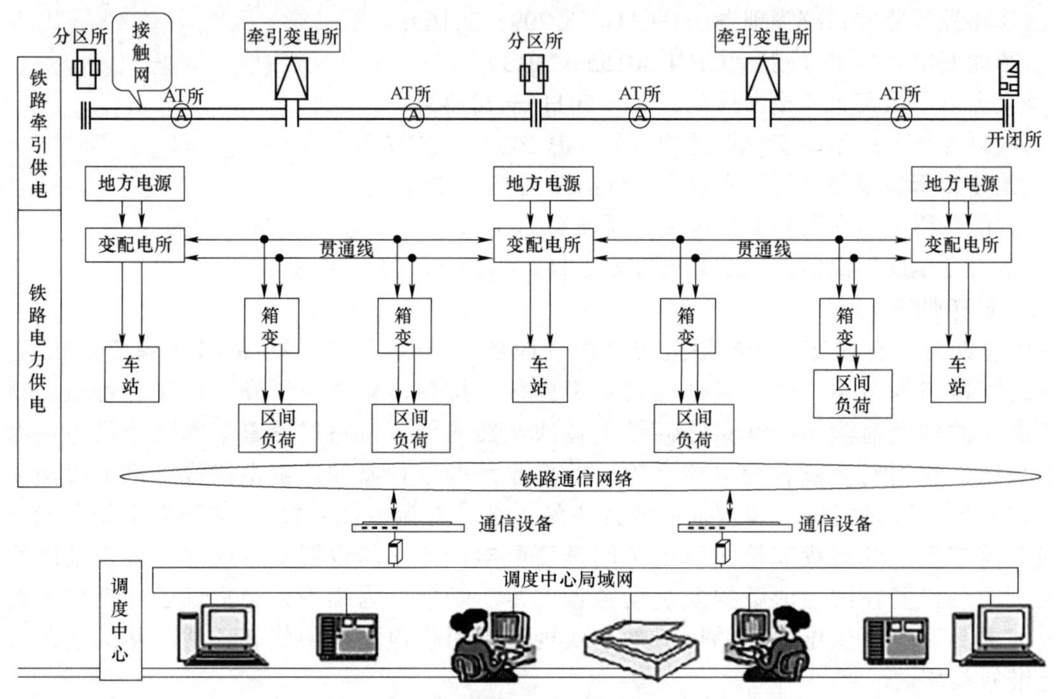

图 7–15　牵引供电远动系统和电力远动系统结构

按照《铁路技术管理规程》对行车安全监测设备的分类，SCADA 系统中的视频监控子系统、环境监控子系统和电气设备在线监测子系统属于行车安全监测设备。视频监控系统和环境监控系统均为变电所辅助监控系统的子系统，接入远动系统后也被称为变配电所远程视频（安全）监控系统，由控制站、被控站、复示设备和通信通道构成，控制站设于铁路局调度所，被控站一般设置在牵引变电所、开闭所、分区所、AT 所及电力变（配）电所，复示设备设于供电段，通过专用的通信通道访问控制站。电气设备在线监测系统即供电设备地面监测装置（第 6C），由监测主站、现场监测终端设备及通信通道组成，在供电段设置监测主站，在牵引变电所、开闭所、分区所、AT 所、电力变（配）电所（预留）内设置现场监测终端设备。

2. 制度标准

《铁路供电远动系统运行维护管理规则》(TG/GD 107—2014);

《远动终端设备》(GB/T 13729—2019);

《远动设备与系统 第1–3部分 总则 术语》(GB/Z 14429—2005);

《远动设备与系统 第2部分 工作条件》(GB/T 15153—1998);

《远动设备及系统 第4部分 性能要求》(GB/T 17463—1998);

《远动设备与系统 第5部分 传输规约》(GB/T 18657—2002);

《远动设备与系统接口(电气特性)》(GB/T 16435—1996);

《电气化铁道牵引供电远动系统技术条件》(TB/T 2831—1997);

《智能牵引变电所及智能供电调度系统总体技术要求》(Q/CR 721—2019);

《供电调度运行管理系统暂行技术条件》(TJ/GD 024—2018);

《铁路供电远动系统(SCADA)主站暂行技术条件》(TJ/GD 013—2015);

《铁路电力远动终端装置(RTU)技术条件》(TJ/GD 015—2015);

《铁路电力远动箱式变电站技术条件》(TJ/GD 016—2015)。

3. 运用情况

供电调度通过SCADA系统对远程设备进行监视和控制,每个铁路局一般设置高速铁路和普速铁路两套供电远动系统调度端,高速铁路供电远动系统的容量,按2 000 km高铁正线所需要的牵引供电和电力设备的监控容量进行配置;普速铁路供电远动系统调度端的容量,按5 000 km普速铁路正线所需要的牵引供电的监控容量进行配置。在高速铁路中,铁路供电系统采用牵引、电力配电合并的调度管理模式,即一套供电调度系统对牵引和电力配电两大部分进行集中监视和控制。在普速铁路中,供电调度系统大部分采用牵引与电力配电各自设置调度台的模式。目前,既有普速铁路的调度系统的建设方式正在由以前的按线路分别设置向以铁路局为单位集中设置发展,各个铁路局都在对既有普速铁路的调度系统进行系统整合,最终既有普速铁路与高速铁路的调度系统将采用相同的运行及管理模式。

7.3.4 供电线路故障测距装置

1. 供电线路故障测距装置简介

故障测距装置又称为故障定位装置,是一种测定故障点位置、故障类型的自动装置。它能根据不同的故障特征迅速准确地测定故障点,降低了人工查找的困难,缩短故障延时,减少接触网故障对运输的影响。故障测距的方法按测距原理可分为阻抗法、故障分析法、行波分析法,而根据测距所需的信息来源又可分为单端量法和两端量法。阻抗法是在不同故障类型条件下,假定线路参数单一,通过故障回路阻抗或电抗与测量点到故障点的距离成正比的原理,用计算出故障点的电抗或阻抗值除以单位阻抗或电抗的值实现测量目的;故障分析法是在输电线路发生故障时,根据系统有关参数和测距点的电压、电流列出测距方程,然后对它进行分析计算,求出故障点到测距点之间的距离的一种通用方法;行波法是根据行波理论实现的测距方法,早期行波测距装置分为A、B、C型3种,A型装置利用故障点产生的行波在测量点到故障点间来回往返的时间与行波波速之积来确定故障位置,B型装置利用故障点产生的行波到达两端的时间差与波速之积来确定故障位置,C型装置是在故障发生时于线路的一端施加高压高频或直流脉冲信号，根据脉冲往返时间来确定故障位置，基于全球定位系统 GPS 精确对时的现代行波测距装置分 E、F 型 2 种，其测距原理分别利用断路器重合闸或分闸于故障线路时产生的暂态行波在测量点与永久故障点之间往返一次的传播时间计算故障距离。供电线路故障测距装置如图 7-16 所示。

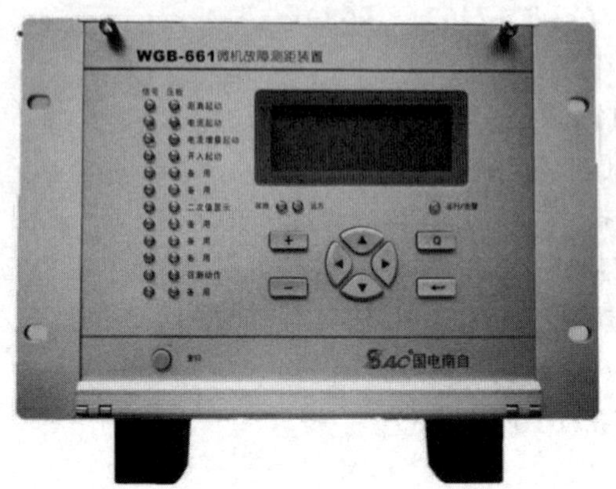

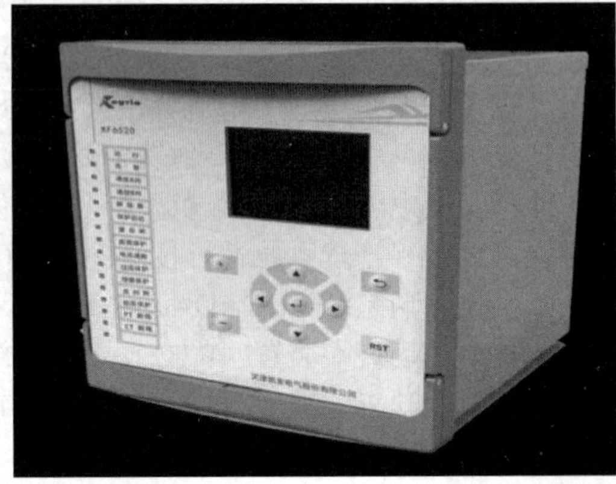

图 7-16　供电线路故障测距装置

牵引供电系统结构复杂，站场分支、机车移动负荷等影响因素多，目前电气化铁道牵引网故障测距装置多是基于阻抗原理。例如，对于单线直接供电和 BT 牵引网，故障测距原理主要是电抗距离表法，而在复线运行时一般采用的是上下行电抗比法。对于 AT 供电方式，主要有 AT 中性点吸上电流比法、吸馈电流比和上下行电流比法。采用全并联供电的高速铁路一般采用横联电流比法。一条铁路线也可以采用多种测距方法相互验证，提高测距准确性，如高速铁路牵引供电可以同时采用横联电流比、AT 中性点吸上电流比法、上下行电流比法等进行测距。

阻抗法简单可靠，经济性好，技术比较成熟，但仍然存在一定的局限性和不足。一是精确的工频电压、电流量的获取有一定困难，基于傅立叶算法所获取的工频电压、电流量，难以完全滤去电力机车产生的丰富谐波（主要是非整次谐波）和大量的非周期分量成分；二是阻抗法不可避免地要受到过渡电阻的影响，而且经过机车的过渡电阻难以用一般的方法加以滤除；三是阻抗法的每一种测距原理在实际运用中均存在一定局限性，“电抗测距原理”适用于 BT 和直供方式故障测距，不适用于 AT 牵引供电系统故障测距，“AT 中性点吸上电流比法”“吸馈电流比”适用于 AT 牵引供电系统单、复线 T-R、T-PW、F-PW、F-R 等短路故障下的测距，不适合 T-F 短路故障测距，“复线上下行电流比原理”适用于牵引供电系统复线上下行并联供电方式下的各种类型短路故障测距，不适用单线或复线开环方式的故障测距。

行波法具有较高的精度和稳定性，不受过渡电阻、机车位置等影响，但其准确度也会受到故障产生行波的不确定性、母线接线方式的不确定性、故障点反射波的识别等因素的影响。近年来随着电子技术和计算机技术的发展及小波分析等数学工具在故障信息分析和检测领域的应用逐渐成熟，行波测距在电力系统中得到了广泛的应用，一些专家学者对行波故障测距法在电气化铁道牵引网中的应用进行了研究。

不论是阻抗法测距还是行波法测距，均面临进一步提高可靠性和测距精度两项主要指标的任务。随着计算机技术、通信技术等新技术的发展，小波变换、人工智能、模糊理论等方法也被应用在故障测距领域，因此，许多专家学者相继提出了许多新颖的测距方法，如优化方法、卡尔曼滤波技术、模式识别技术、概率统计决策法、模糊理论和神经网络法。这些智能测距法有相当的优势和广泛的应用前景，但其精度和可靠性还有待在实际中验证和改进。

2. 制度标准

《电气化铁道牵引变电所综合自动化系统装置》（TB/T 3226—2010）；

《电气化铁道 AT 供电方式故障测距装置》（Q/CR 686—2018）。

3. 运用情况

电气化铁道牵引网故障测距的发展，是随着牵引供电方式和计算机技术等方面的进步而不断发展的。20 世纪 70—80 年代，国内先后开发了晶体管和集成电路型接触网故障测距装置，但这类装置的测量误差较大，不能满足实际使用需要，现场很大程度依赖于日本津田研制的吸上电流比故标装置。90 年代初，国内开始利用计算机技术开发和研制新型多微机接触网故障保护与测距装置，先后有西南交通大学、许昌继电器厂、铁道部科学研究院、阿城继电器公司、上海继电器厂等单位进行了相关设备与产品的研制，如成都交大许继电气有限责任公司的 TDWG-1 型多微机接触网故障测距装置、天津凯发电气股份有限公司的 WGC 系列等效电流比测距装置、DK3571A（B）电铁故障测距装置。进入 21 世纪后，随着技术的发展和人们对故障测距经验的不断积累，更多技术更先进、测量精度更高的故障测距装置被应用于现场，目前取得 CRCC 认证的主要有天津凯发电气股份有限公司的 KF6571 故障测距装置、国电南京自动化股份有限公司的 WGB-661 微机故障测距装置、成都交大许继电气有限责任公司的 WCK-892GC（V5.0）故障测距装置、成都交大运达电气有限公司的 JDA-221 故障测距装置、国电南瑞科技股份有限公司 NNSR-3618DT 电铁故障测距装置，除此之外，还有部分厂家将故障测距、故障录波功能嵌入到馈线保护装置中，如北京国际控制有限公司 SCH9511 电铁馈线测控装置、凯发电气的 KF6520 电铁馈线保护测控装置、南京南瑞继保电气有限公司的 PCS-9680 电铁保护测控装置。目前，国内电气化铁路牵引变电所综合自动化系统装置（含故障测距装置）获得 CRCC 产品认证的生产厂家主要有国电南京自动化股份有限公司、北京天能继保电力科技有限公司、国电南瑞科技股份有限公司、天津凯发电气股份有限公司、成都交大运达电气有限公司、成都交大许继电气有限责任公司等。

7.3.5 作业车现场作业安全可视系统

1. 作业车现场作业安全可视系统简介

作业车现场作业安全可视系统（简称作业车视频监控系统）采用 3G 及无线 Wi-Fi 传输技术、视频压缩技术，通过安装在接触网作业车的司机室、作业平台、前后车钩处的摄像机和录像机，全程实时动态拍摄乘务员标准作业流程、接触网工作业及前方线路状况，实现对接触网作业车乘务员、接触网工标准化作业状态重现的安全监控设备；同时，系统可以利用 3G 及无线 Wi-Fi 网络实时转发到行车管理人员的计算机，管理人员对现场的工作情况可以做到实时查看、实时指挥。

可视系统包括车载监控设备、中心服务器、客户端和地面分析软件系统。车载监控设备为核心部件，包括车载视频存储系统、视频转发系统、GPS 模块、摄像机及联线等；中心服务器有一个固定的 IP，服务器软件包括人员设备管理软件、数据转发软件、参数管理等；客户端可以装在计算机上供行车管理人员通过中心服务器与车载监控设备联系；地面分析软件系统包括地面分析软件、专用微机、转储设备（专用 U 盘、移动硬盘、专用服务器）等。作业车现场作业安全可视系统车载监控主机及监控画面如图 7-17 所示。

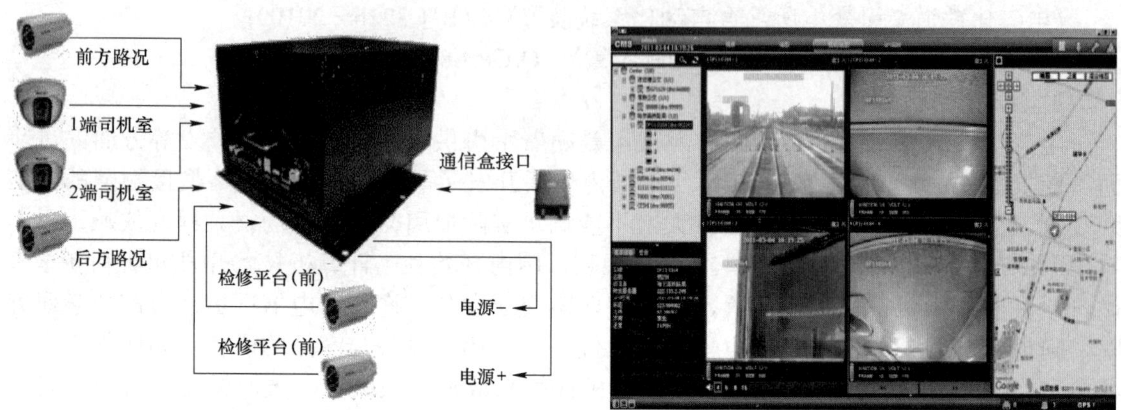

图 7-17　作业车现场作业安全可视系统车载监控主机及监控画面

2. 制度标准

《接触网作业车管理规则》（TG/GD 102—2016）；

《高速铁路接触网检修作业车检测装置》（Q/CR 554—2016）；

《接触网作业车视频安全监控系统暂行技术条件》（TJ/GD 020—2015）。

3. 运用情况

目前，作业车现场作业安全可视系统（作业车视频监控系统）均为部分铁路局或供电段与生产厂家联合研发，并在运行的接触网作业车上安装使用，还未形成统一标准在新车上配置。国铁集团认证采信的接触网作业车作业视频安全监控系统厂家有株洲广兴科技股份有限公司、深圳市信腾星创科技有限公司、西北铁道电子股份有限公司、株洲太昌电子信息技术股份有限公司、济南若临视讯技术有限公司等。

7.3.6　接触网几何参数激光测量仪

1. 接触网几何参数激光测量仪简介

接触网几何参数激光测量仪应用激光测距原理，采取非接触测量方式测量接触网的导线高度、拉出值等几何参数。

虽然接触网悬挂状态检测监测装置（4C）可以实现接触网几何参数的测量，但是由于检测径路安排受运输组织的影响，在实际检测组织中一般局限于高铁的正线区段，站场侧线、联络线区段必须靠人工进行接触网技术参数的测量工作。同时，诸如绝缘锚段关节、多端口关节式分相、接触网线岔等特殊的关键设备，4C 装置几何参数的测量功能无法满足此类设备的测量数据要求，也必须依靠现场人工测量。目前在国内高速铁路接触网运营管理中，基本上都使用红外激光测量仪进行人工测量作业，对接触网重点设备的技术参数进行采集。接触网激光测量仪如图7-18所示。

图7-18 接触网激光测量仪

2. 制度标准

《接触网几何参数测量仪》（Q/CR 456—2014）；

《接触网静态检测评价方法》（Q/CR 842—2021）。

3. 运用情况

使用激光测量仪人工测量接触网参数，是2005年至今一线接触网管理单位最常用的测量手段，不但能够对导高、拉出值及导线抬升的接触网基本参数进行测量，也能够对各种锚段关节、交叉线岔、无交叉线岔等重点设备的各类参数进行测量。相对于检测装置，人工测量存在一定的不足之处。一是由于现场测量人员业务素质、测量方法等因素，测量的设备参数因人而异，测量数据的准确性不高；二是人工测量耗费时间长，工作效率低，当设备开通运行后，对全线接触网几何参数的测量工作很难按周期开展和完成；三是非连续测量，其测量值为单个目标对象，对于高铁接触网要求的各参数关联性参数分析很难实现。鉴于上述情况，一些生产厂家通过研发将激光测量仪安装在轨道车或小车上，实现移动式接触线位置非接触测量。安装在轨道车上的移动式接触线位置非接触测量装置，既可满足接触线位置高精度检测要求，又提高检测工作效率，最大限度减轻劳动强度，同时该装置无须检测人员上线路作业，彻底消除了因上线进行接触线位置测量作业发生的人身伤害事故。而手推移动式接触线位置非接触测量装置以其便携、工效相对较高（每小时测量6 km）、不封锁占用线路的优点，可作为局部或单项接触线位置检测的必备工具。

7.3.7 电能质量监测装置

1. 电能质量监测装置简介

该装置用于牵引变电所稳态电能质量综合测试，实时监测各进、出线路和母线段的电压/电流波形，以一定时间间隔测量主要供电质量指标数据（电压及电流幅值、频率、功率、谐波、负序、三相不平衡度等），能够准确、及时地记录故障异常状态下变电所各位置电压、电流波形，实现供电系统电能质量的分析统计。按信号接入方式分为直接接入式（直接将待测电压、电流信号接入监测设备，不需要中间设备）和间接接入式（待测电压、电流信号经传感器接入监测设备），按使用方式分为便携式（根据需要，临时装设于现场，便于携带、运输）和固定式（固定装设在监测现场，长期在线运行，一般无须进行操作，自动完成设定的检测、存储、传输等功能）。

2. 制度标准

《电能质量监测设备通用要求》（GB/T 19862—2005）；

《便携式牵引变电所电能质量检测装置》（TB/T 3328—2015）。

3. 运用情况

电气化铁道供电负荷的功率因数低、谐波和负序分量大，影响电力系统的电能质量，通过电能质量监测能够获得变配电所翔实的供电数据，为有效治理电气化铁路谐波、负序超标提供依据。用于电气化铁路的电能质量监测装置针对牵引供电的具体实际进行了专门优化，能够满足不同供电制式、不同结构的牵引供电电能质量监测的需求。

7.4 供电安全检测监测存在的不足

整体而言，我国铁路供电安全检测监测系统在检测效率、监测效果和精确程度上已经处于国际先进水平，但各类检测监测装置在功能上距离系统化、集成化、智能化还有一定差距，在使用中仍然存在一定不足，主要表现在以下几个方面。

1. 检测监测数据共享及应用不够充分

铁路供电监测系统大多采用系统独立、分散监控的管理模式，各体系兼容性低，数据共享差，缺乏统一的管理。与其他专业的数据平台没有做到互联互通，数据应用分析欠缺，数据价值没有得到有效挖掘。检测监测信息传输多样化的需求与网络传输模式不匹配，网络带宽不足，实时性低，导致系统使用不充分，一些重要功能不足或不全。

2. 检测监测设备标准尚未统一

供电监测系统设备的研发机构和生产商众多，产品繁杂，存在标准不统一、综合监控难、业务融合少、人为干预多、运维难度大等问题。

3. 接触网零部件内部状态的检测手段缺乏

大多数检测监测装置局限于对设备外观的检查，而红外、紫外技术也无法对接触网零部件的机械状态进行有效检测。

4. 6C 系统的功能和运用有待改进提升

6C 系统的智能识别功能不够完善，分析效率和准确性有待提高，在普速铁路上的推广应用需要加强。

5. 供电检测监测管理还存在不足

供电检测监测设备的配套制度不够健全，专业分析人员业务水平参差不齐，精细化专业管理还有待提高。

7.5 新技术应用及发展趋势

铁路供电安全检测监测设备已经广泛应用高性能传感器、高速数据采集与处理采集系统、先进的视频系统、红外成像、激光扫描、图像模糊识别、卫星定位、网络信息等先进技术，随着大数据、云计算、5G 网络、无人机、人工智能等新技术的应用，铁路供电安全检测监测设备日趋多样化，功能更加完善，多种检测监测方式并存，检测监测结果以多种方式输出。

1. 无人机巡检技术

用无人机代替人工巡检，一直是接触网检测方面研究的课题，之所以未能普及和批量投入检测事业产生效益，主要原因首先在于传统无人机续航太短，不能应对电气化铁路这种超远程的距离，其次，传统无人机体积太小，不能搭载高精尖的设备，导致检测效果不佳。随着技术不断进步，目前无人机已开始向大型化、远程化、智能化发展，从视距内飞行过渡到超视距飞行。超视距巡检一般选用固定翼为主，固定翼无人机机动速度快，载重量大，飞行速度可达 100 km/h 以上，单次巡检可以做到 300 km 甚至更长。虽然固定翼式的无人机使得飞行器很难离线路很近，但由于固定翼无人机载重量大，就有条件安装一些高精度的载荷。例如，通过搭载高分辨率的或放大倍数比较高的传感器，即可采集到高精度视频或图像。在智能革命逐渐实用化的前提下，无人机可搭载强大的 AI 计算能力，巡检全程自动化。应用 5G 高速网络，无人机在飞行过程中即可完成数据分析，甄别出故障缺陷，自动生成巡检报告传回检测中心。

2. 三维弓网扫描技术

三维技术在弓网设计工作中越来越重要，但在检测方面的研究才刚起步。利用三维摄像机，将弓网设备进行拍摄及三维图像重建，对于系统参数检测、系统故障提取、检修过程虚拟操作模拟、接触网检修人员三维实景培训都具有重要应用价值。

3. 智能图像识别技术

随着新型便携式图像采集设备在接触网巡检工作中的推广应用，大量的录像视频数据，急需采用图像识别技术来进行筛选。图像目标识别旨在利用图像处理与模式识别领域的理论和方法，对复杂背景接触网巡检图像进行零部件检测、异常情况智能识别。确定图像中是否存在感兴趣的目标，如果存在则为目标赋予合理的解释，必要时还要确定其位置。目标识别算法主要有基于统计模式识别算法和基于模板匹配识别算法两种。

目前国内部分 2C 装置上加载了智能识别缺陷功能，对鸟窝的识别准确率相对较高。国内绝大部分 4C 检测装置都有智能识别缺陷功能，但是识别的准确度还需要提高。4C 检测装置智能识别系统实现了边采集图像数据、边实时分析图像缺陷的边缘智能感知功能，弥补了 4C 数据分析不及时的不足，使得接触网及其支撑装置相关重要缺陷能够在检测过程中被及时发现与上报，为供电检测的智能化提供有效手段。

4. 智能巡检机器人

变电所智能巡检机器人集激光导航定位、红外测温、智能读表、图像识别等核心技术于一体，以自主或遥控的方式对变电设备运行全天候巡检、数据采集、视频监控、温湿度测量、气压监测等，对设备设施的异常状态进行告警，提高输变电所内设备的安全运行，有效预防安全事故的发生，有助于提高铁路牵引变电所设备设施的维护效率，降低人员的安全风险。智能巡检机器人如图 7-19 所示。

图 7-19　智能巡检机器人

5. 基于云计算和大数据分析的气象监控设备

将气象预警与供电设备监测融合，开发包含气象模块的数据分析软件，融入云计算和大数据分析，实现定点摄像头本地海量天气情况的智能分析，做出天气预报的同时对当地设备状态进行预测，预警恶劣情况，做出相应防范工作。同时可结合国内成熟的虚拟现实软件，将当地的一杆一档等数据经过服务器分析实现现场化，大大提高传输效率的同时可实时观察更仔细，360° 全方位无死角察看设备状态。具体应用包括入冬时的冻雨天气防范，线索、上跨桥、隧道覆冰情况预警；在大风天气时，线索风摆弛度及设备脱落预警；树木侵界情况预警，云计算树枝生长速率；汛期危险地段预警，鸟害期间鸟群聚集地区预警；汛期水害地段抢修路径的预警和提前规划。

6. 智能故障诊断技术

故障诊断是供电设备状态监测的重要环节。故障诊断系统的智能主要体现在它能有效地获取、传递、处理、再生和利用诊断信息，具有对给定环境下的诊断对象进行正确的状态识别、诊断和预测的能力。将多种智能方法相结合的综合故障诊断技术已经成了一个新的研究热点，如专家系统与神经网络、专家系统与模糊理论、粗糙集与神经网络等。

7. 智能牵引变电所

智能牵引变电所是基于网络化广域测控保护、自动化测控、设备健康诊断与故障预测、调度决策支持系统、供用电决策支持系统等技术，具有健康诊断、故障隔离、重构自愈、运行自律、经济高效等功能。由智能高压设备、广域保护测控系统、辅助监控系统、层间通信通道及相应的辅助设施等组成。其中智能高压设备由设备本体、传感器和智能组件组成，传感器实时采集高压设备运行状态，采集的状态信息通过智能组件上传给广域保护测控系统和辅助监控系统。广域保护测控系统实现牵引变电所的控制、保护、测量、信号等功能，实现分层闭锁、层次化保护、重构自愈、告警分析等功能。辅助监控系统对牵引变电所内视频监控及巡检、环境监测、安全防范、火灾报警、动力照明控制等部分或全部辅助设备信息进行集成，实现信息共享、告警联动等功能，为牵引变电所的集中监控和运维提供支撑。智能牵引变电所示意图如图7-20所示。

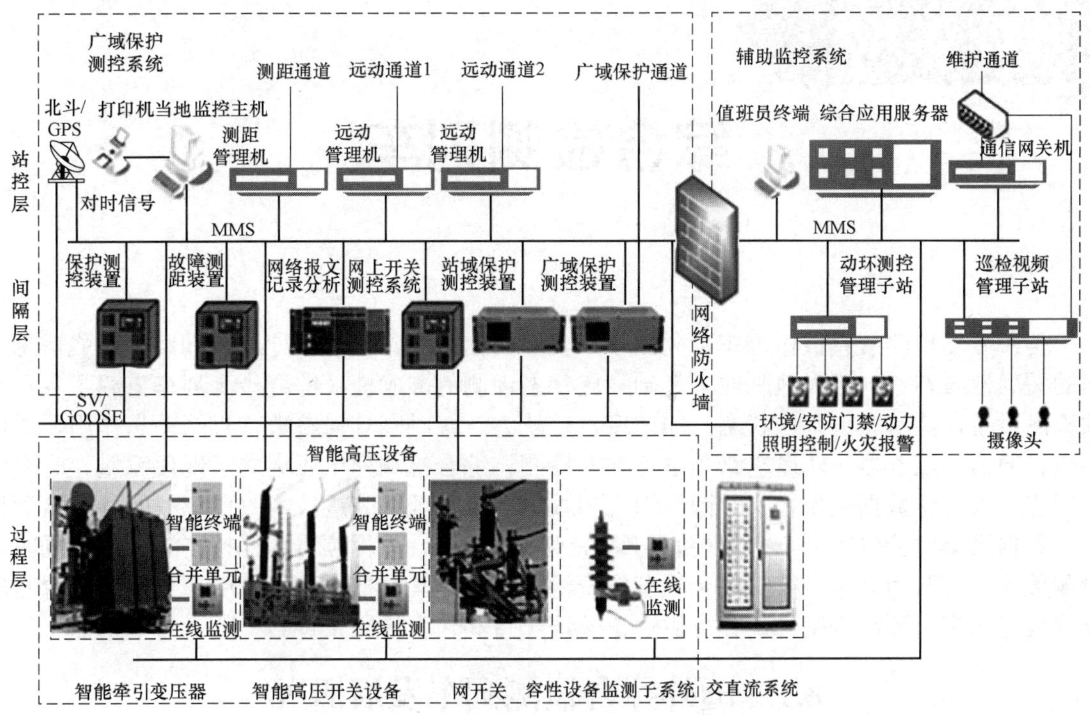

图7-20 智能牵引变电所示意图

第 8 章

综合检测列车

传统专项检测装置或检测车独立工作，获取的信息通常也独立处理和利用，造成信息之间的关联性被忽略，极大地制约了基础设施状态评测的准确性。综合检测列车搭载了各种专项检测设备，能对轨道几何状态、加速度、轮轨力、接触网几何参数、弓网动态作用、供电参数、通信、应答器、轨道电路等进行动态检测。综合检测列车还集成了现代测量、时空定位同步、大容量数据交换、实时图像识别和数据综合处理等先进技术，使车载的各种检测设备在数据采集时能依靠列车中央控制网络在速度、时间、里程位置上保持严格同步，同时，检测数据也可利用列车网络实现全列车的资源共享。这些数据不仅可以用来分析和评价基础设施运行状态，还能为基础研究提供理论验证平台和仿真检验条件。

8.1 国外综合检测列车发展概况

8.1.1 日本综合检测列车

从 1975 年开始，日本铁路先后研制了 4 列“Doctor Yellow”综合检测列车，分别配备东日本、东海和西日本公司，承担对所辖范围新干线的动态检查。2002 年，“East-i”综合检测列车交付使用，负责东日本公司所辖新干线和既有线综合检测任务。这两种型号检测列车的定位都是通过转速传感器并结合每千米一个的地面点进行定位修正。

“Doctor Yellow”和“East-i”列车上各检测单元独立工作，具有独立的车载数据记录单元。车载数据不进行分析处理，各检测单元通过非无线方式与地面完成数据交互，并依靠记录图像进行人工识别，可为维修保养提供指导。整个检测列车在速度、时间和里程位置上保持同步。缺点是数据管理平台通用性较差。日本综合检测列车如图 8-1 所示。

(a)“Doctor Yellow”综合检测列车

(b)“East-i”综合检测列车

图 8-1　日本综合检测列车

8.1.2　意大利综合检测列车

意大利铁路基础设施公司（FS RFI）的“阿基米德”号综合检测列车，为减小机车受电弓对客车传感器造成的干扰，将驱动车布置在列车前方，机车位于列车后方。该车具有 2 套冗余同步系统，并可在列车上对各检测系统数据进行集中综合分析，实现统一的车-地数据交换。测速定位包括：4 个转速传感器、单点系统、多普勒测速雷达、数字标签及应答器、DGPS。该车配置的轨道几何集成检测系统结合惯性技术和三点弦测法，代表世界领先水平和发展方向。列车数据与地面传输采用 Sonet/Sdh 同步技术，光纤线路达 5 km。意大利铁路基础设施管理局（RFI）还建立了国家铁路基础设施诊断中心（CDN），并将基础设施公司控制的数据库直接与经济资源规划数据库（ERP）相连，通过 RAMSYS 软件进行管理和辅助决策。意大利“阿基米德”号综合检测列车如图 8-2 所示。

图 8-2　意大利“阿基米德”号综合检测列车

8.1.3　法国综合检测列车

法国国家铁路公司（SNCF）“IRIS320”综合检测列车（命名为 MGV）安装了全部线路检测必需的高技术装备，检测项目比较齐全，设计目标是在列车正常行驶条件下采集线路参数。列车测速定位系统的信息来源包括转速、S&C、惯性系统、GPS/DGPS、线路特征数据等。“IRIS320”具有统一的测速定位和统一的时钟信息发布系统，通过车上数据分析管理平台，各检测系统数据可集中进行综合分析及对地数据交换。

MGV 主要检测功能有：轨道检测（第一节车辆），包括轨道几何（采用激光检测），车体加速度，轴箱加速度，车辆噪声，钢轨表面图像，线路环境数字图像，扣件、枕木、道砟状态等；接触网检测（第二节车辆），包括受流检测（电弧、电压、电流及弓网图像），接触网动态参数（冲击与硬点、垂向加速度、接触网高度和拉出值），接触导线磨耗等；信号检测（第三节车辆），包括机车信号传输参数（TVM）（机车信号），列车速度控制信标参数（KVB）（列控信息），轨道上的点式应答，ERTMS 标准Ⅱ和Ⅲ等；通信检测部分（第四节车辆），包括车-地通信的无线覆盖，GSM 和 GSM-R 的无线覆盖；其他检测项目（第四节车辆），包括列车定位、运行速度、气象条件、风速和道口等。法国“IRIS320”综合检测列车如图 8-3 所示。

图 8-3　法国“IRIS320”综合检测列车

8.1.4　英国综合检测列车

英国路网公司（Network Rail）所属的“NMT”综合检测列车承担对高速和既有线的检测任务。其测速定位系统包括：GPS+INS、S&C 检测、应答器检测、时间标签、手工同步、路况检测。“NMT”通过建立定位系统、同步网络、数据网络及综合分析系统实现所有参数的同步检测，并进行综合数据管理。2004 年，英国路网公司成立工程技术支持中心（ESC），通过开发运用 Vampire 软件工具和 Track master、Track sys 软件系统，建立仿真模型，对数据进行测量、分析及保养规划一体化的综合利用，为基础设施养护维修提供重要参考。英国“NMT”综合检测列车如图 8-4 所示。

图 8-4　英国“NMT”综合检测列车

8.1.5　其他国家综合检测列车

德国和美国高速铁路高、中速混跑，客货共线，综合移动检测普遍采用在旅客列车加挂综合检测车来实现，两国没有专门的高速综合检测列车，但两国都具有先进的综合检测技术。德国拥有 ICE 短编组检测列车、VT612 检测列车各 1 列，分别由 3 辆车编组组成。ICE 短编组检测列车最高运行速度达 280 km/h，主要检测轮轨作用力和弓网参数；VT612 检测列车为内燃动车组，最高速度为 200 km/h，主要检测轨道动态响应、轮轨力、车轮踏面等效锥度、钢轨断面等项目。美国 Ensco 公司研制了技术先进的 T10 型轨检车，采用惯性基准测量原理和非接触式测量方法，应用光电、伺服、数字滤波、局域网、钢轨断面测量等技术，用于抽查各铁路公司的线路质量，检测速度为 192 km/h。ImageMap 公司研制的 Laserail 轨道测量系统，检测速度可达 300 km/h，采用激光摄像、高速图像处理技术取代了光电伺服技术，体现了轨道检测技术的发展方向。表 8−1 为国外综合检测列车对比。

表 8−1 国外综合检测列车对比

国家	型号	最高检测速度/(km/h)	完成时间	基本组成	检测周期	主要检测项目	数据处理
日本	Doctor Yellow	210	1975 年	7 辆编组	每 10 天 1 次	信号系统、线路视频监测、接触网、轨道测量、无线通信、定位系统	各检测单元独立工作，车载数据转储到数据中心处理，图像靠人工识别
	East−i	275	2002 年	6 辆编组			
意大利	阿基米德	200	2003 年	6 辆编组（4 辆客车、1 台机车 1 台驾驶车）	Ⅰ级线路每 2 周 1 次，Ⅱ级线路每月 1 次	信号系统、接触网、轮轨作用力、车辆加速、GSM/GSM−R、各种视频及环境监测	有冗余的整车数据和测速定位及同步网络，全车数据集中分析和对地交互，地面数据分析平台 RAMSYS
法国	IRIS320	320	2006 年	10 辆编组（2 动 8 客）	每 15 天 1 次	信号系统、环境视频监测、接触网、GSM/GSM−R、轨道几何参数、转向架和车体加速度	有冗余的整车数据和测速定位及同步网络，全车数据集中分析和对地交互，地面维护管理平台 Timon
英国	NMT	200	2006 年	7 辆编组（2 内燃机车、5 客车）	每周 1 次	轨道几何参数、接触网、车辆动态响应、钢轨表面伤损、轨枕及扣件状态、视频监测	有冗余的整车数据和测速定位及同步网络，全车数据集中分析和对地交互，地面数据分析平台 Track Master

8.2 我国综合检测列车

8.2.1 高速综合检测列车

1. 高速综合检测列车简介

高速综合检测列车（comprehensive inspection train，CIT）以高速动车组为载体，经专门设计加装有多种检测系统的移动检测装备，包括轨道检测、弓网检测、轮轨动力学检测、通信检测、信号检测、周边环境检测等功能的精密测量设备。采用惯性测量、射频定位同步、网络数据交换、视频图像实时分辨及数据综合处理等先进技术，确保各检测系统在时间、空间一致的前提下对轨道、接触网、通信、信号等基础设施状态进行等速检测，是快速实时基础设施状态检测，提升基础设施状态检测效率，指导基础设施状态现场养修，保障高速铁路列车运营安全的重要技术装备。高速综合检测列车在我国的发展经历了从各种专业检测车（如轨道检查车、接触网检测车、通信信号检测车）到安全综合检测车，再到高速综合检测列车几个阶段。检测内容从单一的专项检测扩展到多专业的综合检测，检测速度逐渐达到与列车运行速度等速，检测目的从仅保障运营安全发展到确保运营安全、指导养护维修、动态资产管理的新阶段。综合检测列车以高速动车组为载体，可编入正常运营图运行，一方面不影响高速铁路正常运行秩序，提高检测频率；另一方面，由于车体、速度与实际运营条件接近，获取的检测数据能真实反映列车和基础设施运营时的状态。通过检测数据的综合分析，对高速列车运行品质及基础设施状态变化做出评价，从而为高速铁路运营安全评估和养护维修提供技术支撑。我国高速综合检测列车如图 8–5 所示。

图 8–5　我国高速综合检测列车

我国高速综合检测列车主要由轨道检测系统、弓网检测系统、轮轨动力学检测系统、通信检测系统、信号检测系统和综合系统构成。设备包括录像装置、架线间隔测定装置、ATC 测定装置、列车无线设备测定装置及测定台；轴重横压测定轴、轴箱测定加速度计；轨道高低变位和车辆摇动测定装置、线路状态监视装置、轮重横压数据处理装置和录像装置；架线磨耗偏位高低测定装置、集电状态监视装置、受电弓观测装置；电力测定台、数据处理装置、供电回路测定装置、车次号地面设备测定装置等。我国高速综合检测列车结构图如图 8–6 所示。

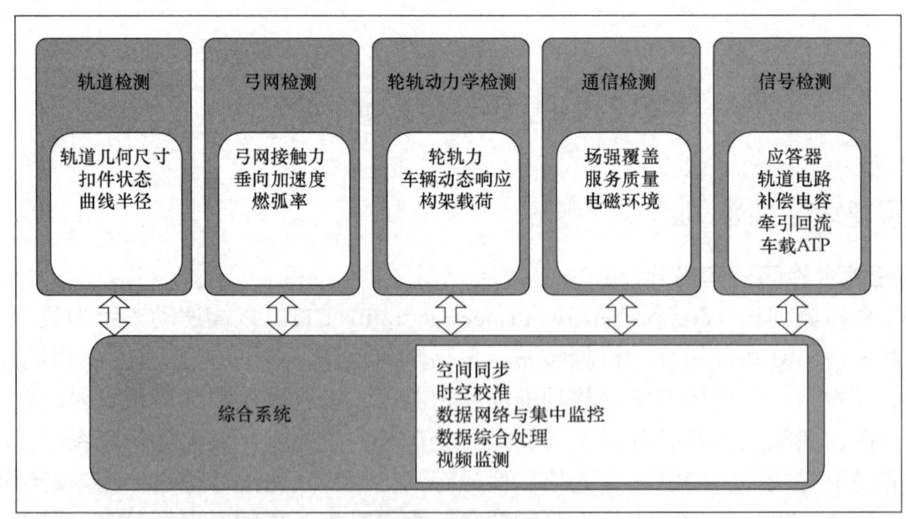

图 8–6　我国高速综合检测列车结构图

（1）轨道检测系统采用惯性基准、激光摄像测量等技术检测轨道几何参数和车体动态响应，实现在高速运行条件下，对轨道几何参数的毫米级精确测量。检测系统包括轨道几何检测和车辆动态响应检测两部分。轨道几何检测系统基于激光摄像、惯性基准等原理，采用激光摄像组件测量钢轨相对于检测梁的横向和垂向位移；采用惯性基准原理，通过惯性传感器如加速度计、陀螺等多种传感器测量车体和检测梁的姿态变化。轨道几何检测系统除轨道几何检测外，一般还接入车辆动态响应检测系统中的车体加速度。车辆动态响应检测系统通过轴箱、构架、车体三级和不同列车断面的振动加速度高精度同步测量，采用时频数据分析方法，辅助实现对道岔、焊缝、波浪磨耗等轨道状态、钢轨缺陷的实时检测。

（2）弓网检测系统采用接触式、非接触式测量技术，实现接触网几何参数、弓网动态作用参数、供电参数的动态实时检测。检测系统由接触网几何参数、弓网动态作用参数和供电参数等检测子系统，以及对各检测子系统的集中控制系统与集成软件组成。

（3）轮轨动力学检测系统采用高精度连续测量测力轮对，实现轮轨间相互作用垂向力、横向力和轮轨接触点的高速实时测量，实时计算脱轨系数、轮重减载率、轮轴横向力等列车运行安全性指标。

（4）通信检测系统是在高速运行条件下，对 GSM－R 电磁环境、无线场强、服务质量和应用业务测试与分析，以满足高速铁路通信设备安全运营和日常维修的需要。检测系统由 GSM－R 场强、GSM－R 服务质量、电磁环境和载干比等检测子系统组成。具备测试数据智能分析、网络优化指导实施、系统维护管理信息输出的能力。

（5）信号检测系统采用高速条件下的 CTCS－3 级列控系统信号高精度采集及实时分析技术，实现车载 ATP 运行数据、Igsmr 接口数据、Um 无线环境数据的实时监测、车载列控设备 EMC 参数、轨道电路传输特性、应答器上下行链路和报文、补偿电容工作状态的检测及综合智能分析功能。主要检测项目包括轨道电路、补偿电容、牵引回流、应答器报文信息及位置、车载列控设备运行状态等。

（6）综合系统采用 DGPS/INS、RFID、应答器和多源信息融合技术，实现了高速下亚米级精确定位；采用实时通信光纤传输技术，实现了全列检测系统微秒级时空同步；采用现代信息处理技术，实现多专业检测数据在线实时综合处理和安全预警。

2. 发展历程

在我国高速综合检测列车的发展历程中，先后研发了 0 号、CRH380A－001、CRH380B－002、CIT500 型专用高速综合检测列车，加装改造了 CRH2－010A、061C、068C、150C 等高速综合检测列车。表 8－2 为我国高速综合检测列车简况。

表 8－2 我国高速综合检测列车简况

编号	原编号	生产厂家	车型	速度/(km/h)	下线时间	外形	备注
CRH2A－2010	CRH2－010A	四方	在 CRH2A 型电力动车组的基础上加装检测设备改造而成	250	2006 年 7 月		中国第一列高速检测车，白色，8 节编组（4M4T）

续表

编号	原编号	生产厂家	车型	速度/(km/h)	下线时间	外形	备注
CRH2C－2061	CRH2－061C	四方	在CRH2C型电力动车组的基础上加装检测设备改造而成	300	2007年12月		中国第一列时速300 km高速检测车，白色，8节编组（6M2T）
CRH5J－0501	CIT－001	长客	以CRH5A型电力动车组为基础的时速250 km综合检测车	250	2008年6月		又称0号高速综合检测列车，也是第一组寒区综合检测列车，黄色，8节编组（5M3T）
CRH2C－2068	CRH2－068C	四方	在CRH2C型电力动车组（第一阶段）的基础上加装检测设备改造而成	300	2009年1月		中国第二列时速300 km高速检测车，白色，8节编组（6M2T）
CRH2C－2150	CIT380A，CRH2－150C	四方	CRH2C（第二阶段）最后一列。采用全新CRH380A头型	350	2010年11月		时速350 km的高速综合检测列车，同时也是第一组CRH380A原型试验车，白色，8节编组（6M2T）
CRH380AJ（CRH380AJ－0201～0203、2808、2818）	CIT400A，曾编号CRH380A－001	四方	CRH380A	400，设计最高试验速度500	2011年2月		时速400 km的高速综合检测列车，也是第一组CRH380系列专用检测车，黄色，8节编组（7M1T、6M2T）
CRH2J－0205	CRH2－139E	四方	在7·23事故车CRH2E基础上改造	250	2015年7月		黄色，8节编组（4M4T）

续表

编号	原编号	生产厂家	车型	速度/(km/h)	下线时间	外形	备注
CRH380BJ－0301	CIT400B，曾编号CRH380B－002	唐山/长客	以CRH380B为基础，车头为CRH380C	400，设计最高试验速度500	2011 年3 月		第一组CRH380系列时速400 km高速综合检测列车，采用CRH380CL全新头型的第一组试验车，黄色，8 节编组（6M2T）
CRH380AM－0204	CIT500	四方	CRH380A试验头型	500	2011 年11 月		是中国铁路最新的高速综合检测试验列车，灰色，6节编组（6M）
CRH380BJ－A－0504		长客	CRH380B车头	400	2016 年4 月		第一组高寒区综合检测列车，黄色，8 节编组（4M4T）
CR400BF－J－0511		长客	以CR400BF电力动车组为基础，采用京张高铁智能型CR400BF－C的头型	500	2020 年11 月		是时速400 km世界领先高速综合检测列车，黄色，8 节编组（6M+2T）

（1）0 号高速综合检测列车。该车是 250 km/h 等级检测列车，由中国铁道科学研究院基础设施检测研究所负责系统集成及综合系统的研制开发，中国北车长春轨道客车股份有限公司负责设计制造动车组车体。0 号高速综合检测列车的含义是中国高速铁路“0”误差、“0”缺陷、“0”故障。该车于 2008 年交付使用，承担京津城际铁路 10 天 1 次的周期性检测任务，并在合宁客运专线和京沪、京哈、京广、陇海、沪昆、广深、胶济等既有提速干线进行检测。0 号高速综合检测列车在 CRH5A 型动车组平台上安装了国际先进的轨道几何及车辆加速度、接触网及受流状态、轮轨动力学、通信和信号等检测系统。通过列车专用网络、定位同步、环境视频信息采集处理、多媒体显示和数据综合处理等系统（统称综合系统），实现各种检测信息的分布式采集、同步定位、数据集成与综合分析。并通过车－地无线传输，将检测信息传输到地面，采用新的计算机仿真模型和求解方法、新的时频分析理论和算法，以及新的统计挖掘技术，进行基础设施对列车影响的评价，通过数据库资料和相关分析，预测基础设施的状态恶化规律，以确保行车安全，指导养护维修。0 号高速综合检测列车是中国自主研

制的首列高速综合检测列车，填补了我国高速铁路综合检测技术的空白。0 号高速综合检测列车具有检测项目多、系统集成度高、检测技术先进的特点。检测内容包括轮轨力，接触网几何参数，轨道几何状态，轴箱、构架及车体加速度，弓网动态作用，接触线磨耗和受流参数，GSM-R 和 450 MHz 场强覆盖、应答器信息，车载 ATP 工作状态等。采用光纤通信、惯性导航、宽带网络等技术，使各检测单元速度、时间、里程位置上保持严格同步，有利于综合分析和评价。集成连续式、非接触式集流测力轮对，毫米级精度的长波长轨道不平顺实时在线检测等技术。0 号高速综合检测列车的研发和应用推动了我国综合检测技术达到世界一流水平。0 号高速综合检测列车如图 8-7 所示。

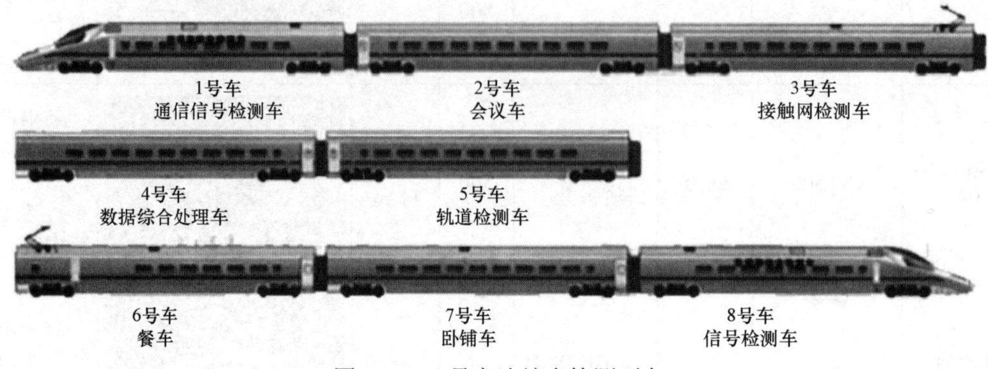

图 8-7　0 号高速综合检测列车

（2）CRH380A-001 高速综合检测列车。该车是 350 km/h 等级及以上检测列车。列车车体由中车青岛四方机车车辆股份有限公司制造，于 2011 年下线交付使用。随后由中国铁道科学研究院加装检测设备，改造成专用的时速 380 km 级的检测列车。该车用于京沪高速铁路的联调联试，对京沪高速铁路的顺利开通与安全运营发挥了重要作用。CRH380A-001 高速综合检测列车除了能适应 350 km/h 速度线路的运用条件外，还能适应 200 km/h 速度级客运专线的运用条件。CRH380A-001 高速综合检测列车以 CRH380A 型动车组项目技术平台为基础，针对检测系统和设备要求，进行相应的局部结构调整和旅客界面的重新布局。为了满足京沪高速铁路时速 380 km 的营运要求，该车在之前车型的基础上全面提升了列车整体性能，对动车组牵引系统、空气动力外形做了较大改变。CRH380A-001 高速综合检测列车根据检测系统功能需求设置轨道检测车、通信及轮轨力检测车、数据综合处理车、会议车、弓网检测车、餐车、卧铺车、信号及测力构架检测车各 1 辆。编组与 0 号高速综合检测车有所不同。

（3）CRH380B-002 高速综合检测列车。该车可以满足持续检测时速 350 km、最高检测时速 400 km 的技术要求，由中国北车唐车公司研制，2011 年 3 月下线，以新一代 CRH380B 高速动车组技术平台为基础，采用先进的检测技术和方法，能够在时速 350 km 以上运行条件下对轨道、接触网、轮轨动力学、通信、信号、车辆动态响应、转向架载荷等进行实时精确检测和采样，主动预防与处置各种安全隐患，确保高速铁路各系统的协调、安全，各种设备仪器性能、各项技术指标均达到了国际领先水平，被誉为高速铁路线路安全的“保护神”。CRH380B-002 高速综合检测列车为 8 辆编组，采用 6 动 2 拖配置结构，分别为 1 号车通信及信号检测车、2 号车接触网及综合检测车、3 号车轨道及动力学检测车、4 号车会议车、5

号车设备车、6 号车生活车、7 号车卧铺车和 8 号车试验车，具备了对高速铁路轨道、接触网、轮轨、动力学、通信、信号等六大系统 200 多个参数进行实时同步检测、试验及综合处理的能力，并可将数据通过车地无线数据传输系统传至地面，可以称之为移动的试验室。CRH380B－002 高速综合检测列车如图 8－8 所示。

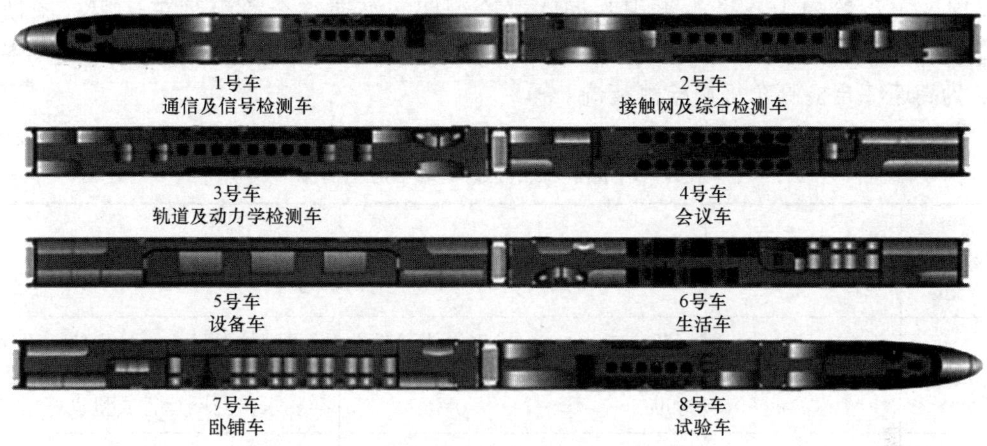

图 8－8　CRH380B－002 高速综合检测列车

（4）CRH380AM－0204 更高速度试验列车。该车由南车青岛四方机车车辆股份有限公司于 2011 年 11 月 25 日生产。2014 年 1 月 16 日在试验平台完成时速 605 km 测试，继 2012 年 3 月报道的中国铁道科学研究院最高试验时速 530 km 后，它成为中国又一更高速度试验列车。

（5）CR400BF－J－0511 高速综合检测列车。CR400BF－J－0511“黄医生”是时速 400 km 世界领先的高速综合检测列车，以 CR400BF 型电力动车组为基础，但采用了京张高铁智能型 CR400BF－C 的头型。列车为 8 节编组（6M+2T，8M），设计最高试验速度 500 km/h（6M+2T）、600 km/h（8M）。列车在设计制造时就安装了 8M 的所有设备，但其中 2 节车可以灵活地变换安装动车或拖车转向架。该车由中国中车集团长春轨道客车股份有限公司研制。

3. 制度标准

《高速综合检测列车运用管理办法》（TG/GW 253—2020）；

《高速综合检测列车通用技术条件》（Q/CR 667—2018）；

《铁路基础设施动态检测连续式轮轨力检测系统技术条件》（Q/CR 767—2020）；

《机车车辆测力轮对标定方法》（Q/CR 579—2017）；

《检测车通信检测系统标定方法》（Q/CR 631—2018）；

《接触网动态检测评价方法》（Q/CR 841—2021）；

《CIT400 高速检测列车动车组技术条件》（TJ/CL 003—2010）；

《高速综合检测列车检测系统暂行技术条件》（TJ/QT 001—2014）；

《轨道检测系统技术条件》（TJ/GW 126—2014）；

《高速弓网综合检测装置（1C）暂行技术条件》（TJ/GD 007—2014）。

4. 运用情况

目前，全路高速综合检测列车有 15 组，编号分别为 CRH2A－2010、CRH2C－2061、CRH2C－2068、CRH2C－2150、CRH5J－0501、CRH380AJ－0201、CRH380AJ－0202、

CRH380AJ－0203、CRH380AJ－2808、CRH380AJ－2818、CRH380BJ－0301、CRH380AM－0204、CRH2J－0205、CRH380BJ－A－0504 和 CR400BF－J－0511，所有列车均直属中国国家铁路集团有限公司辖下中国铁道科学研究院，由其管理和运用。国铁集团运输部负责根据检测需求编制高速综合检测列车运行计划，科信部牵头组织科研性综合试验期间高速综合检测列车运用，工程管理中心牵头组织联调联试检测期间高速综合检测列车运用，国铁集团铁路基础设施检测中心统筹安排综合检测列车每月 2 次覆盖全部高速铁路的等速综合检测。表 8－3 为高速综合检测车每年检测情况。

表 8－3　高速综合检测车每年检测情况

年度	高铁营业里程/km	轨道/接触网检测总里程/km	轨道检测情况	接触网检测情况
2014	1.6 万	404 566/446 269	优良率 99.99%，平均轨道质量指数（TQI）2.9，优于 5.0 的管理标准	弓网接触压力、拉出值、受流参数等安全检测数据均满足相关管理标准要求，弓网运行质量良好
2015	1.9 万	856 559/947 036	其中 200～250 km/h 区段（TQI）3.5，250～350 km/h 区段（TQI）2.9，各项指标均优于管理标准	弓网接触压力、拉出值、受流参数等安全检测数据均满足相关管理标准要求，弓网运行质量良好
2016	2.2 万	991 185/1 099 841	其中 200～250 km/h 区段（TQI）3.6，250～350 km/h 区段（TQI）2.7，各项指标均优于管理标准	弓网接触压力、拉出值、受流参数等安全检测数据均满足相关管理标准要求，弓网运行质量良好
2017	2.5 万	1 278 676/1 172 009	其中 200～250 km/h 区段（TQI）3.3，250～350 km/h 区段（TQI）2.8，各项指标均小于相关速度等级管理限值	弓网接触压力、拉出值、受流参数等安全检测数据均满足相关管理标准要求，弓网运行质量良好
2018	2.9 万	1 423 720	其中 200～250 km/h 区段（TQI）3.3，250～350 km/h 区段（TQI）2.8，各项指标均优于管理标准	弓网接触压力、拉出值、受流参数等安全检测数据均满足相关管理标准要求，弓网运行质量良好
2019	3.5 万	1 922 767	其中 200～250 km/h 区段（TQI）3.3，250～350 km/h 区段（TQI）2.7，各项指标均优于管理标准	弓网接触压力、拉出值、受流参数等安全检测数据均满足相关管理标准要求，弓网运行质量良好
2020	3.8 万	404 566/446 269	其中 200～250 km/h 区段（TQI）3.3，250～350 km/h 区段（TQI）2.9，各项指标均优于管理标准	弓网接触压力、拉出值、受流参数等安全检测数据均满足相关管理标准要求，弓网运行质量良好

注：1. 轨道不平顺质量指数（track quality index，TQI）为一个区段线路 7 项主要平顺性指标（左/右高低、左/右轨向、轨距、水平、三角坑）标准差之和，用于反映该区段线路平顺性，其数值越小，说明线路平顺性越好。

2. 弓网接触力即受电弓和接触网之间的力，为保证动车组能够稳定运行，弓网接触力需要保持在一个合适的范围内，不能太大或太小。

3. 拉出值即接触线距离受电弓滑板中心的距离。

4. 受流参数反映动车组从接触网上取流稳定性的一些参数，主要包括接触力硬点、燃弧等。

8.2.2　普速综合检测车列

1. 普速综合检测车列简介

普速综合检测车列一般由红外检测车、轨道检测车、电务检测车、接触网检测车组成，基于不同的任务，车列还会编入空调发电车、硬/软卧车等辅助车辆。速度可达 160 km/h，由国铁集团检测中心及各铁路局管理，25T 车体安装了线路、信号、通信、供电、车辆等专业动态检测系统，动态检测线路设备、接触网设备、轨道电路特性、机车信号、无线通信、5T 设备等运用状况，对线路封闭、道口管理、公路立交桥管理、铁路保护区管理、沿线治安管理、站容站貌、行车作业组织、施工组织、作业标准等进行检查。普速综合检测车列如图 8-9 所示。

图 8-9　普速综合检测车列

（1）轨道检查车通过非接触式检测方式，不间断测量钢轨断面轮廓图像获得轨道几何尺寸等测量值。目前全路范围内大部分轨道检查车都使用 GJ-6 型检测设备，由激光摄像、惯性测量、信号处理、里程定位、机械悬挂、数据处理系统组成。激光摄像机以一定角度摄取在结构光照射下的钢轨图像，通过对数字图像的采集和处理，得到左右钢轨轮廓，进而可以得到钢轨相对于测量坐标系的横向、垂向位移，由两根钢轨的横向位移合成得出轨距值。除轨距外，轨道检测车还能检测轨向、高低、水平、曲率、三角坑等轨道几何不平顺；车体水平和垂直振动加速度；道岔、道口及桥梁等地面特征标志物等项目。检测时自动生成一、二、三、四级超限表、各项目扣分情况表、质量指数 TQI 等 11 项数据报表，TQI 表中详细列出每千米线路每 200 m 的 TQI 值，TQI 值越大，代表线路状态越不良。轨道检查车如图 8-10 所示。

图 8-10　轨道检查车

（2）电务检测车检测的主要项目包括轨道电路传输状态（轨道电路传输的入口、出口、最低和最高电压值），移频轨道电路载频、低频和频谱，电气化线路和相邻区段的干扰信号，补偿电容（补偿电容工作状态及位置），机车信号（机车信号仿真显示，低频信息分析显示），点式应答器（点式应答器工作状态、链接关系及位置），150、450 MHz 和 GSMR 等无线通信场强覆盖。目前全路普遍应用的是 TJDX 系列信号动态检测系统来进行电务设备检测，TJDX 信号动态检测系统分为车外设备和车内设备两部分。车外设备主要包括补偿电容发送传感器、接收感应器、车载式 GPS 接收天线、列控车载设备点式接收天线、速度传感器等。车内设备主要包括综合数据采集处理机、补偿电容数据采集处理机、分析机、电子地图显示机、交换机、电容测试信号输出功放、系统自检组匣、应答器数据采集处理机等。电务检测车如图 8－11 所示。

图 8－11　电务检测车

（3）接触网检测车主要对接触网几何参数和动力学参数进行检测，检测系统主要由车顶设备、车内设备和车底设备三大部分组成。车顶设备主要由接触式检测设备、非接触式检测设备、弓网压力检测设备、弓网图像监控设备等组成；车内设备主要由中央主机系统、客户端和数据库等组成；车底设备主要由速度传感器、速度处理模块及振动补偿设备组成。接触式检测设备主要由检测弓、受流弓、照明装置、高压侧信号检测装置、送变装置、网压互感器等组成；非接触式检测设备由高清成像检测装置、几何参数测量装置、数据分析处理系统、时空同步定位装置等组成。两种检测方式结合，可以对接触网杆位、跨距、定位点拉出值、跨中拉出值、接触网导线高度、定位管坡度、线岔状态、锚段关节导线相对位置、电网电压、悬挂硬点、弓网离线率、导线磨耗、导线温度等电气参数和机械参数进行全面检测。接触网检测车如图 8－12 所示。

图 8－12　接触网检测车

（4）红外线检测车在车体加装模拟车轮、模拟轴箱、方位检测尺等检测装置，通过计算机系统控制，对地面的红外线轴温设备进行检测，测量数据通过探测站主机传到监控中心，同时通过无线数传传到检测车上，通过对数据的分析，判断地面探测站设备的测温精度和探头安装角度。红外检测车具备自动检测地面红外线轴温探测设备的测温精度、自动检测地面红外轴温探头的方位角度、无线数据传输，并实时接收地面红外线轴温探测设备的测量数据和处理结果，实时提供红外线检测车的行走里程、所在位置和运行速度等功能。此外，红外检测车还设有 AEI（车辆车号识别装置）动态检测装置，检测 AEI 设备的射频频率、标签有效读取距离及标签内容解析、计轴判辆能力。

2. 制度标准

《轨道检查车运用管理办法》（TG/GW 217—2014）；

《电务检测车运用管理办法》（TG/XH 212—2014）；

《轨道检查车》（GB/T 25021—2010）；

《车载监测数据车地通信》（TB/T 3442—2016）；

《轨道几何状态动态检测及评定》（TB/T 3355—2014）；

《铁路工程结构混凝土强度检测规程》（TB 10426—2019）；

《电务检测车检测系统技术条件》（Q/CR 569—2017）；

《接触网检测车　第 1 部分：客车类》（Q/CR 784.1—2020）；

《接触网检测车　第 2 部分：接触网作业车类》（Q/CR 784.2—2020）；

《铁路基础设施动态检测轨道几何检测系统》（Q/CR 751—2020）；

《铁路基础设施动态检测连续式轮轨力检测系统技术条件》（Q/CR 767—2020）；

《轨道几何检测系统评定》（Q/CR 540—2016）；

《检测车通信检测系统标定方法》（Q/CR 631—2018）；

《轨道检测系统技术条件》（TJ/GW 126—2014）。

3. 运用情况

国铁集团检测中心、铁路局配备各专业检测车，实行国铁集团、铁路局两级管理。国铁集团专业检测车检测由国铁集团运输局组织，检测中心具体实施，铁路局配合，按照国铁集团运输局年度检测计划编制检测中心检测车检测计划并组织落实，承担全路干线的定期检测（加挂旅客列车每月 2 次）和一般线路不定期抽检；铁路局补充安排本局专业检查车（轨道检查车、电务检测车、接触网检测车挂旅客列车，也可设置检查天窗进行各专业检测车的联挂检测）每季度检查辖内其他线路，检测车附挂客车是全路通用的方式，这种方式优点是对运输秩序影响小，缺点是检测数据受客车运行影响大，如停站多造成数据波动大等。开行综合检测车列停站较附挂检测方式少，检测数据更准确，而且综合检测车列运行速度按照线路设计时速运行，而不是运营速度。检测速度越高，检测出的问题越精细，对线路养护修缮标准更高。表 8-4 为 2021 年普速综合检测车列数量。

表 8-4　2021 年普速综合检测车列数量

普速综合检测车列	铁道科学研究院	全路
轨道检查车	4 辆	51 辆

续表

普速综合检测车列	铁道科学研究院	全路
电务检查车	2 辆	20 辆
钢轨探伤及巡检车	1 列	57 列
隧道状态检查车	1 辆	1 辆
接触网检测车	2 辆	105 辆

8.2.3 综合巡检车

1. 综合巡检车简介

综合巡检车立足于工电供一体化综合维修需求，是基于自轮运转车辆平台，集成融合轨道、接触网和电务轨旁主体设备外观状态巡检，轨道、接触网几何参数和电务设备电气特性参数检测的综合巡检车，速度为 120 km/h，配属维修站段运用。

GX-160 型综合巡检车是一款新型高速铁路综合巡检车，集成了非接触式摄像采集、激光扫描、计算机图像处理、智能化分析判断等先进技术，主要包括轨道检测、接触网检测、信号机轨旁设备检测、限界检测及线路巡检等，具有对工电供专业设备结构状态、线路环境等同步进行检查、分析、预警功能，实现对高铁基础设施检查、检测、监控。GX-160 型综合巡检车安装有两套动力装置，为线路检测提供双动力保障，最高运行速度可达 160 km/h。综合巡检车外形如图 8-13 所示。

图 8-13 综合巡检车

2. 制度标准

《高速铁路综合巡检车暂行技术条件》（TJ/QT 006—2017）；

《铁路工务综合巡检系统技术条件》（TJ/GW 127—2014）。

3. 运用情况

全路首辆 GX-160 型高速综合巡检车于 2012 年由中国铁科院研发，配属上海局高铁维修段，用于沪宁、沪杭、宁杭高铁巡检，每次出车有效巡检里程约 200 km，其效率为人工巡查的 40 倍。2017 年在大西高速综合试验段进行了交会试验。目前全路已配属 8 台。

8.3 发展方向

从世界高速铁路发达国家综合检测列车的发展趋势来看，这些国家正在建立地面综合数据分析和诊断中心，开发综合分析和决策支持系统，实现高速铁路基础设施的动态管理。我国在这一领域尤其是在计算机仿真、状态评估、专家预测、检测数据管理和应用等技术方面与国外还存在差距，而且国外实践已经验证地面数据综合处理中心对确保高速铁路安全高效运行所发挥的作用越来越重要。

此外，我国作为世界上拥有最多新建高速铁路的国家，保障运营安全、提高检测效率、降低维修成本的任务十分艰巨，迫切需要发展综合检测技术。因此，未来我国综合检测列车技术的主要发展方向如下。

1. 设计研制更高速度的综合检测列车

为了让检测结果更好地反映实际状态，除新线竣工验收要求试验速度大于设计速度 10% 外，运营中的周期性检测也越来越多地采用等速检测。随着高速铁路建设的推进和运营速度的提升，对更高速度、更先进综合检测列车的需求也更为迫切。

2. 不断改进车载各检测单元的测量手段

提高检测精度和抗干扰性，确保检测得到的铁路基础设施各项参数的实时性和准确性。

3. 将移动综合检测与地面数据综合分析处理中心相结合

构建统一的数据管理信息系统，为高速铁路养护维修提供决策信息，形成高速铁路基础设施综合检测—状态评估—辅助维修决策的管理体系，为列车运行安全提供保障。要实现这一目标，无论是基础理论还是应用技术，都还面临很多问题，需要不断研究。

参考文献

[1] 中国铁路总公司. 铁路技术管理规程[M]. 北京：中国铁道出版社，2014.

[2]《技规》条文说明编写组.《铁路技术管理规程》条文说明[M]. 北京：中国铁道出版社，2014.

[3] 何华武. 高速铁路运行安全检测监测与监控技术[J]. 中国铁路，2013（3）：1–7.

[4] 王同军. 铁路 5G 关键技术分析和发展路线[J]. 中国铁路，2020（11）：1–9.

[5] 孙汉武. 铁路安全检查监测保障体系及其应用研究[D]. 成都：西南交通大学，2010.

[6] 牛道安，柯在田，刘维桢，等. 高速铁路基础设施检测监测体系框架研究[J]. 中国铁路，2020（10）：9–17.

[7] 刘维桢，涂文靖，杨飞，等. 高速铁路基础设施综合一体化检测监测体系研究[J]. 中国铁路，2019（3）：22–26.

[8] 王卫东，徐贵红，刘金朝，等. 铁路基础设施大数据的应用与发展[J]. 中国铁路，2015（5）：1–6.

[9] 王飞. 铁路货检安全监控与管理系统优化对策[J]. 铁道货运，2017，35（11）：26–29.

[10] 石磊. 铁路货运计量安全检测设备管理优化探讨[J]. 铁道货运，2021，39（5）：24–28.

[11] 陈宇帆，蔡正洪. 铁路超限货物判别和安全监测技术应用与发展[J]. 中国铁路，2021（4）：67–73.

[12] 安然. 铁路货运安全监控与管理系统建设方案研究[J]. 电子技术与软件工程，2021（8）：30–31.

[13] 李文涛. 无线调车机车信号和监控系统维护模式[J]. 铁道通信信号，2017，53（5）：16–18.

[14] 申瑞源，龚利. 中国机车远程监测与诊断系统（CMD 系统）总体方案研究[J]. 中国铁路，2017，（3）：9–15.

[15] 申瑞源. 机车车载安全防护系统（6A 系统）总体方案研究[J]. 中国铁路，2012（12）：1–6.

[16] 李鑫，史天运，马小宁，等. 铁路机务大数据应用系统设计研究[J]. 铁道运输与经济，2021，43（2）：88–95.

[17] 刘华，高殿柱，王磊. 重载机车安全监控系统的应用[J]. 电力机车与城轨车辆，2014，37（5）：62–66.

[18] 马千里. 中国铁路车辆运行安全监控系统建设规划研究[J]. 中国铁路，2015（10）：1–7.

[19] 张志建. 铁路车辆运行安全监控体系建设分析[J]. 中国铁路，2015（6）：5–9.

[20] 徐占山，张项. 车辆运行安全监控系统建设要求[J]. 建筑技艺，2020（S1）：13–18.

[21] 蒋荟. 基于信息融合的铁路行车安全监控体系及关键技术研究[D]. 北京：中国铁道科学研究院，2013.

[22] 蒋荟，马千里，曹松，等. 铁路车辆运行安全监控（5T）系统的研究与应用[J]. 公路交通科技，2009，26（S1）：1–6.

[23] 赵颖. 铁路车辆运行安全监控系统（5T 系统）优化方案研究[J]. 铁道运输与经济，2016，38（4）：52–57.

[24] 田葆栓. 科技赋能铁路运输装备，构建数字化智慧货车：铁路数字货车 4.0 技术分析[J]. 智慧轨道交通，2022，59（1）：5–15.

[25] 李冬，胡小平，李琰，等. 铁路货运装备智能化技术应用[J]. 铁道车辆，2021，59（2）：8–13.

[26] 黎国清. 铁路工务检测技术[M]. 2 版. 北京：中国铁道出版社，2018.

[27] 中国铁路总公司. 中国高速铁路工务技术[M]. 北京：中国铁道出版社，2014.

[28] 牛道安，柯在田，刘维桢，等. 高速铁路基础设施检测监测体系框架研究[J]. 中国铁路，2020（10）：9–17.

[29] 陈东生，田新宇. 中国高速铁路轨道检测技术发展[J]. 铁道建筑，2008（12）：82–86.

[30] 杨飞，曾宪海，黎国清，等. 高速铁路工务基础设施状态检测与监测系统的研究[J]. 铁道建筑，2015（10）：132–135.

[31] 胡永新. 铁路沿线设施无线监测系统的研究与设计[D]. 兰州：兰州交通大学，2014.

[32] 白鑫，李晓宇，戴贤春. 高速铁路防灾安全监控系统架构研究[J]. 中国铁路，2012（12）：27–31.

[33] 李晓宇，刘敬辉. 高速铁路自然灾害及异物侵限监测系统可靠性分析与优化研究[J]. 中国铁路，2019（5）：27–32.

[34] 李晓宇，张鹏，戴贤春，等. 高速铁路自然灾害及异物侵限监测系统运用及管理优化研究[J]. 中国铁路，2013（10）：21–25.

[35] 王俊，王江丽. 高速铁路防灾安全监控系统设计[J]. 中国安全科学学报，2018，28（S1）：39–45.

[36] 高聪，周文祥，张远彬. 铁路道岔检测技术的现状及发展[J]. 机械，2016，43（7）：34–38.

[37] 龚彦峰，肖明清，王少锋，等. 铁路隧道检测技术现状及发展趋势[J]. 铁道标准设计，2019，63（5）：93–98.

[38] 许学良，马伟斌，蔡德钩，等. 铁路隧道检测与监测技术的现状及发展趋势[J]. 铁道建筑，2018，58（1）：14–19.

[39] 马伟斌，柴金飞. 运营铁路隧道病害检测、监测、评估及整治技术发展现状[J]. 隧道建设（中英文），2019，39（10）：1553–1562.

[40] 王雪梅，倪文波，王平. 高速铁路轨道无损探伤技术的研究现状和发展趋势[J]. 无损检测，2013，35（2）：10–17.

[41] 李一凡. 高速铁路周界入侵报警系统关键技术研究及应用[J]. 铁道通信信号，2017，53（7）：53–55.

[42] 于胜利，李茂，王保江，等. 卫星遥感技术在铁路沿线环境防护中的应用[J]. 中国安全科学学报，2018，28（S2）：88–92.

[43] 刘大为，郭进，王小敏，等. 中国铁路信号系统智能监测技术[J]. 西南交通大学学报，2014，49（5）：904–912.

[44] 钟卫国. 基于大数据分析的电务安全监控技术体系（8D 系统）的研究[J]. 铁路通信信号工程技术，2018，15（5）：1–6.
[45] 卢伟. 高速铁路 GSM–R 网接口检测技术简介[J]. 科技传播，2015，7（17）：63–64.
[46] 邢小琴. 高速铁路 GSM–R 网络检测/监测数据分析关键技术研究[D]. 北京：中国铁道科学研究院，2014.
[47] 李顺熠. 浅谈铁塔监测系统在中国铁路通信设计中的应用[J]. 电子世界，2019（4）：175–177.
[48] 钱清泉，高仕斌，何正友，等. 中国高速铁路牵引供电关键技术[J]. 中国工程科学，2015，17（4）：9–20.
[49] 张润宝，杨志鹏. 接触网运行状态检测监测系统研究与实践[J]. 中国铁路，2019（9）：64–70.
[50] 张克永. 高速铁路供电安全检测监测体系建设分析与研究[J]. 电气化铁道，2019，30（6）：1–4.
[51] 伏振. 高速铁路接触网检测技术运用研究[D]. 北京：中国铁道科学研究院，2016.
[52] 徐海东，陈唐龙，隆超. 客运专线接触网检测项目及技术标准研究[J]. 电气技术，2009（1）：38–40.
[53] 翟小毛. 高速铁路接触网检测关键技术及智能化检测研究[D]. 北京：中国铁道科学研究院，2019.
[54] 李耀云，高英杰，张文雍. 高速铁路供电安全检测监测系统（6C 系统）分析方法探讨[J]. 电气化铁道，2019，30（S1）：205–208.
[55] 侯卫星. 0 号高速综合检测列车[M]. 北京：中国铁道出版社，2010.
[56] 仲崇成，李恒奎，李鹏，等. 高速综合检测列车综述[J]. 中国铁路，2013（6）：89–93.
[57] 刘彦军，李平，马小宁，等. 铁路局检测车大数据综合应用系统研究[J]. 中国铁路，2017（1）：24–28.